河北省高等学校社科研究2017年度基金项目（SD171051）资助

河北经贸大学科研基金人文重点项目（2016KYZ09）资助

河北经贸大学学术著作出版基金资助

河北经贸大学金融学院学术文库出版基金资助

金融自由化与商业银行社区模式转型分析

郭江山　著

中国社会科学出版社

图书在版编目（CIP）数据

金融自由化与商业银行社区模式转型分析/郭江山著．—北京：中国社会科学出版社，2017.12

ISBN 978－7－5203－0610－2

Ⅰ．①金…　Ⅱ．①郭…　Ⅲ．①社区—商业银行—研究—中国　Ⅳ．①F832.33

中国版本图书馆 CIP 数据核字（2017）第 148577 号

出 版 人　赵剑英
责任编辑　李庆红
责任校对　李　莉
责任印制　王　超

出　　版　中国社会科学出版社
社　　址　北京鼓楼西大街甲 158 号
邮　　编　100720
网　　址　http：//www.csspw.cn
发 行 部　010－84083685
门 市 部　010－84029450
经　　销　新华书店及其他书店

印　　刷　北京明恒达印务有限公司
装　　订　廊坊市广阳区广增装订厂
版　　次　2017 年 12 月第 1 版
印　　次　2017 年 12 月第 1 次印刷

开　　本　710×1000　1/16
印　　张　14.75
插　　页　2
字　　数　220 千字
定　　价　65.00 元

目　录

第一章　导论

第一节　前言

自 1927 年世界经济大萧条后，凯恩斯主义占据了主导地位，以美国为代表的世界金融市场进入了政府管制时期，在利率管制方面，出台了“Q 条例”，禁止银行支付活期存款的利息，并且对储蓄存款与定期存款也规定了最高利率。“Q 条例”的实施帮助美国政府战后迅速恢复了经济发展，但是在始于 20 世纪 60 年代的金融自由化冲击与洗礼下，商业银行感受到来自金融市场的威胁越来越大，于是开始在固守传统业务经营基础上，对组织形式以及经营方式、内容、范围与手段进行了一系列的创新。同时要求解除利率管制、实行利率自由化，提高银行竞争力成为共识，而金融管制的逐渐放松直至完全放开符合自由市场经济趋势。在充分竞争环境中，大银行在大融资、大项目信贷上具有显著优势，同时通过混业经营、跨区经营提高了经营业绩，有效分散了非系统性风险，但是也为根植于社区的银行腾出了发展空间。

商业银行经过数百年的发展，形成了两种基本模式：一种是追求大项目、多元化的大银行模式；另一种则是以社区为主要服务对象的社区银行模式。并且这两种模式在整个金融生态体系中保持了共生共荣、和谐发展的态势，尤其是经过金融自由化的冲击与洗礼之后，社区银行模式更表现出与实体经济的紧密性。但是伴随着以资金价格自由化与业务经营自由化（包括业务混合经营与经营区域的放松）以及资金在货币市场与资本市场之间的自由流动为特征的金融自由化，在提升银行与金融体系效率的同时也影响了社区金融发展。

因此，在金融自由化大背景下探讨社区金融发展模式既是对商业银行发展重新认识与定位的一个尝试，同时有助于对现实中的中国银行业转型与发展提供一些思路。

本书共八章，分为四个部分：

第一章是第一部分。第一章导论，主要介绍本书的研究背景，同时阐述了本书研究的理论与现实意义，并从信息不对称、银行结构、社区银行制度、市场机制这四个方面对国内外的相关研究成果进行全面梳理，在此基础上界定了商业银行社区模式的基本内涵、特征，提出本书所采用的研究方法、主要创新成果、不足以及进一步研究的方向。

第二章与第三章是第二部分。第二章，首先阐述了金融自由化的含义与本质，同时总结了世界各国或地区商业银行社区模式发展经验和理论基础，然后讨论利率自由化、业务经营自由化与国内区域经营自由化对商业银行竞争环境、技术环境与监管环境产生的巨大影响，进而改变了银行以公司贷款为主的传统经营模式，提出以组织模式、盈利模式与风险控制模式为特征的社区模式是金融自由化与金融市场环境变革后的银行发展战略的重要选择之一，最后建立了金融自由化背景下的商业银行社区模式分析框架。第三章，利用动态最优化模型，将关系投资作为社区金融机构的控制变量，在此基础上获得的信息作为状态变量，寻找其在追求长期利润最大化过程中的平衡增长路径，并分析其特征。

第四章、第五章与第六章为第三部分，这部分是本书的核心章节，对商业银行社区模式的三个主要特征——组织模式、盈利模式与风险控制模式进行了详细分析。其中，第四章，首先论述了商业银行的共同治理模式是包括法人、市场以及政府在内的混合体。银行社区模式治理结构需要弱化地方政府股东作用、强化银行家职业经理人角色以及业务评审的专业化。其次论述了社区模式机制下银行股东如何激励约束高管层、高管层如何激励约束基础信贷经理。再次借助“囚徒困境”分析社区成员的理性行为与其从社区金融机构获得信贷资金的相互关系。最后，重点分析了中国社区金融机构的产权改革方向之一是混合所有制。第五章，首先讨论了金融自由化的冲击导致银行盈利模式从净利差转变为均衡发展与特色发展，并结合中国商业银行社区发展模式提出盈利结构的调整方向与路径。其次就跨区经营与混业经营下对社区金融机构的经营效率进行了理论分析。最后对中国社区金融机构盈利模式进行了实证研究，指出定价能力、成本控制能力与产品创新能力是提高社区银行盈利水平的根本保证。第六章，首先总结了富国银行小微业务风险控制的经验，其次对《巴塞尔协议Ⅲ》以及中国的《资本办法》的主要内容以及对社区金融业务的支持进行了概括，在此基础上对中国社区金融全过程风险管理流程进行了重新设计，最后分析了中国社区金融机构操作风险及其内部控制问题。

第七章为本书的第四部分。主要从发展空间、宏观经济效应、外部机遇探讨中国商业银行社区银行模式的可行性，同时分机构论述了中国农村信用社、城市商业银行与股份制银行、新型社区金融机构的社区模式特征，重点讨论了小微特色支行、社区支行与科技支行的模式，并对社区类金融机构发展方向与具体路径提出了建议。

第八章对全书进行了总结与展望。

本书主要采用了三种研究方法：第一，定性分析与定量分析有机结合的方法。将量化分析与逻辑推导应用到社区银行的分析中，其实就是“质”“量”两者的辩证关系在方法论中的具体运用。我们在定性分析中，以金融自由化分析为主，而定量分析则强调数据的可靠、方法实用、手段先进。本书在社区银行的收益与利率以及银行业务的定量分析中，通过数据及案例进行深入研究。第二，静态优化分析与动态优化分析有机结合的方法。静态优化分析强调某一时间点经济体在均衡状态时的运行规律及其所具有的特征，但市场活动不是静止不变的，静态的均衡状态是短暂的，社区银行在从管制到自由时期处于从一种均衡状态向另一种均衡状态的运动中，因此动态分析可以详细描述这种运动过程的特征。第三，宏观分析与微观分析相结合的方法。宏观分析方法强调经济总量的概念，从国家或地区的层面探讨各个整体变量之间随着时间的推移，其动态轨迹如何变化；微观分析方法则是从整体总量分解的角度及其各个部分之间的关系入手，强调以微观经济主体作为研究对象，从中探寻经济增长的客观规律，为宏观分析奠定坚实的微观基础。除此之外还运用了历史的方法与国际比较的方法等其他方法。

本书主要创新之处在于充分运用信息不对称理论、动态经济学理论、金融中介理论、金融地理学理论对金融自由化环境下的商业银行社区金融自生能力进行了深入分析。这有别于现有学者通过单纯的业务发展或金融制度或组织结构的单一分析。通过金融自由化这个环境的重点变化，分析大小金融并存的理论基础与丰富多彩的金融生态现象。此外，本书还重点讨论社区银行的二重属性，即“银行”的私利性与“社区”的公益性，以此作为社区银行发展的落脚点，借此实现整个社会的包容性增长，使普惠金融服务于每一个社会成员。最后以中国正在如火如荼开展的存款利率自由化、贷款基准利率自由化、混业经营已经暗流涌动、资金跨市场、跨区域的流动为前提条件，分析中国社区银行成长的基础与发展方向。我们在研究中取得了一定的成果，具体包括以下四个方面：

（1）讨论金融自由化中的利率自由化、业务经营自由化与国内区域经营自由化对商业银行竞争环境、技术环境与监管环境产生的巨大影响，进而改变了银行以公司贷款为主的传统经营模式，提出以组织模式、盈利模式与风险控制模式为特征的商业银行社区模式是金融自由化与金融市场环境变革后的银行发展战略的重要选择之一，进而建立了金融自由化下的商业银行社区模式的分析框架体系。

（2）改变以往对社区金融机构在一定条件的静态分析，尝试利用动态最优化模型，将关系投资作为社区金融机构的控制变量，在此基础上获得的信息作为状态变量，分析其在长期利润最大化过程中的平衡增长路径。

（3）重点论述了政府在银行共同治理模式中的作用以及互助行为对社区治理模式的影响，同时对中国商业银行社区模式产权改革进行了论证，指出混合所有制是改革成功的关键，走社区化道路的中国商业银行实施混合所有制产权改革是保证其在未来银行激烈竞争中得以生存发展的关键因素。

（4）对中国商业银行在金融自由化背景下的盈利模式进行了实证分析，发现规模越大的银行对存贷款利率的变化不敏感，比较而言，小银行对利率变化比较敏感，因此利率市场化对中小银行的作用更强。中等资产规模的银行处于发展的战略转型阶段，它们在发展过程中面临着成本收入比居高不下的问题，这直接影响了资产收益水平。但是中等规模银行在控制不良贷款方面能力较强，这也为其战略转型奠定了坚实基础。

第二节　研究背景

现代意义上的商业银行始于1587年的威尼斯银行。经过近500多年的发展，出现了从小到大、从单一到复杂的金融生态体系。从银行的规模来看，社区金融机构在这个体系不断淘汰、不断衍生、不断壮大过程中顽强地生存下来，成为与银行巨头并存的机构。简单来说，商业银行发展形成了两种基本模式：一种是追求大项目、多元化的大银行模式；另一种则是以社区为主要服务对象的社区模式。滕尼斯（Toennies，1881）最早提出了社区（community）概念，即以地域、意识、行为与利益为特征的生活共同体，这意味着共同体存在相同的共性，同时这些成员之间也存在显著的区别。[①] 社区模式的商业银行专注服务于特定社区客户。卡恩（Kahn，2003）明确指出，规模小、经营区域窄的社区金融机构在存款吸收上主要以社区的储户为主，而在贷款的可得性上以社区企业为主。这两种模式在发展中既有激烈竞争，也有协同发展；两种商业银行模式下，都出现了银行倒闭与并购等现象，尤其是坚持社区模式的银行并未因项目小而发展停滞，相反类似富国银行在社区银行战略引导下，成为美国市值最大的10家银行之一。与之形成鲜明对比的是2009年倒闭的华盛顿互惠银

① 德国社会学家F. 滕尼斯于1881年首先使用“社区”这一名词（一般译为“共同体”“团体”“集体”“公社”等），当时是指“由具有共同的习俗和价值观念的同质人口组成的，关系密切的社会团体”。

行（拥有3070亿美元资产）、1984年倒闭的大陆伊利诺伊国民银行（拥有400亿美元资产）等美国大银行在风险管控等方面出现了一系列问题，最终导致其破产。

自从1927年世界经济大萧条后，凯恩斯主义占据了主导地位，以美国为代表的世界金融市场进入了政府管制时期，在利率管制方面，出台了"Q条例"（Regulation Q）以禁止银行支付活期存款的利息，并且对储蓄存款与定期存款也规定了最高利率，"Q条例"的实施帮助美国政府恢复战后经济发展。可以说20世纪70年代前，银行业在金融体系中的"巨无霸"地位不可动摇。但是20世纪70年代的两次石油危机，导致通胀上升，甚至通货膨胀率在1980年达到14.8%。同时，市场名义利率不断上升远远超过了存款利率，"Q条例"成为银行的"绊脚石"，原本源源不断流向银行的资金开始流出银行体系，"金融脱媒"成为很重要的课题。由于金融市场的逐渐开放与发展，各种筹集资金的途径越来越多，也改变了一般企业传统上通过银行取得资金的模式。虽然以银行授信为主的间接金融比重仍然很高，但是财务健全且具规模的企业，都倾向于通过公开上市或发债的方式来筹借资金，或在国外发行可转换公司债（ECB）或存托凭证（GDR、ADR）等其他直接金融方式在市场上取得资金。随着"金融脱媒"的加快，银行传统存贷款业务的优势也在逐渐减弱。金融自由化的主要内容包括供求双方自主决定资金价格（即利率）、金融机构经营范围（包括业务种类与地理区域）的自由化以及资金在货币市场、资本市场、国内国外流动的自由化。在始于20世纪60年代的金融自由化冲击与洗礼下，商业银行感受到来自金融市场的威胁越来越大，于是开始在固守传统业务经营基础上，对组织形式以及经营方式、内容、范围与手段进行了一系列的创新。同时要求解除利率管制、实行利率自由化，提高银行竞争力成为共识，而金融管制的逐渐放松直至完全放开符合自由市场经济趋势。在充分竞争环境中，大银行在大融资、大项目信贷上具有显著优势，同时通过混业经营、跨区经营提高了经营业绩，有效分散了非系统性风险，但是也为根植于社区的银行腾出了发展空间。

从传统意义上讲，商业银行通常更愿意走大银行模式。从银行自身角度来看，大而不倒的法则决定了银行通过批发资金、做大项目来快速实现规模扩张，进而获得大银行的资质，鉴于银行是金融的核心，大银行在整个金融体系的地位至关重要，所以没有哪一个政府愿意看到大银行倒闭而产生一系列连锁反应；但是从现实资金需求方角度来看，更多的是地方与社区小微企业急缺资金。我们看到在各发达国家的金融体系中，大银行模式与社区银行模式和谐发展。以社区模式发展为主导的商业银行数量较多、资产规模较小，但是凭借对地方经济信息了解以及快速灵活的决策机制进行错位竞争，拥有了自己的生存空间，并成为大型银行的有益补充。这充分说明了社区模式下的银行具有强大的生命力与良好的发展前景。

在金融自由化下，金融危机发生的频率更高、影响更大。社区模式经过数次金融危机的检验，证实了社区金融机构与实体经济的紧密性是克服金融危机的根本法宝。从美国次贷危机来看，大银行模式的经营绩效整体表现弱于社区模式的经营绩效，但是这并不表明银行规模越大越不好。从非金融危机时期来观察，大银行模式下的银行能力高于社区模式下的银行。正是社区模式下的银行选择了风险较小、创新有限的经营策略，从而做到在金融危机时期经营波动较小，发展更稳健。2009 年 3 月 10 日，美国独立社区银行家协会（ICBA）在对 743 家社区银行调查后，发布了一份题为《次贷危机对美国社区银行的挑战与机遇》的研究报告，提出社区银行在市场份额、新增存款、新客户与财务表现等方面强于大银行。尤其是专注于零售客户与中小微企业的富国银行（Wells Fargo Bank）在经济下行的严峻形势下，资产规模不降反升，成为美国十大银行之一。2009 年美国社区银行更好地满足了本地贷款需求：社区银行整体贷款增加 2%，而大型银行下降 6%；其中商业贷款方面表现得尤为突出，社区银行贷款下降 3%，而大型银行下跌 21%。①

① 王淼：《美国社区银行面临的考验及对我国的启示》，《中国农村金融》2011 年第 14 期。

改革开放以来，小微企业在中国经济发展过程中发挥了中流砥柱的作用，它们在保持市场活力、增加税收、创造就业、改善民生与保持社会经济稳定等方面发挥着巨大作用。[①] 来自全国工商联的2014年相关数据显示，中小微企业占到全部企业总数的99.7%，其中有3800多万户小微企业（全部企业4000万户），提供了85%的城镇就业岗位，80%以上的农民工都在小微企业就业，小微企业对GDP贡献率超过60%，税收贡献率超过50%。因此，小微企业的问题不仅是一个单纯的经济问题，更是一个社会问题。尽管小微企业在国民经济发展中地位重要，但是其面临的融资环境并不宽松，所占用的金融资源还不到商业银行信贷资源的一半。根本原因是一些银行的大银行发展战略导致信贷资金追求大型公司。中国的金融服务领域还普遍存在垒大户、偏好大项目的银行发展战略，仍然奉行“大的就一定是好的”传统定律。但是，中国金融市场的巨大差异导致大银行无法准确掌握不同地区的市场与客户信息，不能为数量庞大的小微企业提供资金支持。

中国银行业追求的大银行发展战略实际体现了政府主导的银行体制对政府主导的企业体制的一脉相承，银行的使命是支持国企改革与完善产业结构。这种模式最大的威胁是系统性风险突出。当资金过度集中于大型银行或大型项目，同时意味着资金供给与需求同质性，集中贷款通常导致风险集中爆发。在资金运作上，大银行战略通常会产生资金的“虹吸现象”，即国有大型银行通过遍布全国各地的分支机构网络网点，吸收存款转移到发达地区与重点项目上，扩大地区差距。另外一些大银行经过成本核算，加速从落后地区撤出网点步伐，造成这些地区金融服务的真空。在金融服务的稳定性上，大银行模式意味着在经济周期的不同阶段对重点客户与行业区别对待，这显然加剧了经济周期的振幅。

---

① 2011年6月，工业和信息化部、国家统计局、发展改革委、财政部制定了《中小企业划型标准规定》。这是中国历史上中小企业划型标准第8次相关修订，对中小企业，特别是微型企业做了详细划分，更能适应当前经济发展的状况。

相比之下，商业银行社区模式发展以资金来源与资金匹配为特征，形成了一个相对独立的社区资金市场，这种社区金融服务具有高度的稳定性，有效地减少了系统性风险发生的条件；同时减少了“虹吸效应”产生的负面影响，填补大银行撤出带来的金融空白，为社区均衡性发展提供了金融支持。新形势下，提高就业、提高居民生活质量、保障社会稳定是银行等金融机构的新使命。

鉴于社区金融业务风险资产权重较低、资本占用较少、银行议价能力较强、监管部门采取各项政策进行扶持，所以近年来一些股份制银行与城市商业银行已经将其列为重点发展方向，并且探索出了一些颇具特色的模式。在利率市场化接近完成、“金融脱媒”加速、混业经营既定事实、跨区域经营重新开启之际以及社区加快发展的大背景下，商业银行需要重点研究如何立足社区发展战略，以创新作为可持续发展的根本动力，设计与开发出独具特色的社区金融服务与产品。

目前，中国的金融体制仍然以商业银行为主导，既有资产规模庞大的工农中建等商业银行，还拥有数量相当大的股份制银行、城市商业银行、农商行、农信社以及其他银行金融机构。这些机构拥有很多网点与中小客户，它们是否应该将小微企业与零售客户作为战略重点，重建流程与体制，打造社区模式呢？这也是中国银行业发展面临的一个重要问题。

改革开放以来中国商业银行发展存在求速度、上规模、同质化竞争激烈等问题，尤其是忽略了为小微企业服务的需求，这对银行科学发展与可持续性带来严峻挑战。因此在日益复杂的金融自由化背景下，在较为充分的调研基础上，本书将在介绍国内外商业银行社区模式发展状况的基础上，分析中国在金融自由化过程中社区金融服务的市场需求与商业银行社区模式的可行性与特点，重点论证了社区模式所具有的竞争力优势，同时深入探讨银行为社区服务的方式与规范发展，期望探索出中国商业银行社区模式的道路。在金融自由化大环境下探讨社区金融发展模式，既是对商业银行重新认识与定位的一个尝试，同时也有助于对现实中的中国银行业转型与发展提供一些思路。

第三节 文献综述

自从商业银行产生以来，关于商业银行社区模式探索，无论是从理论研究还是从实践探索层面就一直如影随形、持续不断。由于在20世纪60年代以前，社区金融服务在金融管制的庇佑下，来自外部金融机构的竞争压力较小，资金来源稳定，可以获得较高的净息差。但是以格利（Gurley，1960）、戈德史密斯（Goldsmith，1969）、麦金农（Mckinnon，1973）与肖（Shaw，1973）等为代表的学者针对欠发达国家的发展提出了金融自由化理论。正如肖所说："金融自由化与金融深化的实质是放松利率，使之反映储蓄的稀缺性与刺激储蓄"。在金融自由化冲击下，无论是发达国家还是发展中国家，传统的银行占主导的金融体系开始向直接融资倾斜。为了适应金融自由化环境的挑战，银行自身内部业务模式开始出现分化，传统商业银行社区模式固有的形式也发生变化。国内外学者开始尝试从不同的角度关注商业银行社区发展模式的变化并进行了大量研究，其文献成果主要体现在信息不对称对于银行规模的影响、不同规模银行的产权结构与组织结构形式差异、社区银行制度体系与市场机制的影响等方面。总结并归纳这些学术成果不但为本书提供了研究基础材料，同时在这些研究基础上提供研究思路，对一些问题进行深入思考。下面我们分别对国外与国内学者的相关研究成果进行梳理与总结，这是深入研究的基础。

一 信息不对称对商业银行社区模式的影响

信息不对称对商业银行社区模式的影响既包括金融地理空间距离远近，更包括信贷技术的差异。

信息不对称是市场经济活动中存在的一种普遍现象。阿克老夫（Akerlof，1970）借助柠檬模型分析了二手车市场交易双方对二手车信息的掌握程度不一致最终导致该市场逐渐萎缩而最终完全失效。银行信贷市场同样存在信息不对称的情况。金融地理学理论揭示出借贷双方之间的空间距离与信息不对称存在一定的正相关关系。尽管波蒂厄斯（Porteous，1995）证实信息技术的飞跃发展降低了信息搜集的成本，削弱了正相关效应，以及彼得森与拉詹（Petersen and Rajan，2002）也得出信息技术水平的提高显著降低了企业贷款的距离障碍，但是对于非标准化的金融市场产品，尤其是一户一标准的小微企业贷款或居民贷款，信息技术并不能有效降低信息不对称的矛盾与银行贷款的风险。布里基、林克与史密斯（Brickey，Linck and Smith，2003）以美国得克萨斯州为例来解释社区银行总行的地理位置与潜在的贷款申请人距离较近，保证信息传递的有效性，他们发现社区银行分支机构距离总行最远距离是50英里，其中位数是21英里，从距离的中位数来看约有2/3的社区银行在25英里范围之内。

其实银行与企业之间的物理距离并不是决定社区银行的根本特征。从比较优势的角度来看，社区银行对企业了解与认识的程度越深，对企业生产经营状况掌握得就越全面，则企业就可以用较少的抵质押品以及较少的担保品获得信贷资金支持（彼得森与拉詹，1994）。柏林与梅斯特尔（Berlin and Mester，1998）进一步从企业的生产角度将银行信贷分成两种类型：交易型贷款与关系型贷款。交易型贷款依据的是企业易得到、可量化的硬信息，即企业规范与完整的财务报表、合格有效的抵质押品，并借助先进的信用评分技术；关系型贷款的发放主要取决于难以量化、难以有效传递的软信息，表现为一种贷款承诺或额度。正是这种私有的不透明信息决定了银行在小微企业信息的搜集与处理上要花费更多的成本，并且为了降低风险与摊薄成本，需要自始至终关注小微企业的生产经营变化。同小微企业与小银行之间稳定不变的关系比较，大银行对大企业的贷款呈现出明显的波动性。大企业的财务状况透明，信用记录完整，抵质押权清晰，表现为一次性的市场交易贷款。斯泰因（Stein，2000）提出了GHM理论（即控制权的安排影响激励），认为扁平的、小型的金融机构具有传递与转换软信息的优势。伯格与乌代尔（Berger and Udell，2002）进一步确认软信息是关系型贷款决策的主要依据，并提出具有私密性与人格化特征的软信息在组织结构复杂的银行传递损耗较大，基层客户经理作为软信息的“储藏所”将在银行内部产生委托—代理问题，这就要求社区银行采用集权式的管理层结构形式。彼得森（Petersen，2004）总结了软信息的基本特征："这种信息要以如意见、观点、新闻、经济计划、未来的管理规划与市场评论等文本或口头交流的方式进行，很难以数量化的方式进行准确传递，信息收集过程也必须通过专人亲自收集而不能委托他人来代理，而且信息的收集人本身就是信息内容的一部分，甚至他还是信息的使用人或以此信息进行经济决策的人。"

中国学者对商业银行社区模式的研究起步较晚，缺乏系统性。根据王爱俭（2005）对社区银行的定义："社区银行是在一定地区的社区范围内按照市场化原则自主设立，独立运营，主要服务于中小微企业与个人客户的中小银行。"蒋先军（2009）、张吉光（2010）按照该定义明确了中国目前的城市商业银行、农村信用社所处地理位置与经济发展环境决定了其较为符合银行社区模式的发展方向。严谷军（2008）深入分析了社区银行在关系型贷款上具有的比较优势，并结合中国的国情对社区银行的制度体系提出了建议。何德旭、饶明和王智杰（2011）指出，社区银行所应用的关系型贷款技术是基于银行与企业长期接触过程中所收集的财务报表等非显性知识。这种贷款技术要求银行客户经理利用人缘与地缘优势，形成与企业的生存圈进而形成共同监督压力，并且缩短了企业与居民到达金融网点距离，解决了金融服务"最后一公里"的难题。何淑兰（2012）利用 Bertrand 模型与 Hoteling 模型提出避免银行存款价格战的方法是采取差异化战略，"包括存款产品差异化、市场定位与区域定位差异化以及品牌差异化。银行通过差异化战略可获得正的垄断利润"。陈一宏（2012）以龙江银行、洛阳银行、泰隆银行三家银行社区化经营的实践论证了"中小城商行应该立足于自身在关系型贷款技术及贴近地方社区居民及小微企业的比较优势"。

二　银行结构的影响

银行作为一种特殊类型的企业，也存在银行产权结构与内部管理组织结构。产权结构体现了银行外部债权人与股东之间、大股东与小股东之间的权利与利益分配；管理组织结构则是基于银行内部管理层面的经营管理权利的集中与分配。

首先，从产权结构来说，布里基、林克与史密斯（2003）论述了所有权激励效应。他们通过调查表明，美国得克萨斯州的小银行的管理层（包括基层经理）与当地社区的投资者共持有银行股权的2/3，而大银行的股东持有股权仅为1/3，小银行的大股东通常担任银行董事长，显然小银行的股权比大银行更集中的原因是为了减少贷款人的信誉、品质等软信息搜集与传递过程中的失真与损耗。中小银行为了使基层信贷经理有效收集与处理软信息，在授予其较大决策权的同时给予较多的所有权份额，以使基层经理的代理行为符合股东的目标利益。在次贷危机中，富国银行采取了并购的方式一跃成为全球市值第一的银行，充分证明了伯杰与米勒（Berger and Miller，2005）提出的银行持股公司结构采取分权制可以克服机构规模膨胀带来的负面影响，这说明关系型贷款的成功与否取决于贷款的决策权能否分散。

对于地方政府股权在城市商业银行改造成社区银行的作用，王修华、彭建刚（2007）提出了短期内政府股权存在的意义，但从长期来讲，这将影响到社区银行形成比较优势的所有权结构的健康发展。公司制的组织形式有利于社区银行的发展，刘锡良、辛树人（2008）认为，银行持股公司制的组织形式既保留了社区银行的灵活快捷的信贷决策机制，又为中间业务的发展开辟了新空间。李瑞红（2012）探讨了农信社转变成社区银行的可行性，指出由于社区银行与大银行在产权结构、组织结构、经营区域、信息搜集等关键问题上存在很大差异，因此需要专门针对社区银行制定相关的法律制度。

其次，就组织结构而言，不同规模银行的组织结构的差异决定了贷款申请者的软硬信息两种挖掘方式。根据客户信息在生产、传递与消费过程中的表现形式不同，可以分为硬信息与软信息。硬信息是指在生产过程中可以准确计量、传递时信息损耗较少或者没有任何失真、可供决策人员准确使用的信息。与之相反，软信息难量化、通常采取口口相传方式传递或者根本没有路径准确传递，信息消费人员通常就是生产人员——客户经理。软信息具有人格化特征与“不可保证性”，它一般存在于家庭、朋友、同事、邻居等一定社区关系网络中。

由于这些不公开的信息需要通过长期与多维度搜集，因此银行作为信息使用者需要付出昂贵代价。斯泰因（Stein，2002）从银行的组织结构阐述了银行规模的不同决定了对企业信息的生产方式的不同。小型银行结构简单，从高管层到客户经理链条短，这种特点带来的显著效果是决策快，同时在软信息的传递损失少的情况下，决策更为准确。另外，小型银行的管理层人员少，而客户经理的队伍庞大，呈现出金字塔形的组织结构，这保证了银行对小微企业软信息及时、全面地跟踪与掌握。与小银行采用的总行事业部的扁平化组织方式不同，大银行组织结构更倾向于采用总分支行的管理模式。这种模式适宜硬信息的高效快速传输，客户经理相对而言较少，决策人员利用现代信贷技术与专家经验对大额贷款进行审批。

周鸿卫、文慧（2011）认为，“影响小银行优势形成的内部因素主要包括简单的组织结构与较少的管理层次、地方性、存在所有权、激励等，同时又受市场竞争、司法环境等外部因素影响。将城市商业银行、邮政储蓄银行与所有的农村信用社改造为社区银行不利于小银行优势的形成与发挥，只有城郊区的农村信用社（包括农村合作银行与农村商业银行）才是社区银行改造的最佳对象”。王晓静（2012）明确村镇银行应当“服务于当地农业社区，以关系型银行业务为主，以当地小型企业及农户为依托，尽快完成从股权结构到经营模式的‘本地化转型’”。

三　社区银行制度体系的影响

美国社区银行发展态势良好的关键因素离不开法律制度（例如《社区再投资法》《反垄断法》《中小微企业法》等）的基础支撑作用。从社区银行的组织制度来说，其先后经历了自由、管制、放松管制阶段，相应的银行组织体制也从单一制向多元制转变。尤其是2008年次贷危机后，社区银行一方面利用大型银行并购时机，形成具有分支机构的社区金融体系，从而吸收各种资本，扩大抵御风险的能力；另一方面合理利用法律政策给予的业务发展空间，改变组织形式，应对市场萎缩与大银行挤压。金融监管制度存在地方层面的分别立法制衡体系与建立全国统一的监管体系两种形式，随着金融主体的自由化与金融资源的跨地区跨领域的自由流动，不同地方监管主体均衡模式已经无法满足需求。从根本上讲，企业的信用水平关系到银行的生死存亡。因此，建立一套完善的信用管理制度至关重要，它包括信用信息的搜集与加工制度、信用评级体系与信用实施保障体系。美国社区银行在竞争激烈的市场中占据一定份额的原因之一是充分利用发达的社会信用管理体系，尤其是建立了以消费者信用为立法核心等较为完善的系统，包括《诚实借贷法》《公平信用结账法》《诚实借贷简化法》《家庭平等贷款消费者保护法》及《公平信用卡披露法》等具体制度。

国内学者李长健、罗洁（2012）以金融发展权理论作为切入点，对中美社区金融制度进行了比较分析，重点分析了中国农村社区金融体系存在的本质问题，着重提出互助担保、评级补偿、公众监管及资本多元化等具体法律制度，尝试解决制度面临的现实问题。中国的经济发展其实遵循着“先城市，后农村”的规律，这直接导致金融资源不断从农村流动到城市，支持了城市从轻工业到重工业的转型。农村金融机构网点数量众多，但是组织结构简单，产品与服务种类单一，成为城市吸取农村资金的“提款机”。

四　市场机制的影响

从市场的角度分析银行社区模式的特点变化，主要包括利率市场化、市场竞争程度与金融资源配置三个层面。

首先是利率市场化的影响。利率市场化既是一个国家或地区金融深化的重要表现，也是金融自由化的重要一环。20 世纪 70 年代以来，美国、日本与欧洲等发达国家开始解除利率管制，并在 20 世纪 90 年代末相继完成。这给以利差作为主要收入的社区银行带来较大的压力。利率管制从某种程度上说保护了风险控制能力薄弱、贷款议价能力不足的社区银行。存贷利率的放开使社区银行的这些缺陷暴露无遗，因此采用提高存款利率与降低贷款利率与大银行进行竞争成为必然，同时在优质资源有限的前提下，将目光投向了高风险的客户。这些给社区银行带来的挑战是资金成本压力增加，利差空间压缩，不良贷款率上升。金融市场的快速发展所产生脱媒效应的结果是优质大型工商企业逐渐摆脱对银行的依赖，这二者的结果使银行从低风险资产转向高风险资产，银行风险加重。而使小银行雪上加霜的是大银行开始纷纷涉足中小银行业务领域，公平竞争环境从另一方面来讲加剧了中小银行承受的压力。中小银行存贷比重持续提高，高风险信贷业务比重增加等措施可以抵消银行净息差变化，减小利率市场化后贷存利差收窄的不利影响。

其次是市场竞争对社区银行的影响。罗伯森（Robertson，2001）借助马尔科夫链模型及概率转移矩阵发现，金融管制的放松虽然有利于全国性金融市场体系的形成，但是由于地方本身具有的差异性创造了社区银行发展的空间。达菲（Duffly，2002）提出在美国放松银行业务管制后，大银行的“金融超市”蚕食了社区银行的盈利空间，社区银行的盈利甚至生存已成为一个很重要问题。德扬、亨特与乌代尔（De Young，Hunter and Udell，2004）通过构建以银行规模、产品差异以及单位成本变量为基础的策略分析框架，提出金融管制的解除与信息技术的高速发展给大银行进入零售业务领域提供了机遇，促使其“二元交叉式发展”，但是这并没能改变小银行与大银行并存的现实，因为社区银行对小微企业提供的关系型贷款与市场竞争或垄断联系并不紧密。其实，软信息的特性之一是给银企双方带来较大的转换成本。因此，社区银行采取的“先补助企业，后提高收益”的营销战略仍然有效。威廉姆森（Williamson，1988）提出了大银行同时开展交易型贷款与关系型贷款两种金融贷款服务将由于技术的差异导致组织不经济问题。除了业务种类受到大银行的冲击外，美国在20世纪90年代以来逐渐放松了对银行的地理管制，这使得专注于本地的社区银行不得不与来自其他地区的银行进行激烈的竞争，垄断优势的丧失迫使社区银行提高“自生能力”。美国社区银行数量从鼎盛时期的10000多家下降到2015年的不足7000家，表面上看似乎是社区银行这种银行组织形式生命力逐渐丧失，但是奥尔森（Olson，2003）提出社区银行的真正生存能力来源于新产生的投资项目以及在此基础上建立的小微企业，社区银行只要发挥出对软信息与贷款计划的识别能力，就可以对每年数以万计的没有历史信用记录的新生小微企业提供信贷服务。从这个角度来讲，社区银行数量的减少并不能代表其本身生产能力的减弱，其实这反映了管制放松引致的竞争效应优胜劣汰后果——管理效率低下与业务竞争能力较弱的社区银行从金融市场出局。德扬、亨特与乌代尔（2004）在对美国金融自由化30多年的社区银行发展趋势研究后，得出结论：虽然金融自由化对社区银行赖以生存的比较优势产生了冲击，但是在关系型贷款领域内，社区银行仍然具有相对优势。伯格、博纳姆与戈尔德贝尔格（Berger，Bonime and Goldberg，2004）对从1980年到1998年共19年的时期中美国所发生的1万多起银行并购案例进行了研究，结果显示约有20%的新设立银行是由并购导致社区金融服务与关系型贷款需求引致产生的。美国联邦存款保险公司（FDIC，2004）的研究证实：从1992年到2003年，1250家新设立的社区银行中仍然有1100家保持独立正常经营模式。美联储（FED，2005）进一步的研究表明新成立的银行可以弥补银行并购产生的服务空白。卡特、麦克纳尔蒂与维尔布鲁格（Carter，McNulty and Verbrugge，2005）进一步从实证的角度分析了银行自身规模与关系型贷款与交易型贷款的绩效表现结果，结果支撑了德扬等学者的结论。

最后是金融资源的配置。罗伯特（Roberto，2009）指出《社区再投资法》所规定的社区银行的“积极义务”意味着向在某固定区域活动、有金融资源需求的居民与小微企业等弱势群体提供金融服务的义务。通过法律制度的规定将稀缺的金融资源引导到社区中的弱势群体，并使社区银行据此获得利益，这种法律与市场利益的有效结合，保证了“积极义务”的落地。

利率市场化背景下，中国商业银行将受到哪些影响呢？王廷科（2003）认为，利率市场化将对商业银行内部组织管理与外部经营环境产生重要影响，进而资金价格定价机制发生根本改变。王东静与张祥健（2007）证实利率市场化对银行贷款决策机制产生重大变化，并提高其经营效率。宋芳秀（2007）以博弈论为研究工具，重新分析了银行的定价行为，提出存款利率将最接近于均衡利率水平，同时贷款利率变化较为复杂。中国的利率市场化改革为检验以上理论提供了宝贵的实验场所。杨天宇与钟宇平（2013）利用中国125家商业银行在1995—2010年的非平衡面板数据实证研究了中国银行业集中度、竞争度与银行风险之间的关系，他们采用勒纳指数代表银行业的竞争程度，其结论是中国银行业的竞争程度与银行风险之间呈显著的正相关关系，这证实了特许权价值范式——银行为了长期获得垄断市场力量产生的特许权价值，通常有意识地约束自己的过度风险行为；当特许权价值受到竞争力量的威胁时，银行采取风险激进的经营策略导致整个银行体系的不稳定。[①] 关于利率市场化对中小银行的影响，江苏省银行业协会课题组（2014）调研中发现“利率市场化对中小银行的冲击较大，可能带来利差缩减、利润空间趋窄、流动性管理难度大、信用违约、竞争加剧等风险”。[②] 金融自由化有助于社会福利水平的提高。冯昀、郭洪涛（2010）认为，“国有银行及国有企业就像羸弱的巨人，虽然身形高大，但体格虚弱，内在空虚。在金融自由化的过程中，它们会在外部强烈刺激下逐渐变得身强体壮。国有企业对资金的极度饥渴就是中国金融管制负面作用的一个极佳例证，国有企业高比例的银行贷款与极低的资源使用效率相对比，必然形成对稀缺的金融资本的巨大浪费，降低了整个社会的经济效率。在金融自由化的过程中，部分效率低下、经营不善的国有企业有可能会破产，但这恰恰有利于提高经济效率，与其让屡屡亏损的国有企业浪费社会资源，不如将这些资源用于促进私营企业的发展，进而提高经济效率，促进经济发展，提高社会福利”。王擎等（2012）在对104家城市商业银行的面板数据进行分析时发现，跨区经营的城商行资产收益率较低。刘惠好等（2014）实证显示城市商业银行的存贷比与其X效率间存在显著的正向关系，表明城市商业银行跨区域扩张过程中，提高资产管理能力有助于提升其X效率。因此，中国银行业在市场经营放开过程中，短期内效果并不突出，甚至由于管理能力不足产生效率低下等问

---

① 杨天宇、钟宇平：《中国银行业的集中度、竞争度与银行风险》，《金融研究》2013年第1期。

② 江苏省银行业协会课题组：《利率市场化对中小银行的影响——基于对江苏的调查》，《中国流通经济》2014年第3期。

题，但是伴随着资产管理能力的提升与投资组合的多元化，终将带来正向作用。

五　文献评述

从已有研究文献的梳理中，我们看到关于商业银行在金融自由化背景下如何改变传统经营模式、创新业务来适应竞争的压力，其相关理论涉及信息不对称、信贷技术创新、成本收益理论以及社区金融的市场性、社会性二元化理论，这些成果颇丰且具有创见性，这是进一步研究的根本基础。但遗憾的是，在商业银行社区模式探索上，还存在以下不足之处。

首先，在对商业银行的利润增长分析时采取了拉格朗日等静态分析方法，故只能得到某一时刻的银行利润增长最大化数值；但是如果银行将以其整个生命周期作为利润最优化衡量的标准，适宜采用最优动态模型来分析，更能得到相关控制变量与状态变量下的利润最优平衡增长路径。

其次，目前的商业银行发展战略模式研究只是片面地集中于利润、风险等方面，而统筹考虑银行金融自由化过程中，银行的组织模式、盈利模式与风险控制模式的特点还没有相关文献进行系统论述。

再次，在中国经济保持持续快速发展过程中，中国的许多商业银行为了能够在竞争中分得一杯羹，因地制宜开发了各种信贷技术与创建了特色的经营模式开展社区模式探索，这些模式既有共性又有个性，其中的经验与教训，还未有系统总结、归纳。

最后，中国商业银行独特的产权结构模式对其经营以及社区战略的影响，还未从理论上进行深入的分析。

第四节　商业银行社区模式界定

根据上文所述，商业银行的经营模式一般包括传统的大银行模式与社区模式。具体而言，社区模式是指在政府政策支持下，按照市场化原则独立经营，通过对传统的组织模式、盈利模式与风险控制模式进行优化与创新，充分利用关系网络优势为社区小微企业与居民提供金融服务的一种银行经营模式。其基本特征为：

（1）组织结构相对简单。与大银行相比，社区模式下的银行组织形式也采用股份制，即它是按照市场法则与现代银行制度建立起商业银行组织，其股份公司形式有助于建立完善的法人治理结构、严格的内控制度体系、灵活的经营组织形式，其上级组织主管机构一般没有具体业务，只是执行服务与管理职能。但是其与大银行普遍实行的总分支等复杂层级机构相比，社区模式层级少，分支机构数量不多，组织结构关系简单，而且股权集中于社区内投资者或银行员工。

（2）市场定位清晰。社区模式下的服务区域，传统意义上的“社区”地理概念，它既可是一个县（区）、镇、村，也可是居民集聚区或类似企业园区的集中地。根据德国社会学家滕尼斯定义，“社区是指以地域、意识、行为与利益为特征的生活共同体”。因此“社区”概念集地理共同体、经济共同体与社会共同体于一体。同时这些区域中的客户资金规模较小，资金需求不大，与动辄上千万上亿元资金的大企业客户存在明显差异。从根本上讲，大银行在资源既定条件下，为了充分发挥比较优势，需要将宝贵的信贷资源投向大项目，这为中小银行腾出了巨大市场空间，同时中小银行属于中小微企业范畴，可以很好地理解中小微企业在拓展市场、成本控制、制度完善等方面所经历的困难，因此两者存在供给与需求的匹配效益以及共同的价值观。因此带着社区烙印并与社区融合为一体，社区模式实质已经由经济利益主体嬗变为社会利益主体。

（3）银行资产规模较小、存款稳定。一般来说，一家社区金融机构或银行控股公司中的某子公司资产规模在 10 亿美元内。但是随着经济发展，社区银行资产标准也在逐渐扩大。伯南克（Bernanke，2009）曾将社区银行定义为资产规模小于 10 亿美元，而根据伯南克在 2012 年的《展望社区银行的未来》演讲，社区银行的资产规模上限提升至 100 亿美元。来源于本地存款占总存款比重至少达到一半，同时这些存款的大部分需要投入到本地区，推动地区经济的发展。而以企业结算性存款、小额定期存款与短期存款为主要内容的核心存款所占总资产的比重约为80%。另外，该模式提供了大部分小于100万美元的小额贷款，其比例可占到总资产的20%左右。与之相比，大银行全部金融资产所占该国全部金融资产比例较高，超过80%，大型银行核心存款占其自身总资产比重约为50%，其所发放的小额贷款比重不到5%，并且通常在一个地区吸收资金，然后将资金投放到另一个地区。

（4）软信息挖掘优势显著。信息不对称是横亘在银行与客户之间的一道鸿沟，表现在客户了解更多的项目信息，而银行掌握的信息相对较少。为了减少信息不对称产生的逆向选择与道德风险，银行必须深入挖掘客户项目的信息，掌握其真实情况。在信息分为软信息与硬信息前提下，社区银行凭借人缘、地缘优势拥有了更多的社区知识，软信息的获取更多、更快、更准确；而客户硬信息的取得既需要投资购买昂贵的技术设备与招聘高素质员工，同时中小客户自身“轻资产”与财务不规范的特征也限制了硬信息的采集。这些软信息在很大程度上可以替代社区贷款申请者财务报表等硬信息。

（5）信贷业务类型主要为关系型贷款。正是由于在软信息挖掘上的主客观要求，因此贷款发放主要以关系型贷款为主。但是此处的“关系”并不是通常所说的人情贷款等，它是相对交易型贷款而言，其特征是主要根据客户的个人性格、品质、家庭、人际关系、社会声誉、管理能力、经营历史等不可量化的个性化信息判断。因此基于关系或信誉的关系贷款技术可有效解决中小微企业信息不透明、信用记录不规范、抵押品不足与财务数据不全等问题。其实信息不对称带来的是银行的高昂交易成本费用，而关系型贷款就是降低交易成本的一种制度安排，这种制度体系表现为银企双方建立起一种隐含的契约关系，在这种关系融资中，既可通过长期接触积累的软信息有效克服硬信息收集不足的缺陷，又可保证银行追求长期最大化效应。如果大银行提供这些不规范、不标准、个性化的金融产品与服务，其成本相对于标准化的产品而言非常昂贵。

（6）服务水平高。表现在以下三个方面：一是效率高。社区模式下的银行委托—代理层次较少，审批链条短，资金自由裁量权大，决策机制灵活，一般在审批通过后一两天内就可放贷出账。同时，本身就在该社区生活的银行雇员可以持续对本地项目监督，这可放松对客户担保品的条件以及简化贷款手续。与之相比，大银行模式下的银行雇员通常坐在远离社区客户的办公室里，贷款申请材料通过网络传递到贷款审批委员会所在地，采取集中的内部审批程序，信贷决策较慢并容易产生信息不对称问题。二是服务便捷。这些银行通常提供综合性的零售银行产品，例如住房抵押贷款、消费贷款与综合理财业务等；另外，许多查询类、转账类业务产品与服务费用低廉，甚至免费。三是服务创新机制强。由于社区内的居民、企业有稳定的住所或经营场所，便于采用客户关系管理系统分析客户的详细信息，掌握客户的金融服务需求与盈利能力，提高营销的精准性与成功率，培养客户的忠诚度。

（7）健全与严格的风险控制体系。首先，银行内部建立起一套包括业务部门、风险管理部门与独立审计部门在内的三道防线控制制度。存贷款业务主要集中于核心存款与关系型贷款。同时较高的核心资本充足率提高了其业务经营的审慎性。其次，外部各机构监管规则统一。法律制度完备、执行严格、政府政策扶持、行业自律机制健全、社会中介机构辅助等措施保证了社区模式的生存与发展，同时它们之间的沟通通畅也保证了监管效率。

目前国内商业银行正处于金融自由化背景下的转型时期，都在积极寻找转型的方向，社区银行模式就是其中的一个重要选择。尽管国内的社区银行模式取得了一定的实践效果，积累了一些经验，但还不是真正意义上的社区银行，与国外典型社区银行还有很大的差距，还不完全具备上述这些社区银行特征。因此，本书将着重在内部组织架构、盈利途径、内部风险控制等方面进行商业银行社区模式的探索。

第五节　逻辑结构与研究方法

本书具体逻辑结构为：首先，对金融自由化的发展历程、主要内容与本质进行论述，同时对发达国家主要商业银行社区模式的特征与经验进行总结，明确提出社区模式的概念内涵。其次，对商业银行社区模式的组织结构、盈利与风险控制这三个主要子模式产生的原因、理论基础、经营特征与作用影响进行详细分析。最后，对中国商业银行社区模式在金融自由化背景下的发展过程、经验教训进行阐述，揭示出社区模式的发展动力、发展路径与发展趋势。

金融自由化开始于20世纪60年代，美日欧等发达国家在21世纪初相继完成，伴随着以资金价格自由化与业务自由化（包括业务混合经营与经营区域的放松）以及资金在货币市场与资本市场之间的自由流动为特征的金融自由化，在银行与金融体系带来效率提升的同时也给社区银行为代表的中小银行带来很大冲击。因此，本书在总结了社区金融在发达国家发展的成功经验之后，分别对利率自由化、业务经营自由化与金融脱媒对商业银行社区模式战略发展的影响进行了详细分析与论证，尤其是以组织模式、盈利模式与风险控制模式等为主要内涵与动力机制发生了很大变化。主要分析框架是基于社区经济发展特点和社区金融机构的主要功能，重点讨论金融自由化中的利率自由化、业务经营自由化与国内区域经营自由化对商业银行竞争环境、技术环境与监管环境产生了巨大影响，进而改变银行以公司贷款为主的传统经营模式，提出商业银行社区模式是金融自由化与金融市场环境变革后的重要选择之一，其中这种模式主要特征是建立了新的组织模式、盈利模式与风险控制模式。正是这种以广大中小经济体为服务中心，以服务实体经济为目标，才使银行社区模式得以维持与健康发展。在此逻辑分析下，本书结合国外成熟社区金融机构发展模式与中国国内一些银行对社区银行或支行的一些改革实践，尝试探索中国在金融自由化过程中社区模式的发展路径。

本书主要采用了三种研究方法：一是定性分析与定量分析有机结合的方法。将量化分析与逻辑推导应用到社区银行的分析中，其实就是“质”“量”两者的辩证关系在方法论中的具体运用。我们在定性分析中，以金融自由化分析为主。而定量分析则强调数据可靠、方法实用、手段先进。本书在社区银行收益与利率以及银行业务的定量分析中，通过数据及案例进行了深入研究。二是静态优化分析与动态优化分析有机结合的方法。静态优化分析强调某一时间点经济体在均衡状态时的运行规律及其所具有的特征，但市场活动不是静止不变的，静态的均衡状态是短暂的，社区银行在从管制到自由时期处于从一种状态向另一种均衡状态的运动中，因此动态分析可以详细描述这种运动过程的特征。三是宏观分析与微观分析相结合的方法。宏观分析方法强调经济总量的概念，从国家或地区的层面探讨各个整体变量之间随着时间的推移，其动态轨迹如何变化；微观分析方法则是从整体总量分解的角度及其各个部分之间的关系入手，强调以微观经济主体作为研究对象，从中探寻经济增长的客观规律，为宏观分析奠定坚实的微观基础。除此之外还运用了历史的方法与国际比较的方法等。

第六节　主要创新点、不足及今后进一步研究的方向

本书充分运用信息不对称理论、动态经济学理论、金融中介理论、金融地理学理论对金融自由化环境下的商业银行社区模式自生能力进行了深入分析。这有别于现有学者通过单纯的业务发展或金融制度或组织结构的单一分析。通过金融自由化这个环境的重点变化，分析大小金融机构并存的理论基础与丰富多彩的金融生态现象。此外，本书还重点讨论社区银行的二重属性，即“银行”的私利性与“社区”的公益性，以此作为社区银行发展的落脚点，借此实现整个社会的包容性增长，使普惠金融服务于每一个社会成员。最后以中国正在如火如荼开展的存款利率自由化、贷款基准利率自由化、已经暗流涌动的混业经营、资金跨市场、跨区域的流动为前提条件，分析中国社区银行成长的基础与发展方向。

一　创新点

(1) 讨论金融自由化中的利率自由化、经营业务自由化与国内区域经营自由化对商业银行竞争环境、技术环境与监管环境产生了巨大

影响，进而改变银行以公司贷款为主的传统经营模式，提出以组织模式、盈利模式与风险控制模式为特征的社区模式是金融自由化与金融市场环境变革后的银行发展战略重要选择之一，进而建立了金融自由化下的商业银行社区模式分析框架体系。

（2）改变以往对商业银行社区金融机构在一定条件的静态分析，尝试利用动态最优化模型，将关系投资作为社区金融机构的控制变量，在此基础上获得的信息作为状态变量，分析其在长期利润最大化过程中的平衡增长路径。

（3）重点论述了政府在银行共同治理模式中的作用以及互助行为对社区治理模式的影响，同时对中国商业银行社区模式产权改革进行了论证，指出走社区化道路的中国商业银行，实施混合所有制产权改革是保证其在未来银行激烈竞争中得以生存、发展的重要因素之一。

（4）对中国商业银行在金融自由化背景下的盈利模式进行了实证分析，发现规模越大的银行对存贷款利率的变化不敏感，比较而言，小银行对利率变化较为敏感，因此利率市场化对中小银行的作用更强；中等资产规模的银行处于发展的战略转型阶段，它们在发展过程中面临着成本收入居高不下等问题，这直接影响了资产收益水平；但是，可以看到中等规模银行在控制不良贷款方面能力较强，这也为其战略转型奠定了坚实基础。

二　不足之处

由于数据搜集渠道相对狭窄，本书尚待改进之处主要有以下几个方面：一是在论证关系投资与社区金融机构发展动态增长时，缺乏实证检验；二是在对中国商业银行进行面板数据检验时，由于数据的可获得性，时间跨度较小，仅有 4 年数据，同时一些数据来自银行内部，还有一些数据是根据推理计算出来。利用这些数据进行实证分析时，将可能导致研究结果与实际情况存在偏差。

三　进一步研究的方向

（1）金融自由化的理论基础尚需完善。金融自由化是欠发达国家金融体制改革成败的关键，在经济与金融一体化的世界环境中，各国面临更加复杂的外部环境，从客观上将需要更加完善的金融自由化理论来支持金融市场化改革。

（2）金融自由化下商业银行社区模式的研究手段需要进一步提高。目前有关社区模式问题的研究，仍然集中在个别商业银行的微观业务分析与以此为基础的数据测试，这些测试建立在银行宏观经济环境与组织模式未发生大变化的假定基础上，因此研究成果的现实意义受到制约。随着互联网金融的兴起、金融市场日新月异的变化以及许多新兴学科的兴起，金融脱媒对社区银行与大中型银行的冲击效应分析、互联网金融对社区银行的挑战、存款保险制度对于社区银行的意义等跨域问题应该成为未来研究工作的方向。

第二章　金融自由化背景下商业银行社区模式分析框架

在发达国家相继经历了从金融管制到金融自由化的制度变迁后，大银行业务经营范围与地理空间迅速扩张，资金实力与定价能力加强，资产规模较小的中小银行群体竞争压力剧增，虽然破产、兼并导致该群体数量大幅下降，但是其在银行体系中的地位并未与数量同比例下降，并且整体业绩优于大银行，经过充分竞争洗礼后的一些中小银行经营效率明显提高。银行经营目标不再仅仅是大而全的单一银行模式，而是出现了大银行模式与社区银行模式并存，这种乔木与灌木相互依存、共同繁荣的金融生态环境为社区模式下的商业银行发展提供了竞争空间与制度支撑，同时这种社区模式所保持的旺盛生命力与活力也来源于其自身所具有的比较优势。

第一节　金融自由化的概念界定与理论基础

一　金融自由化的意义

金融自由化始于20世纪60年代后期。其背景是美国等发达国家在1929—1933年世界经济危机后长期采取严格的金融管制政策，它在促进国民经济增长的同时，也严重束缚了金融部门发展空间而失去活力。例如美国从1837—1994年一直实行的“单一银行制度”与“单一州原则”，以及1935年、1966年实行对存款利率进行管制的“Q条例”。这些管制规则使金融机构，尤其是银行在存款利率压抑与资本市场工具创新下，金融脱媒现象越发严重，同时地理区域的严格管制与业务经营单一化造成银行无法有效分散信贷风险。此外，始于1944年的布雷顿森林体系在运行30年后，固定汇率制度存在的种种弊端，制约了各国或地区的经济发展。于是美国等发达国家顺应经济形势变化，开启金融自由化改革，并先后经历了资本账户放开、浮动汇率制、利率市场化以及美元、日元等货币国际化。而以花旗银行为代表的大银行为了突破国内的存款利率上限与存款准备金管制、分业经营的“防火墙”与跨州经营的藩篱，采取在海外设置分支行的方式绕过严格的监管规定。除此之外，一些银行进行了金融工具创新，例如先后开发出自动转换储蓄账户（ATS）、大额可转让存单账户（CDs）、可转让支付账户（NOWs）、超级可转让支付账户（SNOWs）、货币市场存款账户（MMDAs）、货币市场互助基金（MMMFs），绕过利率“天花板”，并开发出可变利率债权债务工具与期货期权产品以应对利率与汇率变动风险。简言之，发达国家进行的金融自由化主要是为了解决本国市场深化过程中出现的资金资源配置体系落后与不匹配问题，其直接动力主要来源于金融创新，根据熊彼特对创新的定义，创新本质是突破既有的规则与束缚，对原有的生产函数要素进行重新组合。从金融重构结果分析，正向效应明显，取得了丰硕成果，金融资源优化配置效率大幅提高。从美国银行业来看，先后经历了从繁荣到衰退再到复苏的发展过程。1970年以前传统信贷业务发展势头良好；20世纪80年代利率自由化直接造成大量储贷机构破产与并购，中小金融机构经营受到冲击，经营能力下降；但是从1986年混业经营试点到1999年分业经营正式终结，一些银行将传统资源禀赋与创新能力有效结合，盈利水平持续增加（见图2－1）。

二　金融自由化的含义与内容

金融自由化是指一个国家或地区的金融部门运行从主要由政府管制转变为由市场力量决定的过渡。金融自由化制度体系主要包括资金价格自由化、经营业务自由化与经营地域自由化三方面制度内容。

第一，资金价格自由化。涉及以存贷款利率市场交易主体自由定价为核心的自由化、汇率由市场供求双方决定的自由化、证券交易中

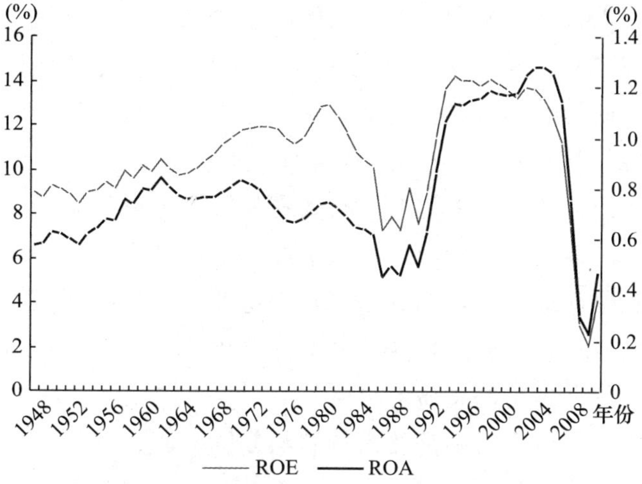

图 2－1 利率市场化后美国银行业盈利能力发展情况

资料来源：FDIC，中信证券研究部。

的固定佣金以及其他金融服务价格。其中汇率自由化包括货币自由兑换、贸易账户与资本账户不受管制等内容。

第二，经营业务自由化。表示政府对银行经营的业务范围不进行限制，这涉及表内业务与表外业务两大类。表内业务包括资产业务与负债业务自由化两部分内容。金融管制环境下，银行资产业务比较单一，利润主要来源于净息差收入，并且资金来源以存款为主。在金融管制放松直至取消过程中，分业经营被打破，投资银行业务、证券承销业务、理财顾问业务等表外业务开始成为银行新的重要利润来源，但是资本市场的发展也吸引了原来银行客户大量资金，产生了金融脱媒问题。另外，随着资本账户的解除与放开，国际资本流动开始频繁，资产负债业务开始表现为外币形式。除了以上表内资产负债业务外，表外业务日益成为银行的重要收入来源。表外业务分为两种：一种是对资产负债表没有任何影响，只是银行利用自己的技术与人员开展纯粹各项服务的活动，例如汇兑、咨询、财务顾问、与贷款相关的服务。这些活动一些是银行通过系统投资，实现规模经济，降低成本；另一些是银行利用手中掌握的各种信息进行加工增值；还有一些完全就是利用银行支付中介特殊功能产生收入。另一种是对资产负债表产生潜在影响，例如贷款承诺、保函、担保等或有类业务以及互换、套利、期货与期权等金融衍生品业务，尤其是衍生品创新业务发展非常迅猛，其金融工具达到上万种。

第三，经营地域自由化。该制度改革保证了银行不受经营地域范围的控制与约束，跨地区经营扩大了经营空间的同时也引发了区域内银行激烈竞争。通信技术与互联网技术将各国（地区）资本市场全天候连接，金融市场分割与业务地域概念弱化。

三 金融自由化的本质与特点

金融自由化本质实际是放松管制与鼓励创新，即让市场在金融资源配置中起决定性作用，提升金融效率，促进金融更好地服务实体经济。其中利率自由化是核心内容，其本质是指资金的价格决定机制，不是由行政主导，而是由市场经济活动的交易双方按照公平原则自由确定，简单来说就是利率决策权由政府转移到市场。这包括两层含义：一是定价内容自由化，包括利率价格高低、期限长短、风险结构等自主确定；二是政府虽然不再直接管控利率，但是通过央行在公开市场债券买卖等活动，改变资金供求状况，引导非理性市场利率趋于正常化。

总结20世纪70年代以来的金融自由化渐进改革历程，所表现出来的基本特征为：（1）制度围绕市场原则设计。无论利率还是汇率管制的去除，各国都稳步推进了利率制度、汇率制度以及金融市场运行机制等市场化进程。（2）始终遵循为实体经济服务要旨。金融是经济的核心，其促进经济发展的核心作用体现在资金融通中介效率的提升。例如经营地理范围与业务的解除便利了公司的融资行为；利率自由化降低了公司融资成本，提升了居民金融资产的收益。（3）金融市场与金融机构并重，大银行与中小银行并举。多层次的金融市场有利于资金供求通道顺畅，提升资金流动效率，同时债券市场等有利于降低融资成本与提高服务便利。在银行做大做强过程中，一些小银行被吞并，一些小银行明确定位社区服务，服务小微客户，逐步形成了与大银行相抗衡的实力。（4）金融自由化中的“自由”是相对的。自由与管制是两种极端行为，纵观美国金融经济百年历史，1929—1933年经济危机前的自由导致了其后长达40年的严格分业管制；其后30多年的管制放松又为2008年次贷危机埋下了危机的种子。因此自由化不是一“放”了之，它需要与一国经济发展水平与宏观监管体系保持动态一致。(5）金融自由化是工具、手段而非目的。金融自由化不是为了“自由化”而自由化，它实质是通过推进金融体系改革促进实体经济发展。因此金融自由化制度设计需要考虑其实施条件与后果。

四　金融自由化的理论基础

在度过了“二战”后高速增长的黄金发展时期，工业化国家开始陷入滞胀泥潭，长期奉行的凯恩斯主义——国家干预理论受到学者们的纷纷质疑。发达国家开始的金融自由化深受以弗里德曼为代表的货币主义与以哈耶克为代表的狭义新自由主义的影响。货币主义认为货币对一国的经济发展至关重要，相机抉择下的货币政策调节与干预增加了经济的震荡，而采取单一规则——根据一定方法计算出一国的货币供给量增加——是维系经济增长的根本；新自由主义也强调了国家干预（例如价格管制、财政支出）经济增长带来的效率低下、价格高涨等严重弊端与经济不稳定问题。发展中国家金融自由化是在国际货币基金组织（IMF）要求其改革利率市场化的背景下开展的。此时，麦金农与肖相继提出了金融抑制与金融深化理论，他们指出发展中国家经济落后的原因是利率管制引发的资金缺乏，解决之策是放松金融管制，恢复利率应有的水平，动员资金积累，便利储蓄资金投资的渠道，最终促进经济增长。总体来说，金融自由化理论与发达国家日益兴起的新自由主义思想理论一脉相承，但是拉美等国在金融自由化指导下进行的改革出现了挫折，这引发了后凯恩斯主义重新以需求决定供给的观点对麦金农等的金融深化论进行反驳。针对麦金农与肖的理论在实践中遇到的问题，后来的一些经济学家，例如卡普、马西森（Mathiesan）、弗莱等通过建立数学模型进行研究，并将早先的静态优化分析方法扩展到动态优化分析方法，先后建立了卡普—马西森模型、弗莱的开放经济金融发展模型等。他们在丰富与发展金融自由化理论的同时，使该理论的应用更具体、更贴近现实。除以上基础理论外，20 世纪 50 年代以马科维茨为代表的学者开创了投资组合理论，该理论认为，通过构造有效的投资组合可以有效分散非系统性风险。随后 20 世纪 70 年代的法玛提出了资本市场效率理论，强调了金融市场存在弱势有效市场、半强势有效市场与强势有效市场，而夏普提出的资本资产定价模型则对资产的收益与风险的关系进行了量化分析，并以 β 值衡量资产或资产组合的系统性风险。以斯蒂格勒、德姆塞茨为代表的芝加哥学派的监管经济学理论分别从资本市场的有效性与监管的经济不合理性角度论证了金融自由化的必要性，认为银行市场充分竞争是市场力量自由发挥作用的过程，在此过程中银行本身的效率是决定市场结构与市场绩效的根本因素。

总之，金融自由化理论经过了两个发展阶段：一是针对发展中国家经济增长缓慢的现实，提出金融市场不完全与金融抑制导致了经济发展缓慢，改变的策略是发展中国家应该进行金融深化。二是在总结发展中国家金融改革实践的基础上，提出了有关金融改革路径理论——金融自由化顺序，强调发展中国家的金融改革应该按照一定次序进行以保证经济发展的稳健性。同时借助数理统计知识在微观层面上对金融风险与收益进行量化分析。

第二节　商业银行社区模式的国际经验总结

现代意义上的商业银行起源于 16 世纪的威尼斯银行。随着经济的发展与企业规模的扩大，银行资产规模也不断增加，发达国家商业银行经营模式基本形成了大公司业务与社区两种模式，即为大企业服务与为小微企业服务的基本模式。尤其经过 20 世纪 70 年代金融自由化的冲击与 90 年代银行并购浪潮，社区模式不但没有消失，反而显示出强大的生命力。根据各国或地区的实践经验总结，商业银行社区模式有以下几种。

一　美国社区银行模式

美国银行体系特征是“巨无霸”式的大银行与小型的社区银行并

行存在的二元化结构，该体系形成的制度基础是美国长期实行的单一银行制。具体来说包括在联邦注册的国民银行与在州注册的州银行两个层次。国民银行通常数量少、规模大；而州银行数量多、规模小，多为中小银行。目前社区银行并无统一定义，S. Cocheo（1997）对社区银行的定义是："社区银行是社区的金融生命线，它提供了使消费者与商业客户借以完成当地经济活动中的金融交易的资源。这种银行亲自地、极受信任地与节俭地开展这些服务，而在这一过程中，同时力求实现社区的进步以及银行股东投资的预期回报。"而根据美国独立社区银行家协会（ICBA）对社区银行的定义："社区银行是指在一定的社区范围内按照市场化原则自主设立、独立经营，主要服务于中小微企业与个人客户的中小银行。在经营特色与发展战略上，社区银行强调的是在特定社区范围内提供针对客户的个性化金融服务，与客户保持长期的业务联系。"美国一般将资产规模小于等于 10 亿美元的商业银行与储蓄机构看作是社区银行。目前美国约有 6000 家社区银行，5 万多家营业网点，占商业银行比例超过 90%，分布在城市、城市郊区、农村的比例约为 20%、30% 与 50%。过去的一个世纪，美国社区银行发展环境经历了从严格管制到放松两个阶段：第一阶段是以 1927 年颁布的《麦克法登法》（*McFadden Act*）禁止银行跨州经营为起点，其后 1929 年与 1933 年又陆续颁布限定存款利率上限的《Q 条例》与规定分业经营的《格拉斯—斯蒂格尔法》。这些法规为社区银行发展提供了制度保护空间，促进了大繁荣。截至 1980 年年末，社区银行共计 14078 家，总资产占行业资产比重达到 1/3。第二阶段是以 1980 年实行《存款机构放松管制与货币控制法》（它正式取消了 Q 条例有关利率管制的规定内容）为起点，金融自由化环境重新确立，社区银行面临严峻的竞争环境。后来的《高恩·圣洁曼法》准许银行开立货币市场存款账户，投行业务与债券承销逐渐放开；1994 年《里格—尼尔法》允许国民银行跨州设立分支行；1999 年《金融服务现代化法》准许通过控股公司方式从事证券业务。

从资产负债表来看，我们可以发现社区银行业务模式特征：资金运用主要表现为信贷资产，而资金来源于社区小额储蓄客户的资金。

由于规模小、资金实力有限，贷款更多投向当地中小微企业、小微企业主或者是非住宅不动产项目以及农业项目。根据 ICBA 的统计，2008 年年末，社区银行发放的单笔贷款小于 100 万美元的项目所占该类贷款比例为 35%；而对非住宅不动产项目而言，该比例约为 40% 左右；农业领域中的贷款比例更大，在过去 30 年里，农场房地产贷款、家庭农场贷款（低于 50 万美元）与农场经营贷款提高份额分别为 65%、75% 与 61%。与大银行相比，社区模式下的银行融资渠道有限，优势在于与居民的物理距离更短，服务更及时，手续更便捷，利用有竞争力的利率来吸引小额储蓄。因为这部分储蓄存款利率敏感度低，所以为社区银行提供了大量廉价的核心稳定存款来源。美国堪萨斯城联邦储备银行（Federal Reserve Bank of Kansas City，2003）的一项研究表明，2002 年年末美国储蓄存款金额小于等于 10 万美元时，社区银行余额所占比例为 24%；当金额大于 10 万美元时，社区银行余额所占比例下降到 15%。高利率的存款来源于社区银行提供给客户的高利率贷款。在获得稳定的净息差基础上，社区银行对客户存贷款可以收取较低的手续费，增加客户黏性。

从实践上看，美国社区银行非常重视服务本地与提供人性化服务。通过广泛参与社区建设，例如积极参与本地商会组织的业务联系活动，支持教育等社会公益事业的发展，并向社会弱势群体提供帮助等方式，社区银行有效加强其服务本地的地区性，提高客户的认可度，全面掌握客户第一手信息。即使网络银行等新渠道减少了客户进入银行物理场所进行面对面交流的频率，但是还有相当一部分客户喜欢与银行工作人员直接接触，了解银行推出的新型产品与各种服务措施。

从组织模式看，社区银行遵循市场化原则，采取独立经营的方式进行业务运作。社区银行大多数由社区居民、企业与金融机构自愿投资设立，例如《得克萨斯金融法令》规定社区银行的投资者至少一半来源于本州，政府资本基本被排除在外，这减少了政府直接对银行经营的行政干预，增加了市场化运作的透明性。资本来源的多元化为建立相对完善的法人治理结构打下了坚实基础，同时也保证了内控制度的有效实施。此外，社区银行层级较少，组织机构简单，各部门分工明确，保证了决策者有效动员全行资源快速处理类似贷款决策等问题。美国社区银行组织形式基本有三种类型：一是独立银行形式（Independent Bank）。资产规模小于1亿美元的小银行中有1/3采用这种形式。二是银行控股公司形式（OBHC）。与大银行通常采用银行控股公司控股多家银行相比（MBHC），OBHC一般成员银行只有一家。三是S公司（Subchapter Corporation）。自1997年第一家社区银行采取S公司后，约有1500多家商业银行相继实行这种组织形式。社区银行为了追求利润最大化，需要根据每一个客户自主制定服务的价格以及核算相应的成本。

从客户以及产品服务定位分析，社区银行的主要客户群为本地居民与中小微企业客户，因此被当地居民认为是“我的银行”。据统计，40%以上的中小微企业在社区银行开立基本账户，同时在社区银行发放的贷款总额中，中小微企业占比超过了40%，另有超过70%的中小客户与社区银行有业务关系。由于业务经营相对的地域封闭性以及混业经营，社区银行既有传统的资产负债业务，也有包含投行、证券承销等在内的中间业务。在日常业务中，由于社区银行减少对客户资金的占用而吸引了大量客户。2003年，美联储报告指出，社区银行降低了客户支票账户、NOWs账户与储蓄账户上的费用约为18%—42%，同时在无利息的支票账户最低余额要求方面，减少了银行客户36%的成本，其存折账户也可比大银行降低58%的成本。

从监管体系与政府政策扶持看，社区银行秉承市场化原则，在监管上采取内部控制与外部政府监管以及社区银行自律协会相结合的方式。关于社区银行监管，内控是基础，政府监管为核心，自律协会为补充。联邦存款保险公司（FDIC，监管联储系统之外的州注册银行）、货币监理署（OCC，监管联邦注册银行）、联邦储备管理委员会（FRB，监管州注册联储系统会员银行）、消费者金融保护局（CFPB，监管资产规模超过100亿美元以上的大型社区银行）等多个监管机构职责在保证全面监管的同时，各有侧重。联邦金融机构委员会（FFIEC，监管行业的正式组织机构）通过协调监管规则、开发统一数据库实现资源共享，降低监控成本、避免资源浪费与提高监管效率。由于社区银行属于天然的“弱势群体”，政府对不同规模的银行采取了差别性银行监管政策，并对其在最低资本充足率、法定存款准备金率、风险资产权重分配、税负减免等方面进行一定的政策倾斜。在放松监管标准的同时，为了抵御金融自由化，尤其是利率市场化所引发的存款竞争压力，政府进一步完善了存款保险制度来保护存款人的利益，防止单个社区银行挤兑风险扩散到整个金融系统。同时出台《社区再投资法》鼓励存款类金融机构在经济欠发达地区开展金融业务，推动地区经济发展。[①]

简言之，美国社区银行在美国的银行业扮演了不可或缺的角色，社区银行的“社区”特色决定了它主要服务于社区居民与社区的中小企业［美国中小企业管理局（SBA）数据显示，社区银行一直在中小企业贷款中占据着60%的市场份额，在金融危机期间，这一份额甚至一度达到70%[②]］，并担当起社区发展的组织者。

二　德国合作银行模式

与美国早期实行分业经营不同，德国的银行业一直实行混业经营，其体系主要包括以商业银行、储蓄银行与合作银行为主的综合化银行与以不动产抵押贷款、住房贷款协会等为主的专业化银行。2011年年末，在德国1871家综合化银行中，储蓄银行有441家、合作银行有1159家，分别占综合化银行数量的24%与62%，其服务对象主要是中小微企业与个人客户；商业银行约有271家，数量较少，主要为大企业服务。大多数储蓄银行由州或地方市政当局控股，主要功能是引导家庭储蓄资金流向工业生产，服务对象是地区内的中小微企业。由于填补了商业银行留下的空白区域，储蓄银行逐渐成为其竞争对手，目前其吸收的资金超过了商业银行；合作制下建立起来的合作

---

① 美国《社区再投资法》颁布于1977年，鼓励金融机构以安全与稳健的方式满足其所在社区，特别是中低收入社区的信贷需求，该法案出台的直接原因是解决一些地区的资金外流问题。该部法律是唯一的针对区域而非针对个人的金融消费者保护法律。

② http：//finance. sina. com. cn/money/bank/bank_ hydt/20130928/000016875688. shtml.

银行，客户主体是银行的合作成员。功能主要是向非工业部门提供信贷支持。合作银行在业务经营上采取了中小微企业一体化服务策略，针对特定客户制订专业化理财方案与融资授信计划。

德国在发放关系型贷款时采取向企业派驻代表的方式建立稳定的银企关系并取得信息生产优势。与美国社区银行采取各自为政、高度竞争的模式相比，德国的合作发展模式更加突出了银银合作的特点，即各合作银行在自己所处的相对独立的地区开展经营，从而降低了交叉竞争，同时它们又共同出资设立一个对外代表各家利益的股份制合作集团，其所从事一些业务可以弥补它们在业务经营上的"短板"：例如统一开发技术平台、研发技术产品，提供网络与信息系统支持，降低合作银行运营成本与创新风险，并将业务范围扩大到单个合作银行难以介入的地区外业务领域。简单来说，德国的合作银行模式的基本框架为股份制合作集团的"伞形架构"下的独立银行，其设立方式包括新建银行、特许经营、共享分支机构网络。

在监管上，采取联邦金融监察局、联邦中央银行审计监督体系与合作银行出资成立的合作社审计协会共同监管体系，其中联邦金融监察局采取非现场监管，联邦中央银行采取现场监管，强调流动性，合作社审计协会只负责对本区域入社的合作银行进行审计监督。

三　日本地方银行模式

日本的银行体系主要是由城市银行与地方银行组成。城市银行通常资产规模较大，总部设在大城市，经营范围为全国及国外区域；资产规模较小的地方银行设立在都道府县，主要服务于这些地方城市周边地区的客户以及广大农村地区。第二次世界大战后的地方银行在业务经营范围、地理区域、存款利率等方面实行了严格管制。这种管制一直持续到20世纪70年代，给地方银行稳定发展创造了一个良性环境，同时也与城市银行保持了和平共处。从80年代起，尤其是"广场协议"签署后，利率自由化、汇率自由化、资金在国内外的进出相继放开，1996年"金融大爆炸"改革措施更是扩大了金融业务自由发展空间。在金融创新方面，地方银行开发证券销售、保险代理、遗产处理与国际贸易融资等新业务。尤其在日本出口战略引导下，地方城市的客户销售目标开始转向国外，地方银行审时度势积极调整产品与服务，提高了贸易融资、贸易结算与外汇兑换服务创新来满足地区企业海外拓展业务的需求。政府的政策支持体现在降低坏账准备金与税率。在政府政策支持方面，日本政府建立了信用担保体系、两级银行制度相互援助体系与存款保险制度；在税收政策优惠上，主要措施有免征地方银行的所得税、营业税，允许分红计入成本在税前扣除。信用保险制度以政府投资设立的中小微企业信用保险公库为主，同时民间成立52家信贷担保公司与以此为基础建立的信贷担保协会作为辅助配套支持系统，这些担保机构为地区中小微企业提供信贷担保。

四 发展中国家社区银行模式

发展中国家的社区银行主要服务对象是农村社区，主要有以下三种模式。

（1）孟加拉国乡村银行模式。1983年，孟加拉国成立了由政府与中央银行共同出资设立的该银行，它的宗旨是扶贫。基于信贷服务不仅仅表示市场的资金借贷行为，而且代表了每一位居民应该享有的权利，诞生了金融普惠制与包容性增长理念。该乡村银行的典型代表是尤努斯教授创建的格莱珉银行，其贷款客户主要是农村贫困妇女，业务特征是利率低的贷款以及强制性储蓄，风险控制主要依靠借款者信用与人格品质。①

（2）印度尼西亚人民银行模式。该银行于1969年开始真正在农村地区提供大规模金融服务。其客户遴选标准为处于贫困线以上的家庭作坊或个人，期限不超过3年。它的成功归因于治理结构、员工招聘机制与激励机制。尤其是对存款人采取差别利率吸收储蓄存款激励；对借款人按期还款采取增加信贷额度与奖励；对员工采取年度利润分红。

（3）国际社区资助基金会村庄银行模式。这种模式建立于1985

---

① 2006年尤努斯及其创办的孟加拉格莱珉银行（又称“穷人的银行”）获得诺贝尔和平奖，该银行通过无抵押小额信贷，已使孟加拉国639万穷人受益，为人类解决贫困难题提供了一个可行的办法。

年的拉丁美洲，本质属于慈善型小额信贷组织，以村庄银行为小额贷款发放主体，以村庄的小微企业与个人为贷款使用者，目的是解决村庄落后面貌。村庄成员自我管理村庄银行的资金，借款人之间相互担保，保证资金的偿还，它已经成为联系贫困社区与正规金融的一道桥梁。

从以上社区模式的特征与国外业务运行实践方式来看，社区模式与大银行模式存在显著差异，同时也与普通的商业银行经营理念存在区别，资产规模较小仅仅是其外形，真正核心问题则是服务社区的价值观与特定的经营服务模式，其核心竞争力来源于微观经济行为与社会责任的和谐统一。

从以上典型国家地区的社区银行发展历程，我们需要认真思考在中国金融自由化的大背景下，中国的银行业如何对大小银行进行合理分工，建立银行层次分明、更具活力的金融系统；同时考虑到社区银行在普惠金融中肩负的使命以及在竞争中破产的风险，我们有必要对现行的银行监管体制进行改革，包括对社区银行的储户给予更大比例的保护；在 2015 年 5 月 1 日开始实施的《存款保险条例》基础上，成立类似美国的 FDIC 机构，在社区银行储户与社区银行之间树立一道防火墙；最根本的是修改现行的《商业银行法》等相关银行法律制度，明确将保护存款人利益作为核心内容。

第三节　理论基础

商业银行的社区模式能够在大银行模式垄断金融体系、主导与支配金融资源的业务领域中分得一杯羹，甚至分庭抗礼，形成两种模式并存与良性发展，有其深厚的理论基础。下面我们对最具有代表意义的规模论、信息论、资产组合、社区关系学说以及制度论进行简要概述。

一　规模经济、范围经济与 X 效率

银行规模经济是指银行经营成本随着银行员工人数、营业网点、

系统设备等软硬件数量的增加带来的银行经营规模与报酬增加。简单来说就是在技术水平与要素价格不变条件下，所有要素投入增加1倍时，银行产出大于1倍。用数学表达式如下：

银行生产函数：$Q=f(K, L)$，设 $\lambda>1$，则规模经济指：

$f(\lambda K, \lambda L)>\lambda f(K, L)$

其中，Q 表示产出；K 表示资本要素；L 表示劳动要素；λ 表示投入增加比例。

银行范围经济指银行用同样的信息资源与相互联系的技术手段来生产贷款、存款、证券承销、理财顾问、咨询等多种金融产品与服务时，该银行就处于联合生产过程，这种过程体现为银行经营活动横向维度的扩展带来的成本节约或利润的上升。

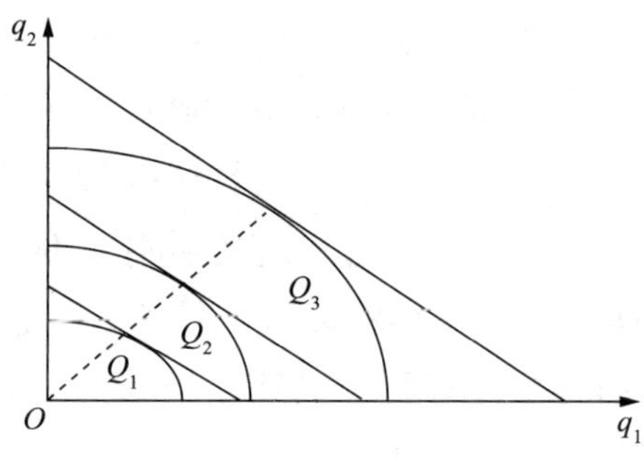

图2-2　银行范围经济示意

如图2-2所示，生产转换线 Q_1、Q_2、Q_3 如果是一条直线，则表示一家银行联合生产——利用相同的信息资源生产的两种金融产品，并没有形成范围经济。换句话说，两家银行分别生产这两种产品等价于一家银行同时生产这两种产品，但是当生产转换线凹向原点时，联合生产优势体现，范围经济体现：即一家银行提供两种产品的产量大于两家银行分别生产的总和。其原因在于资源共享降低单位产品消耗的成本，生产过程的统一管理也降低单位产品的管理成本，同时生产过程具有互补性。显然范围经济存在时，两家银行具备合并的正效应。除了吸收资金所付出的利率成本外，银行贷款作为一种金融交易，还存在很大的交易成本，它主要包括人员、设备以及贷款发放流程涉及的各项成本，例如调查、审查、审批、贷后管理等。如果从是否随贷款规模变动的角度来看，贷款的交易成本分为固定成本与变动成本，即单位贷款固定成本随贷款规模的增加而逐渐被摊薄，结果银行都倾向于发放大公司贷款，降低交易成本，增加利润。相反，中小微企业贷款由于量小频率高的特点，对大银行而言，产生规模不经济问题。但是与大银行相比，处于规模递增阶段的中小银行，“U”形成本曲线在满足一定条件下更加扁平，这些条件包括跨区域扩张、多产品经营等有利于深入中小银行挖掘规模经济与范围经济。

早期的学者实证证明银行规模经济更好地体现在规模较小的银行，但是这种规模经济效应降低成本仅为5%（Benston，1972）。随着自由化的深入，规模经济效应开始在大中型银行显现（Berger，1997），但是大银行存贷款之间并不存在信息互补产生的成本节约，德扬（De Young，2001）证实了银行跨区域经营与效率不存在显著的正相关性。既然规模经济与范围经济对银行节约成本、增加利润并不显著，那么究竟是何种因素影响银行的利润呢？德扬与伯格先后发现X效率（银行内部管理效率）是决定银行绩效的重要因素，这种X无效率给银行带来的损失约占银行总成本的20%。根据莱宾斯坦的观点，银行作为企业其产出不仅仅决定于人力与物质资本的投入，在一定技术条件下，更取决于X效率——银行组织管理水平与员工的努力程度。在银行规模逐渐增大时，银行管理协调水平无法同步增加，那么将影响员工的努力程度，降低产出。

另外，当前的银行业是一个典型的垄断型市场结构。尽管自由化增加了竞争的激烈程度，但是充其量也只是处于从寡头垄断转向垄断竞争的过程。如图2-3所示，垄断银行获得垄断利润。只要$p>AC$，垄断银行就可在短期获得利润，虽然从长期来说，银行竞争充分，那么产品价格等于平均成本可能出现，导致长期利润为零，但是由于需求曲线D的向下倾斜决定了价格大于边际成本，即$p>MC$，这意味着银行的垄断还是造成了银行贷款的不足，其贷款数量不能满足社会有效需求，银行没有最大化利用生产能力意味着社会资源浪费，帕累托未达到最优配置。

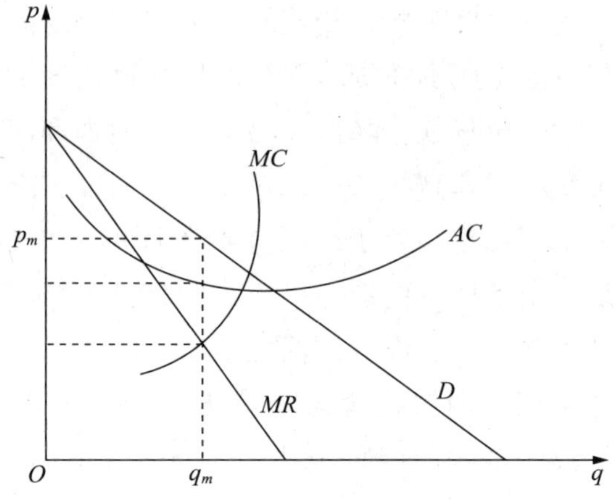

图 2－3　银行 X 无效率示意

无论是政府管制还是金融自由化后竞争导致的银行并购规模增加，其结果都是银行垄断权利的增强，进而增加了银行高定价的权利，但同时银行内部组织协调难度随着规模的扩大而增加，员工努力程度减弱，银行服务水平在 X 无效率作用下降低。虽然金融自由化下，着眼于降低银行静态成本的规模经济与范围经济在一定程度上提高了银行竞争效率与竞争力，但是市场竞争环境、技术环境与监管环境的巨大变化要求银行业市场结构更应提高内部管理水平，改进 X 效率，从根本上提升核心竞争力。

二　信息成本权衡

以上是传统交易成本学说的主要观点。下面我们从银行生成信息，信息决定贷款的角度来分析社区模式的银行信息生产优势。贷款信息的生产与使用涉及交易成本与代理成本。

（一）交易成本

根据斯蒂格利茨（Stiglitz）的观点，信息不对称是所有经济问题的根源，就信贷领域而言，也会出现信贷配给问题，使信贷市场偏离帕累托最优状态，即贷款利率出价最高者并不能得到贷款，市场出清价格并不存在。信贷交易双方所掌握信息的质量决定了该交易是否能够成功解决，这个问题的关键是信息的挖掘与生成质量。与有形商品类似，信息作为一种无形商品，其生产也存在固定成本与变动成本，而硬信息与软信息这两种商品信息生产过程中所投入的固定成本形式显著不同。信息的生产过程涉及信息收集与过滤两个主要过程。大银行投巨资建设信息系统、开发数据分析技术对客户的可量化、易传导的信息进行深度、深加工处理与分析，其生成有价值的硬信息分摊了设备与人力等固定成本，这要求贷款规模越大分摊效果越明显，或者说单位交易成本越小，这就是对中小微企业融资难的传统认识。小银行生产的软信息所付出的固定成本表现为社会关系构建，即小银行的分支机构及客户经理经过长期与当地企业主的多渠道接触与互动，或者是对企业所在社区或股东、员工、上下游客户等利益相关者进行多维度联系，积累了很多不易量化、隐性的人格化信息。这些信息实际反映了该社区或地区的整体情况，并且可以对社区中的企业发放贷款时跨期重复使用，进而产生规模经济效应。这与大银行模式单次单笔贷款信息收集使用存在明显差别。软信息背后就是长期社区关系成本投入，其分摊机制只能是在对当地提供金融服务与提供贷款过程中予以收回。正是软信息贷款下的固定成本独特的特点奠定了银行社区模式的理论基础。

（二）代理成本

无论是硬信息还是软信息，自生产出来以后，就会产生信息消费最优化问题。换句话说，信息经过逐层上报与多环节传导成为贷款审批的重要依据，贷款审批委员会的最终决策权需要高质量信息保证。显然信息传导过程中信息质量的维持与保证成为影响贷款决策者的关键问题，就硬信息而言，由于其通过计算得出，故易于编码、量化与传递，信息损耗几乎不存在；与之相反，软信息更多表现为隐性知识，很难显性表述，而且在多环节传导过程中“信息漏斗”带来的失真问题严重。信息质量随着信息传导链条的延伸而递减，信息实际应用效果越差。因此，社区模式下的银行需要缩短组织结构链条长度，实行扁平化的信贷授权组织体系，但是这将产生银行内部的委托—代理问题，直接表现为激励与约束制度设计及实施下的代理成本的增加。

简单来说，信息的生产与使用将带来交易与代理成本，社区模式的优势发挥需要在这两个成本之间进行权衡，即需要在信息规模经济带来的交易成本递减与代理成本递增之间找到一个最佳贷款规模。

三　专业化分工与关系型借贷

一个国家或地区的产业结构由该经济体的要素禀赋结构决定，随着经济体要素比较优势的转换，例如自然资源密集型向劳动密集型转变，再到资本密集型甚至技术密集型，产业结构也将发生动态变迁，表现为第一产业、第二产业向第三产业转换。现阶段中国劳动力资源要素相对丰富，而吸纳了绝大多数劳动力的中小微企业是当前最优产业结构的主要企业形式。根据金融服务实体经济的基本观点以及中国长期以银行为主导的金融体系特征，需要建立最优的银行产业结构与之匹配：即大银行资金实力雄厚，可以满足大企业信贷资金要求；中小银行资金、技术与人才有限，如果将稀缺的信贷资源都投向大客户，风险集中的压力就会凸显，同时也无法发挥其在软信息搜集、处理与应用方面的比较优势。其实这种匹配具有天然伙伴联系，因为小微企业经营与财务不规范等因素限制了其在资本市场发行股票与债券筹集资金的范围，这促使其与大银行相比更加依赖银行信贷资金。

过去银行在相对封闭的地区经营，无论是大银行还是小银行形成了“大而全”或“小而全”的经营模式。在银行从封闭走向开放，从垄断走向竞争的现实情况下，为银行专业化分工的形成奠定了基础条件，于是一些社区银行在自身资金实力有限、无法在电子系统与产品创新投入更多的条件下，为有效控制运行成本，加强核心业务竞争优势，将非核心业务外包给第三方等专业公司，在提升银行业务的社会化分工水平的同时，也缩短了与大银行模式在成本方面的差距以及进一步增强了社区贷款的竞争力。社区银行正是在数年如一日的经营中始终坚持为社区企业与居民服务的市场定位，利用便利的地理优势与软信息的挖掘优势，设计与提供差异化、个性化、私人定制的专属产品，开展以传统存贷款业务为核心的高附加值提升战略，与大银行开展的双轮驱动战略——程序化、标准化、批量化的表内业务与资本市场的表外业务进行差异化竞争。

硬信息与软信息这两类信息不同的属性决定了信贷契约签订与执行的根本差别。通过关系型信贷技术可以有效解决信息不对称带来的信贷配给问题，同时规避社区金融机构自身规模小产生的资金规模运用不经济局限性。社区银行的专业化优势体现在，利用收集的软信息与专业化工具为客户提供个性化服务，填补大银行无暇顾及中小微企业遗留下来的融资缺口，并将其提升为与大银行竞争的战略选择。

因为大银行无论是在硬信息还是软信息生产上，都占有绝对优势，因此我们借助李嘉图（Ricardo）的比较优势理论，分析大银行模式与社区模式对信息生产的专业化分工产生的效果。与绝对优势比较要素生产率不同的是，相对优势比较的是要素投入的机会成本，这是由要素稀缺性所决定的。为了更好地说明问题与不失一般性，我们假定大银行在硬信息与软信息生产的要素投入量分别为4、5；相应社区金融投入量为12、6（见表2－1）。大银行在两种信息生产上的生产率都高于社区金融机构，相比之下，大银行生产硬信息的劳动生产率相对更大，即（1/4）/（1/5）＞（1/12）/（1/6）（见表2－2），这说明大银行在硬信息生产上存在比较优势，而社区金融机构在软信息生产上占有比较优势。如果两类银行根据比较优势原则进行信息生产的专业化分工，即大银行专注生产硬信息，社区金融机构专注生产软信息，那么两类银行要素需要重新调整，信息总量的变化如表2－3所示。显然通过专业化分工以后，硬信息与软信息的生产总量较以前显著提高，分别增加了0.25与1。

表2－1　　两类银行的单位信息产出所需的要素投入量

	大银行	社区金融机构
硬信息的要素投入量	4	12
软信息的要素投入量	5	6

表 2 –2　　两类银行的劳动生产率

	大银行	社区金融机构
硬信息的要素生产率	1/4	1/12
软信息的要素生产率	1/5	1/6

表 2 –3　　专业化分工后信息生产的净变化

	大银行	社区金融机构	信息净变化
硬信息	1.25	–1	0.25
软信息	–1	2	1

根据罗伯津斯基（Rybczynski Theorem）的研究，在商品相对价格不变条件下，要素变化将对生产产生作用。所有大银行都不是天生的，都是从小银行逐渐发展起来的，这将涉及小银行要素积累将改变该银行的比较优势形态。换句话说，以前生产比较优势的软信息可能成为比较劣势；相反，生产硬信息的比较劣势可能成为比较优势，在这种转换中，小银行利润不断增加，银行逐渐偏向硬信息生产，造成该产品相对供给能力增强，最终成为比较优势，同时其自身资产规模也扩大，逐渐成长为大银行。具体如图 2 –4 所示。

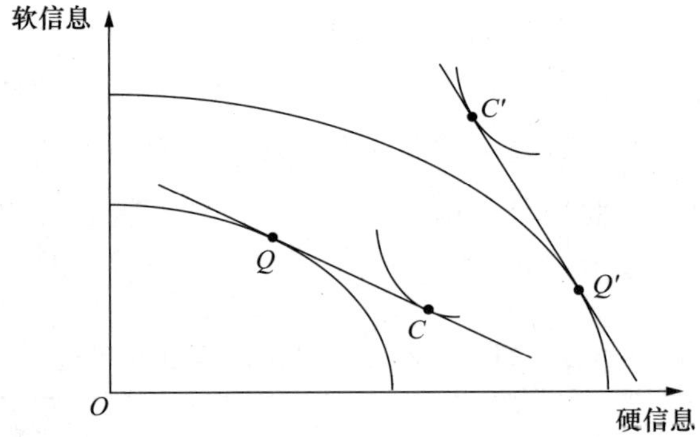

图 2 –4　银行比较优势示意

四　资产组合理论

一家银行的风险由系统性风险与非系统性风险组成。非系统性风险通过多元化操作可以降低、分散甚至消除；但是系统性风险通过一家银行自身无法消除，必须承担。通过业务经营多元化与地域经营跨区化，传统贷款业务所蕴含的信用风险，在贷款资产组合业务中发生相互作用逐步降低，这种组合效应随着资产之间相关程度的降低而显著提高。从银行负债角度来看，资金来源渠道从单一地区拓展到多地区，有效提高银行存款稳定性与降低流动性风险。其实从单一角度来分析，无论是混业经营还是跨区域经营都可以降低对贷款业务或区域经济的依赖性，从而相对减少系统性风险与银行破产的概率。

其实从根本上说，银行管制的解除给了银行经营自由化发展的空间，一家银行可以通过对某款金融产品不同地区的配置进行分散风险，也可对同一经营地区不同产品进行组合降低组合风险，甚至对不同地区不同产品进行多元化组合以控制整体风险来充分发挥整合效应。

五　银行—社区联系观点

关于银行与经济发展的关系，帕特里克（Patrick，1966）进行了详细论证，证实存在需求跟随型与供给领先型两种模式，即在一国经济发展初期，金融服务或产品是以满足实体经济的需要为目标；当经济发展进入到相对成熟阶段时，金融各种创新供给与服务方式引领实体经济发展。银行按照规模划分，可以分成大银行与中小银行，那么它们与一个地区或更小的社区存在何种联系呢？目前存在两种观点：一是银行对社区的单向作用；二是银行与社区的相互作用。

第一种观点明确了银行作为资金中介被动地满足或拒绝贷款申请者的要求，其主要依据是申请者所在社区的经济发展状况与社会信用等。银行贷款在直接满足社区内的企业资金需求同时，也间接地支持了社区繁荣与扩大。但是社区对银行自身的发展却没有明显效果，银行之间的相互竞争以及银行业整体状况决定了银行的生存发展状况。正是社区对银行的无关性，导致大银行完全通过标准化的信贷评估程序控制社区金融市场，而中小银行自然失去生存空间，显然这种观点并不符合经济现实。于是一些学者提出了银行与社区相互促进、共同发展的观点，这种观点认为扎根于社区的银行比大银行更具“亲和性”。一方面社区经济发展环境与资产特性反映了借款者的资产状况与收入水平等特征；另一方面银行审批贷款时，以社区作为参照物，将社区内的贷款申请者或项目融合起来，着重考察它们的相互依存特性。社区的正外部效应与社区模式的天然“亲和性”充分降低了信息不对称下的评估成本。相反，如果没有社区这种参照物效应，银行对任何一笔贷款评估采取独立与隔绝的方式，那么所有贷款评估时用到的信息与知识就不能重复使用，评估成本巨大。随着社区经济健康持续发展，银行的信贷资产质量也得到了可靠保障，同时也吸引了新银行的金融与金融生态环境的优化，使社区与社区金融机构相得益彰，进入螺旋式上升通道。也正是这种“亲和性”使得社区金融机构进行贷款决策时减少大银行“官僚主义”，产品与服务更有弹性，可以快速适应社区变化。

六　制度变迁的相关理论

根据诺斯（North）的制度经济学理论，人们从事任何一项经济活动的背后是激励的刺激，它使得私人成本接近社会成本，私人收益与社会收益保持一致。其实适当激励就是一种有效制度，它是一系列行为、准则、规则与规范的总称并由生产、交易成本等自变量决定的函数。在一定的制度下，如果这些自变量没有发生大变动，那么社会就处于能够满足社会成员效用的最佳状态。金融自由化本质就是一个涉及市场主体制度的变迁过程，它既包括金融市场、金融机构、金融产品等内容的金融体系变革，也包括政府等非金融体系的制度变迁支持，这种支持可以有效抵御快速金融自由化带来的冲击。从长期来看，金融制度处于不断创新中，尤其是金融自由化变革给银行经营环境带来较大的影响，这种外部冲击引发交易成本发生变化，进而使社会中的不同利益主体发生相对变化。简单来说，这种制度创新根据创新的主体分为市场主导型与政府主导型。其中市场主导型更加强调市场交易规则的完善与市场运行机制的顺畅，然而随着金融市场功能强化，银行业竞争态势逐步确立，过度竞争带来了大银行对小银行市场领域的侵占以及垄断势力的加强，造成贷款利率较高，信贷规模弹性降低，为中小客户提供金融服务支持的功能逐渐弱化，金融市场秩序开始遭到破坏。当市场内生出抑制市场的因素，标志着市场失灵是无法得到市场自身解决的，因此政府的主动介入可以有效破除垄断，克服小微金融服务产生的正外部性问题，纠偏与修正市场主导型金融自由化制度设计中的诸多不足。但是我们也要防止政府的低效率与权力“寻租”固有的顽疾。简言之，金融自由化作为一项重大的制度创新，既提供了中小银行与大银行良性竞争的平台，同时又给予中小银行一定的制度保护，提升了银行业市场效率。

以上六种理论简单总结如下：（1）规模经济、范围经济与X效率是从传统的交易成本角度阐述了规模扩大有利于减少传统意义上的固定成本，同时说明银行规模扩大后部门之间的协调等增加了成本，因此社区金融机构需要在这两种成本之间找到一个平衡。（2）信息交易成本是将信息作为产品来分析其生产的固定成本与变动成本，同时分析信息消费所产生的代理成本，两者之间平衡决定了社区模式的最佳点。（3）专业化分工理论是分析不同银行模式服务的效率，根据比较优势论证了专注于关系型借贷的社区模式生存理论基础。（4）资产组合理论为社区模式提供了跨地区、跨业经营的风险分散机制。（5）银行—社区理论表示外部环境的变动促进了两者相互促进发展。（6）制度变迁的相关理论从制度经济学视角分析了金融自由化与政府保护对社区模式产生的影响。

第四节　本书分析框架

综合以上分析，我们发现银行在广泛应用通信技术支持与金融市场工具创新后，原来赖以生存的金融管制带来的银行垄断利润空间逐渐受到压缩，维持银行管制的激励效益减弱。因此有必要对金融自由化背景下的商业银行社区模式进行探索，论证该模式下银行存在长期均衡增长路径，同时分析银行组织模式、盈利模式与风险控制模式的新变化与新特征。

一　金融自由化改变了银行经营环境

金融管制到金融自由化的制度变迁彻底改变了商业银行的经营环境，表现为：竞争更加激烈充分，寡头竞争向垄断竞争转变；技术开发与创新更加频繁，成本得到有效控制，新的利润点贡献率提升；政府监督与市场自律机制作用凸显。金融自由化导致资金价格、经营业务自由化与经营地域自由化。其中资金价格自由化包括资金对内价格的放开——利率市场化以及资金对外价格的放开——汇率自由化。经营业务自由化的内容以银行的资产负债表为区分依据，分为表内与表外业务自由化。就表内业务而言，混业经营意味着资产除了信贷资产外，还将有证券、基金、保险等种类丰富的资产；而负债端由于金融脱媒，迫使银行主动创新各种金融工具筹集资金。就表外业务而言，银行存在结算等无风险的中间业务以及担保、或有债务等有潜在风险的业务。经营地域自由化主要包括国内跨地区经营以及国际化经营两个主要内容。

二　新经营环境与银行社区模式下的长期均衡增长路径

金融自由化对银行经营环境的改变主要涉及竞争环境、技术环境以及监管环境的改变，这些环境的变化造成商业银行经营模式进行相应改变，使其在竞争程度不断加深的环境中生存、生长与壮大。鉴于以往学者仅仅对社区金融机构发展进行静态分析，而未对其进行更为准确的动态优化分析，因此本书利用动态最优化模型，将关系投资作为社区金融机构的控制变量，在此基础上获得的信息作为状态变量，分析其在长期利润最大化过程中的平衡增长路径特征。只有对商业银行进行生命周期分析，从而得到整个生命周期的最优动态特征，才可以对商业银行的社区模式进行深入分析，进而论证动态特征的深层次原因。

三　银行组织模式、盈利模式与风险控制模式

在新的市场经营环境与各种外部驱动力下，传统商业银行经营模式发生了很大变化，社区模式从无到有、从雏形到羽翼丰满，并成为与大银行模式相抗衡的有效模式，尤其是以组织模式、盈利模式与风

险控制模式等为主要内涵与动力机制发生了很大变化，最终提升了服务实体经济的效率。金融自由化背景下，银行治理关系到银行稳健运营与可持续发展。一家银行要想在激烈的竞争中脱颖而出，必须要有自己的核心竞争力——完善的治理结构。随着金融自由化的推进，银行传统的息差空间受到了挤压，反映在利率自由化降低了银行贷款利率与提高了存款利率，同时金融市场崛起吸引了优质客户与混业经营，引发了金融同业之间激烈竞争等方面。在竞争压力面前，银行面临着传统业务的战略转型与核心资源的优化配置，增加非利息收入，提高综合盈利能力。

本书技术路线分析框架如图 2－5 所示。基于社区经济发展特点、社区金融机构的主要功能，本书将重点讨论金融自由化中的利率自由

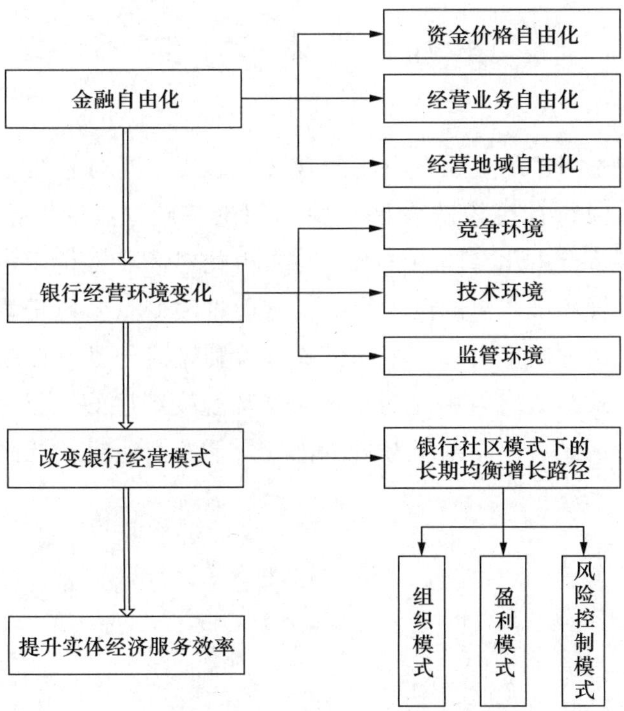

图 2－5　本书技术路线分析框架

化、经营业务自由化与国内区域经营自由化对商业银行竞争环境、技术环境与监管环境产生的巨大影响。社区模式的商业银行在此新环境下，其长期均衡增长路径特征不同于静态均衡点的特征，进而将改变以公司贷款为主的传统经营模式。因此，本书提出商业银行社区模式是金融自由化与金融市场环境变革后的重要选择之一，这种模式的主要特征是建立了新的组织模式、盈利模式与风险控制模式。正是这种以广大中小经济体为服务中心，以服务实体经济为目标，才使得银行社区模式得以维持与健康发展。在此逻辑分析下，我们结合国外成熟社区金融机构发展模式与中国国内一些银行对社区银行或支行的一些实践改革，尝试探索中国在金融自由化过程中社区金融发展模式与路径选择。

第五节　本章小结

本章首先阐述了金融自由化的含义与本质，同时总结了世界各国或地区商业银行社区模式发展经验和埋论基础；然后讨论利率自由化、业务经营自由化与国内区域经营自由化对商业银行竞争环境、技术环境与监管环境产生的巨大影响，进而将改变以公司贷款为主的传统经营模式；进而提出，以组织模式、盈利模式与风险控制模式为特征的社区模式是金融自由化与金融市场环境变革后的银行发展战略重要选择之一；最后建立了金融自由化背景下的商业银行社区模式分析框架。

第三章　关系投资与社区金融机构

——基于动态最优化分析

商业银行的社区发展实际是有关组织模式构建问题，它主要包括社区金融治理模式、盈利模式与风险控制模式。其实无论哪一种模式，都围绕社区金融的根本问题——利润最大化的展开。从微观经济学角度来看，银行也是企业，其生存、发展的法则就是获取利润，并且作为理性经济人追求整个生命周期的利润最大化。因此分析银行利润最大化就成为分析社区金融机构的首要任务，而三种模式只是利润追求的基本保障。根据动态经济学理论，银行不只是追求某一时点下的利润最大化，而是将资源在其整个生命周期内配置，实现整个期间内的利润最大化，这就是跨时分配原则。

第一节　引言

尽管社区金融机构资产规模较小，但是通过与客户建立长期的私人关系获取无法从公开渠道获得的软信息（例如客户的上游的供应商、下游的顾客、本地的竞争对手与其他商业信息以及在此基础上做出对客户未来发展的展望，这些信息不容易在银行组织内外传递），这些软信息在其贷款发放过程中发挥了关键作用，有效地减少了外部融资中的逆向选择与道德风险等信息不对称问题，并且成为与大银行进行竞争的比较优势。显然，社区金融机构最大的优势就是地缘优势与人缘优势。正如美国独立社区银行协会（ICBA）在其网站上宣传社区银行的优越性时写道，“无论你有什么需求，你都只需在家门口告诉社区银行工作人员。他们更了解你的具体情况，了解你的需求，了解你的人品。而不是像那些躲在高楼中的大银行，因为你的信贷记录没有达到所指定的严格标准而拒绝你。”①

金融环境正在发生日新月异的变化，尤其是各种技术与通信方式的改进促使金融服务的模式发生改变，金融管制在新技术的冲击下逐渐弱化。例如，金融机构地理经营区域限制的解除、银行非信贷业务的多元化以及利率市场化，已完全不可同日而语。金融管制在特定的历史时期发挥了关键作用，例如，1927 年美国通过了禁止银行跨区域经营的《麦克法登法案》；《1933 年银行法》将投资银行业务从商业银行业务分离，使美国金融业形成了银行、证券分业经营的模式。这些措施为社区金融机构几十年来的发展提供了保护。随着 20 世纪 80 年代以来的金融自由化进程发展，美国相继颁布了以取消存贷款利率限制为特征的《1980 年存款机构放松管制与货币控制法案》、以废除银行跨州扩张的壁垒并使商业银行可以在全国范围内经营业务设立分支行的《1994 年瑞格—尼尔跨州银行与分支机构有效性法案》以及为银行实现综合化经营提供保证的《1999 年金融服务现代化法案》，社区金融机构在去管制的金融环境中逐渐丧失优势，生存空间逐渐变小。尤其是利率自由化、混业经营、分支机构设置的地理限制解除等给其带来了巨大压力，因为它们无法像大银行实现产品的多样化、经营范围的扩大化带来的风险分散效果、规模经济带来的单位资金成本的降低与单位资金利润的增加。

金融自由化最初的 10 多年里，大银行利用管制的放松与技术的进步提升效率，改进服务，这些措施削弱了社区银行的传统优势，事实证明了这种推测的合理性。德扬、哈特与乌代尔（Deyoung，Hunter and Udell，2004）证实从 1986 年到 2001 年，美国排名前十名的大银行的全部资产占美国全部银行资产的比例从 28% 提升到 76%，而与此同时，社区银行资产规模占比急剧下降。伯格、弗雷姆与米勒（Berger，Frame and Miller，2002）发现大银行逐渐利用信用评分技术

① http：//www. icba. org.

大量发放小微贷款与信用卡贷款。但是进入 20 世纪 90 年代后，齐默尔曼（Zimmerman，1996）与巴西特、布雷迪（Bassett and Brady，2001）发现社区金融机构的资产、负债与利润都得到了很大的增长，甚至高于大银行的增长。正如《经济学人》所言："20 世纪 80 年代的银行最典型也是最糟糕的行为表现莫过于放弃其与客户形成的长期合作关系，而将注意力转移到证券市场上。"德扬、哈特与乌代尔（2004）在承认管制放松与技术进步给社区金融银行带来挑战的同时，指出现存与未来的社区银行如果坚持自己的比较优势、改进经营策略、提升管理效率就能够与大银行共生存。伯格（Berger，2005）通过实证分析大银行在交易型贷款方面具有绝对优势，而社区金融机构利用软信息发放关系型贷款具有比较优势。显然社区金融机构的后发优势不是凭空产生，究其本质来源于其自身的两个内在特征：一是对本地市场的熟悉与信息的充分掌握给了它们识别潜在项目与充分监控所发放贷款的优势，正如吉尔伯特与西拉（Gilbert and Sierra，2003）所言，小银行给小微企业发放的贷款比例较大银行更高。二是社区金融机构凭借与本地小微市场建立的长期关系更好地服务本地市场，而这恰恰是大银行所不擅长并缺乏的，同时本地客户更愿意在这些小金融机构开立存款账户与申请贷款。另外，这些小微项目与大项目相比，竞争较少，银行可以获得较高的利润。简言之，社区金融机构的成功依赖于较少的竞争与在小微信贷市场的更专业的服务与监督。

以上分析都是基于社区金融机构在一定条件的静态分析，对于其未来的发展，又将何去何从呢？换言之，是否存在动态稳定的利润增长路径，使得其在竞争程度不断加深的环境中生存、生长与壮大呢？一般来说动态经济学强调了变量达到均衡状态的过程或达到均衡状态所需要的时间，以及经济变量随时间推移而不断发生的变化与对经济体系变动的影响过程。本部分内容借助库尔兹（Kurz，1968）将资本作为自变量放入效用函数以及邹（Zou，1998）、崔晓勇与龚六堂（2008）进一步对动态经济增长方法研究的基础上，尝试利用动态最优化模型，将关系投资作为社区金融机构的控制变量，在此基础上获得的信息作为状态变量，分析社区金融机构在长期利润最大化过程中的平衡增长路径。组织结构如下：首先在有关假设的前提下，建立社区金融机构利润模型，并对其利润最大化进行分析；其次是进行利润动态均衡分析，尤其是对多重均衡点的特征及相关路径进行深入分析，重点分析多重均衡点下的利润收敛条件；再次是均衡时的比较静态分析；最后对模型进行结论总结。

第二节　模型的构建

本节以社区金融机构为分析对象，重点研究其在利润最大化的目标指引下，如何通过采取与客户长期广泛接触等手段，深入挖掘其有价值信息，进而合理确定资金价格。

一　基本经济环境

为了分析问题的简便，我们考虑一个简单的资金借贷活动环境，即只有资金供给者、资金需求者与政府。假定社区金融机构经营活动基本相同，即寻找潜在客户，发放贷款，永久经营；同时客户的活动也基本类似，表现为向银行申请资金使用，且无限期经营。政府只负责监管金融机构。假定时间是连续的。

二　银行的利润

银行的利润（π）可以用如下的函数表达式表示：

$\pi = r(y) - c(x) - h$，$R^2 \to R$

其中，r 表示实际净息差（贷款利率与存款利率之差）函数，c 表示银行在搜寻客户信息时所付出的成本，x 表示关系投资支出，可以表示为小银行搜寻时采用的工具与手段，包括通过长期接触客户、了解与掌握客户无法在其报表中反映的信息等，y 表示银行在付出成本条件下所获得的信息，h 表示政府管制成本。假定利润函数π、实际净息差 r 与搜寻成本函数 c 是连续可微、严格递增且严格凹的函数，也就是说小银行无论是采用报表等方式搜寻客户信息还是通过保持与客户的长期联系掌握客户未在报表表现出来的信息，其成本都将随着这些活动的开展而增加；同时随着客户信息的不断暴露，小银行在这些信息基础上，对贷款的定价越来越准确，可以更好地覆盖风险水平。同时满足稻田条件，即：

$$\lim_{x\to 0} r_y = \infty, \quad \lim_{x\to\infty} r_y = 0$$

$$\lim_{x\to 0} c_x = \infty, \quad \lim_{x\to\infty} c_x = 0$$

$$\lim_{x\to 0} \pi_y = \infty, \quad \lim_{x\to\infty} \pi_y = 0$$

三　信息资源的约束

信息资源的约束条件为：

$$by \leqslant xy(1 - \frac{y}{n}) + g$$

假设客户的全部信息数量为 n。小银行获得客户信息数量建立在已取得客户一定数量信息基础上，因此可以假设小银行使用一定的手段（比如说通过各种报表来分析客户的信息或与客户保持不断的沟通联系）所获取的信息数量为 xy，其中小银行获取的新信息为 $xy(1-\frac{y}{n})$。通常银行获取的信息掌握在客户经理手中或储存在设备中，一旦客户经理离职或设备出现故障将导致信息的丢失，同时信息在部门与层级间传递时也会遗失部分信息或信息出现失真情况，因此 b 表示银行所获得 y 数量信息后的信息丢失率，而 by 为小银行所获取客户信息的丢失数量。

四　最优分析

基本决策环境确定后，下面的任务是分析社区金融机构经营的稳定均衡状态。这实际需要解决的问题是小银行如何在永久生存期环境中实现利润最大化。换句话说，小银行通过不断的投入与成本支出来获取客户的信息，增加对客户经营活动的了解与认识，进而在这些不断增长的信息基础上，对客户发放的贷款资金确定合理的利率水平，提高其风险溢价水平。因此小银行在客户信息挖掘过程中，既付出了较大的信息搜集成本，同时信息的增加又带来了较大的收益，那么对银行来说是否存在一个利润平衡增长路径呢？

简单来说，在社区金融机构长期利润最大化的目标下，最优化问题是：

$$\max\int_0^{\infty}[r(y)-c(x)-h]e^{-\beta t}dt$$

预算约束条件为：

$$\dot{y}=xy\left(1-\frac{y}{n}\right)-by$$

初始条件为：

$k\ (0)\ =k_0>0$

在该动态优化问题中，控制变量为 $c\ (x)$，状态变量为 $r\ (y)$，时间偏好率为 β，$\beta\in\ [0,\ 1]$。初始条件表示银行在初始时刻拥有一定的信息。

运用庞特里亚金极大值原理找到最优化问题的必要条件。定义汉密尔顿现值函数为：

$$H(x,\ y,\ \lambda)=r(y)-c(x)-h+\lambda\left[xy\left(1-\frac{y}{n}\right)-by\right]$$

其中，λ 是信息的影子价格，即信息的边际利润。对汉密尔顿函数 H 求关于 r 与 c 的导数，得到以下最优条件。

最优控制方程：

$$c_x=\lambda y(1-\frac{y}{n}) \tag{3-1}$$

欧拉方程：

$$\dot{\lambda}=\beta\lambda-[r_y+\lambda(-b+x-2xy/n)] \tag{3-2}$$

$$\lim_{t\to\infty}\lambda(t)\lambda(t)e^{-\beta t}=0 \tag{3-3}$$

上述各式的经济学意义是：当社区金融机构利润增长处于平衡状态时，式（3-1）表示信息的边际收益与信息挖掘的边际成本保持固定的比例；式（3-2）表示欧拉方程。

将式（3-1）两边对时间求导得：

$$c_{xx}\dot{x}=\dot{\lambda}y(1-y/n)+\lambda[\dot{y}(1-y/n)-y\dot{y}/n]$$

将上式中的 $\dot{\lambda}$、$\dot{y}$ 与 λ 替换，则可得：

$$\dot{x}=\{[\beta+by/(n-y)+g(n-2y)/y(n-y)]c_x-r_yy(1-y/n)\}/c_{xx}$$

该式反映了信息挖掘如何随时间变动而变化。

式（3－3）表示横截性条件，意味着银行在最优增长路径上实现其长期利润最大化，当且仅当银行新增加数量与信息丢失数量相等。

根据最优控制方程（3－1），可以将信息挖掘活动表示为信息存量 y 与汉密尔顿乘子 λ 的函数，即短期均衡路径：

$$x = x(\lambda, \ y)$$

对式（3－1）进行全微分，可得：

$$c_{xx}dx = y(1-y/n)d\lambda + \lambda(1-2y/n)dy = d\lambda$$

从而得到如表 3－1 所示的银行信息挖掘活动对信息水平与信息边际收益的反应程度。

表 3－1　　信息挖掘活动对信息水平与信息边际收益的反应程度

	信息挖掘活动（x）
信息的影子价格（λ）	$x_\lambda < 0$
信息存量（y）	$x_k < 0$

表 3－1 反映短期内银行信息挖掘活动 x 如何随信息存量 y 的变化而变化。从表 3－1 中看到随着信息影子价格的增加，短期信息挖掘活动将减少。这是由于当信息的边际收益递增时，信息搜寻付出的代价也将显著增加，社区金融机构将减少对客户的信息获取。

第三节　社区金融机构利润增长的动态均衡分析

一　均衡点的特征

当 $\dot{y} = 0$ 时，

$$x = bn/(n-y) \tag{3-4}$$

当 $\dot{x} = 0$ 时，

$$c_x = r_y y(1-y/n)/[\beta + by/(n-y)] \tag{3-5}$$

$c=-x^{*}y^{*}/n<0$

$d=y^{*}(1-y^{*}/n)>0$

$e=\beta+by^{*}/(n-y^{*})>0$

当 $\dot{x}=0$ 与 $\dot{y}=0$ 时，表示小银行利润增长处于稳定状态，对式（3－4）与式（3－5）进行局部稳定性分析，采用泰勒展开方法在稳态点（x^{*}，y^{*}）处进行线性近似，即：

$\dot{y}=c(y-y^{*})+d(x-x^{*})$

$\dot{x}=e(y-y^{*})+f(x-x^{*})$

其特征根可以表示为：

r_1，$r_2=[trJ_E\pm\sqrt{(trJ_E)^2-4|J_E|}]/2$

$r_1+r_2=trJ_E$

$r_1r_2=|J_E|$

在均衡点（x^{*}，y^{*}）的线性化矩阵为：

$$\begin{bmatrix} c & d \\ e & f \end{bmatrix}$$

所以：

$trJ_E=c+f$

$|J_E|=cd-ef$

对稳定点的各种情况讨论如下：

$|J_E|<0$ 时两个特征根是实根且符号相反，鞍点稳定；

$0<\beta^2/4$ 时两个特征根是实根且符号相同，不稳定；

$\beta^2/4<|J_E|$ 时两个特征根是复根，不稳定焦点。

下面讨论社区金融机构利润增长的两个均衡点具体情况。

二　利润增长的两个均衡点

令 $c_x\equiv h$（y），即：

$$c_x=r_y y\left(1-\frac{y}{n}\right)\Big/\left[\beta+\frac{by}{n-y}+\frac{g(n-2y)}{y(n-y)}\right]\equiv h(y) \qquad (3-6)$$

式（3－6）左边是 x 的增函数。右边仅与 y 有关。显然在 $y=0$ 与 $y=n$ 时，h（y）$=0$；并且当 x 取较小值时，h（y）递增，当 x 取较大值时，h（y）递减，函数图形如图 3－1 所示。进而得到 x 与 y

的相位图。

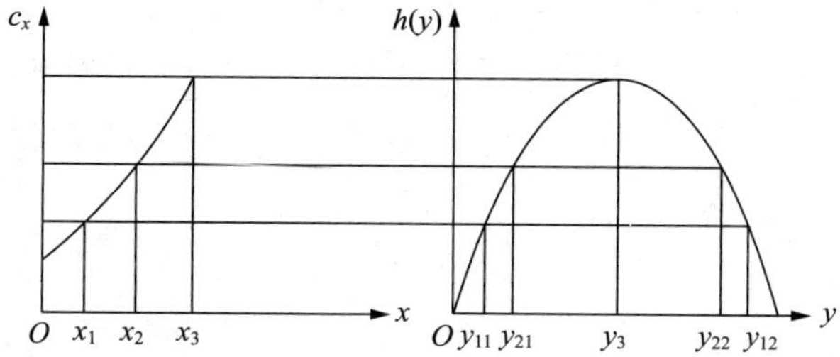

图 3－1　c_x 与 h（y）函数

因为：

$c = -x^* y^* / n < 0$

$d = y^*(1 - y^*/n) > 0$

$e = \beta + by^*/(n - y^*) > 0$

而 f 的符号不确定，因此只有当 $cd - ef < 0$ 时，均衡点才是鞍点稳定。对式（3－4）与式（3－5）所代表的动态系统进行相位图分析，从图 3－2 中看出 $\dot{y} = 0$ 的曲线斜率为 $dx/dy = -c/d$；$\dot{x} = 0$ 的曲线斜率为 $dx/dy = -e/f$，显然当 $-c/d > -e/f$ 时，$cd - ef < 0$。这表明当 $\dot{x} = 0$ 的曲线斜率大于 $\dot{y} = 0$ 的曲线斜率时，两条曲线所对应的交点属于鞍点稳定类型；而 $\dot{x} = 0$ 的曲线斜率小于 $\dot{y} = 0$ 的曲线斜率时，两条曲线所对应的交点是不稳定的。

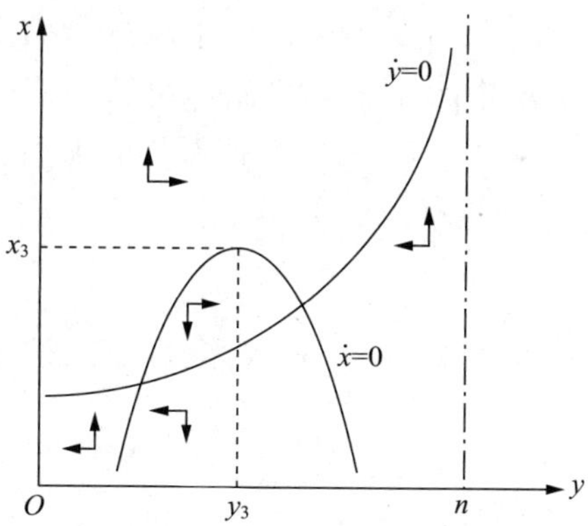

图 3－2　x 与 y 的相位图分析

如图 3－3 所示，如果社区金融机构对客户拥有较大的初始信息存量，即如果初始资本存量 y_0 较大，那么社区金融机构将收敛到均衡点，其利润将稳定增加到一个较高水平，最后保持稳定状态。

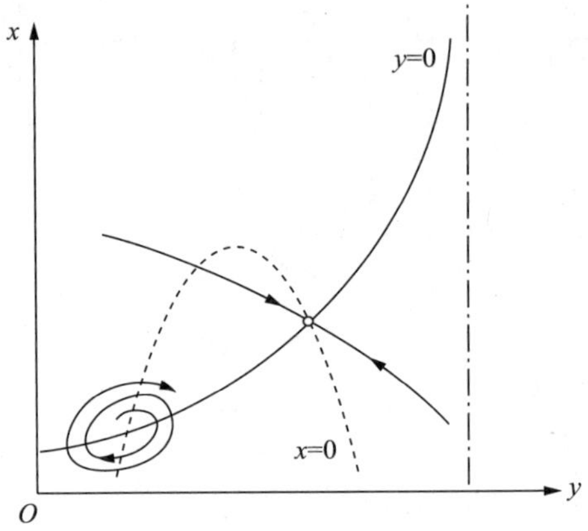

图 3－3　社区金融机构利润均衡增长路径

第四节　均衡时的比较静态分析

其实银行掌握客户的信息不仅仅是社区金融机构主动获取，还包括政府通过制定各种规章制度要求客户主动进行信息披露。关于政府在银行与客户经营活动中的作用，我们通过将政府对客户的监督机制限于合法经营与及时准确的信息披露方面，表现为客户真实信息的主动释放（g），这样模型的约束条件改为：

$$\dot{y} = xy(1 - y/n) + g - by$$

同样我们利用汉密尔顿方法，得到银行信息挖掘活动与信息积累的动态方程为：

$$c_x = \lambda y(1 - y/n)$$

$$\dot{x} = \left\{\left[\beta + \frac{by}{n-y} + \frac{g(n-2y)}{y(n-y)}\right]c_x - r_y y\left(1 - \frac{y}{n}\right)\right\}/c_{xx}$$

这样，均衡时的信息存量水平与挖掘活动水平需要满足的条件为：

$$\left[\beta+\frac{by^*}{n-y^*}+\frac{g(n-2y^*)}{y^*(n-y^*)}\right]c_x-r_y y^*\left(1-\frac{y^*}{n}\right)=0 \tag{3-7}$$

$$x^* y^*\left(1-\frac{y^*}{n}\right)+g-by^*=0 \tag{3-8}$$

从式（3－7）中我们得到：均衡时的信息存量与政府对客户信息管制没有关系；但是从式（3－8）中看到它可以降低银行的搜寻成本，其成本数量减少可通过全微分得到：

$$dx^*/dg=1/y^*(1-y^*/n)$$

第五节　主要结论与启示

通过以上对社区金融机构的小微贷款行为的动态优化分析，我们发现如果这些机构能够专注并加大投入关系型贷款与软信息的搜集与挖掘，同时充分利用这些信息拥有与处理的比较优势进行定价分析与服务提供，那么它们就能够在激烈的市场竞争中胜出，特别是当最初收集客户信息达到一定数量情况下，长期保持在利润最大化的增长轨迹上。

社区金融机构的传统优势包括小微企业贷款、结算服务、消费信贷、消费者投资与理财等。大银行利用更加自由的“手”，侵蚀了社区金融机构的领域，在标准化的信贷市场（例如信用卡市场）占据垄断地位。这些市场利用财务报表等硬信息而不需要个人关系，先进技术的应用大大降低了单笔业务的成本，通信与支付技术的变革使银行与客户之间的地理距离不再重要，消费者投资选择的多样化对本地银行的依赖程度降低。与大银行在采用自动化程度较高的信贷审批技术并为种类繁多的服务逐笔收取费用相比，社区金融机构凭借其独特的关系型信贷技术以及打包收费模式为小微企业客户提供优质的服务。因此无论大银行如何冲击，社区金融机构在小微贷款业务领域仍旧保持它们的优势，具体分析如下。

一 注重关系投资

金融自由化促进了地区金融体系的竞争程度，彼得森与拉詹（Petersen and Rajan，1995）认为，这种竞争从总体来说削弱了银行与客户的密切关系，然而通过研究客户转换成本（指客户在改变为其服务的金融机构时所产生的成本，包括机构服务的距离远近、服务的差异以及熟悉与便利程度）和关系贷款利润之间的内在关系，金姆（Kim，2003）认为这些成本巨大，不可忽视与关系贷款利润之间的内在关系，提出了转换成本与社区金融机构之间存在“V”形关系，即随着转换成本的增加，银行从客户获得的关系贷款利润出现先下降后增加的趋势。根据我们在上文对社区金融机构建立的信息动态优化模型，社区金融机构最大利润与客户信息搜寻量存在一个动态平衡增长路径，在金融管制逐渐放松、技术水平不断提升、竞争越发激烈的环境中，客户选择本地市场其他金融机构的机会就越多，这无形中降低了客户的转换成本，这使原来具有很好项目但受困于较大的转换成本的客户转向其他金融机构，减少了对原来本地银行的依赖，结果是本地金融机构的利润减少，但是整体来看地区信贷资源配置更趋合理。随着竞争的加剧，资金借贷门槛越来越低，许多较差的项目与信用较低的客户进入金融市场，“劣币驱逐良币”的现象发生迫使金融机构不再以降低利率为竞争手段；相反纷纷提高贷款利率水平选择对象，逆向选择问题的凸显给了先前与本地客户建立长期关系的金融机构重新利用信息优势取得利润的机会。简单来看，竞争的过度与缺失产生的结果是资源配置的低效率，为了抵消这种负面效果，本地金融机构需要利用更加专注银行关系的投资，获得高质量客户内部信息，获得最大利润，但是在竞争适度的区间，本地金融机构需要有效提升风险溢价水平，提高长期竞争能力水平。

二 信息搜集多元化

谨慎的社区金融机构会利用各种办法获取各种有关借款者的信息，其中对于试图了解不透明借款者情况的最佳方法是保持并发展与借款者的长期关系，这十分有助于银行对是否满足贷款数量需求、贷款资金定价、追加担保品与其他要求条件做出合理判断。与大公司相对透明的信息披露相比，小公司的信息并不透明，而其采用金融报表的方式也无法揭示其真实经营情况，因此银行依据其在过去给这些公司长期提供的各种各样的金融服务所掌握的信息就可以对潜在的贷款申请做出是否授信的决定。在正常工作联系外，银行信贷经理通过与客户及其家庭与朋友的私人关系与交往，也为其是否同意贷款提供了判断依据。通过合同续签、密切监控与关系多样化等方式提高银企关系的广度与深度，掌握更多信息进而获得竞争比较优势。

三　经营模式灵活与独特的经营策略

正如科尔（Cole，2004）实证分析，小规模的银行在组织机构管理方面更灵活、更有效率。根据分级控制理论，对于资产规模小的社区银行而言，信贷经理通常是银行的股东或与股东关系密切的人员，以防止出现不良贷款给银行或者自己带来较大的损失；但是大银行存在许多分支机构，这些机构中的信贷经理远离总行部门，他们为了增加自己的个人收入而发放大量贷款，这可能与银行的股东目标发生冲突而产生严重的代理问题，这个问题的解决需要开发并采用标准化的审批程序与量化准则。科尔、戈尔德贝尔格与怀特（Cole，Goldberg and White，2004）利用 1993 年 NSSNF 数据进行了实证分析，对大银行（资产大于 10 亿美元）与小银行的贷款审批过程进行了详细的分析，指出大银行更倾向于给规模较大、成立时间较长、现金较充足、股权较分散的企业提供贷款；而小银行使用的审批方法更自由化、更看重已存在的银企关系，而并未对正式的一些金融变量给予太多的考虑。社区金融机构充分利用了关系营销策略加强关系投资，其关键就是与潜在客户通过互动，建立起互惠互利、长期稳定和谐的良好关系。而采取的顾客导向策略就是强调以客户需求为中心，注重调查客户的经营能力与经营行为，以个性化的新产品开发与贴近客户的营销手段的创新来动态满足客户需求。它强调了银行由外向内的能力，包括市场敏感性、客户联系程度，这与竞争者导向策略不同，它是以市场中的竞争者为中心，通过对竞争者的行为进行密切关注而采取行动抢占市场份额。

四 并购中寻找机会

美国从1980年15000多家银行减少到2013年不足7000多家银行，这种变化首先是来源于美国州内与跨州的地理区间经营限制的解除，银行州内与跨州开设新的分支机构以及合并都已得到许可，在并购中，与小银行之间的合并相比，大银行在并购小银行的同时，更多地减少了向小微企业提供贷款的比例，因此这导致了本地小微企业贷款需求的不足，而同时也为本地的小银行提供了业务扩展的区间以及新的小银行成立提供关系型贷款。这背后的原因是：当大银行吞掉小银行时，原来的员工面临淘汰或选择离职，他们一些人选择加入本地小银行的竞争对手的银行，另一些人选择成立一家新银行。从小微企业客户的角度来看，银行的合并意味着他们与银行多年形成的关系的消失，因为大银行的贷款审批发放过程已经大大不同于他们熟悉并能够适应的形式。

五 积极应对交易型贷款内外两个维度的挑战

第一，外部维度。当金融自由化为金融市场者打开了自由交易大门而纷纷进入市场后，社区金融机构发现客户逐渐被吸引到金融市场，传统的银企关系开始破裂，其维持客户难度与成本加大，如何摆脱这种困境呢？唯一办法就是社区金融机构加大与客户的关系投资，掌握更多的信息。因为银企关系的改善与提高有利于两者之间连续的信息交流，这也要求客户增加关系投资。但是其中的问题是，社区金融机构可以获得客户信息的垄断权与破坏了资金价格的自由定价机制；客户希望在引入竞争的同时并不降低与银行的关系价值。如何解决这种关系贷款难题呢？其实金融自由化引发的竞争虽然对银企关系带来威胁，但同时提升了在社区金融机构经营中的比较竞争优势地位，从而减轻了竞争压力。因此当管制解除时，需要社区金融机构更加面向客户，为客户量体裁衣，提供专业化服务与丰富多样的产品，这既使得社区金融机构远离单一的激烈价格竞争，又赚取了高附加值收益。

第二，内部维度。当金融市场竞争来临之际，银行应对之策是学习、模仿与应用，从而这些交易型业务，尤其是自营业务成为传统业务的重要补充，但是这些新来的自营业务的快速发展产生的最大问题是削弱了银行传统的关系型贷款业务竞争力。这将产生类似英国巴林银行倒闭严重的后果。虽然许多分析指出了内部控制与外部监管的松懈是巴林银行倒闭的主要原因，但是从银行业务角度来讲，其资源分配与业务重心的转移才是其消亡的根本原因。具有233年历史的巴林银行一直以公司银行业务作为发展重点，但是金融自由化的浪潮使其业务经营从贷款业务转向自营业务。在资源分配到两种不同的业务活动中，巴林银行太过任意，每单位资金收益也未与风险进行严格匹配，结果是在大力拓展业务过程中，关系型贷款业务在为自营业务提供隐性资助的同时，自身陷入了困境。

六 充分利用社会化网络

按揭证券（MBS）将长期银行信贷关系转变成短期关系，即由房屋抵押贷款担保证券的交易关系。银行没有动力去审查与监督借款者的还款能力。福格尔、卡莉与耶格尔（Fogel，Kali and Yeager，2011）对美国2005年到2008年的房屋赎回情况进行了分析，结果显示，与大银行相比，社区金融机构发放的贷款质量较大银行更高，表现在房屋止赎率较低，主要原因为：一是当借款者的债务拖欠发生时，按照贷款销售的约定，债权人要求始发银行将首先承担对债权人的还本付息责任，尤其是在美国约一半以上的房屋抵押贷款是通过贷款经纪人发放，这使得“柠檬问题”非常严重。二是社区金融机构在参与抵押贷款业务时，凭借其与个人的长期接触，掌握了具体情况，从而有效规避了对还款能力较弱的申请者贷款的发放。三是社区金融机构的经营活动完全处在州与联邦政府的监管之下，这种严格管制可以弥补事后的市场纪律的约束，即市场纪律强调的是违约的处罚与追索权利的行使。

七 积极应对技术挑战

一般来说，由于社区金融机构与本地小微企业客户存在一对一接触方式，故受技术影响较小，同时超越了类似财务报表等通过公开方式获取且易被其他机构获得的硬信息（包括各种财务报表、贷款担保率、信用报告、未决诉讼信息等，它便于在大型金融机构中传递，例如从信贷经理到信贷部门进而到授信委员会)。另外，社区金融机构可以通过外包的方式满足自己客户在大银行标准化产品领域的服务需求，同时实现了规模经济的效果。除此之外，利用先进技术提高产品与服务的差异化程度，比如为客户量身定制融资需求产品，改进个性化银行服务质量水平。

第六节　本章小结

本章我们尝试利用动态最优化模型，将关系投资作为社区金融机构的控制变量，在此基础上获得的信息作为状态变量，寻找其在长期利润最大化过程中的平衡增长路径，并分析其特征。在金融自由化、通信技术与互联网金融的挑战下，未来社区金融机构将走向何方？根据以上动态分析模型，我们看出管理良好、专注关系投资的社区金融机构将从现有的机构中脱颖而出，展现强大的生命力；而大银行在“大而不倒”的背景下，充分利用先进技术与规模经济将更加强大。金融机构的“小”“大”两极化发展方向将是未来金融机构的体征。

第四章　金融自由化下的社区金融治理模式

传统的金融自由化理论对商业银行治理机制的研究成果很少，同时银行在金融自由化过程中对其治理结构的建设相应不足，这些因素导致一些银行经营举步维艰，甚至出现银行危机。经济合作与发展组织（Organization for Economic Cooperation & Development，OECD）（2008）研究报告证实，银行治理机制的弱化或失效是金融危机发生的根本原因之一。在金融自由化背景下，银行治理关系到银行稳健运营与可持续发展。一家银行要想在激烈的竞争中脱颖而出，必须要有自己的核心竞争力——完善的治理结构。如果将银行视作一个鲜活的生命体，那么银行治理创新的有效性体现在打通全身血液畅快流通的通道。下面我们对社区银行模式下的治理机制基本框架与内容进行探索。

第一节　政府在社区金融共同治理模式中的作用

一　治理含义

OECD在《公司治理结构原则》中对公司治理进行了明确的定义："公司管理层、董事会、股东以及其他利益相关者之间的一整套关系"①。现代银行与传统银行的最大区别是银行所有权与经营权出现

① 1999年5月，由29个发达国家组成经济合作与发展组织（OECD），理事会正式通过了其制定的《公司治理结构原则》，它是第一个政府间为公司治理结构开发出的国际标准，并得到国际社会的积极响应。2004年又发布了修订稿。

了分离，因此银行治理意味着拥有所有权的股东、经营权的董事会与高管如何进行利益协调。这里包含两方面内容：一方面要保证经营决策的科学与独立；另一方面要保证股东的知情权、重大项目决策权、监督权、收益权。进一步讲，银行高管与员工之间也存在着委托—代理关系，高管在将一些权力下放给部门经理或员工后也面临着他们各自效用不一致所带来的利益冲突的现实。其实从更广泛的角度讲，银行作为现代法人与政府、债权人、消费者等存在多种多样的联系，因此银行治理就是由保证各方利益最大化的一系列正式或非正式、内部或外部的制度性安排组成架构体系。从这个意义上说，现代银行治理不仅仅是单边的"股东治理"，而应该体现为包括股东在内的众多相关利益人的"共同治理"，它不再将银行简单看作是实物资产的集合，而是界定为由各个相关利益人组成的一种契约组织与一系列投资管理制度安排。其实巴塞尔委员会的《加强银行公司治理》与《巴塞尔新资本协议》等制度文件对这种观点进行了确认，即"银行除要对股东负责以外，还要向存款人、贷款人、债权人、经营者与监管者等利害关系人负责，各利益相关者之间的权益平衡是银行治理的核心问题。"①

二　共同治理机制与政府治理

传统的公司治理所要解决的核心问题是合理确定委托人与代理人之间的契约关系，明确公司控制权与剩余索取权的有效配置，"合理"的标准为股东收益最大与交易成本最低，其主要机制形式为股东治理，内容涉及"三会一层"（股东大会、董事会、监事会与经营管理层）的组织架构、股东的组织结构、外部董事、薪酬激励等机制。具体到世界各国，主要有大陆系与英美系两种类型。大陆系建立了监事会直接对股东大会负责监督董事会与管理层，且其一半成员来自员工或工会。与大陆系不同，英美系不存在监事会，通常在董事会下设包括审计委员会在内的多个委员会，同时强制规定了由外部专业人士担任独立董事的比例，其人数多于内部董事，以此加强对管理层的监督

① 大卫·G. 梅斯等：《改进银行监管》，方文等译，中国人民大学出版社 2006 年版。

职能。通常大陆系的实业公司采取与银行相互持股方式，实业公司派出相关人员担任银行内部董事进行制约。

但是商业银行作为一种特殊公司，其治理目标不再唯股东论，而是充分考虑到中小储户等相关利益者的“共同治理”模式（见图4－1与图4－2）。克拉克森（Clarkson，1994）根据与公司利害关系的程度界定了利益相关者的两种主要类型：主要利益相关者与次要利益相关者。因此银行主要利益相关者是指股东、员工、债权人、金融服务消费者等，与银行活动直接发生联系，一旦离开他们，银行将无法生存；相比之下，社区、政府等银行的次要利益相关者并不直接与银行直接联系，而是间接影响银行或被银行所影响。商业银行不同于普通企业主要有三点：一是资金来源特征。传统企业的出资者主要是股东，通常资产负债率约为30%，超过50%意味着企业负债高、风险大。但是银行自有资本通常只占到全部资金来源的8%左右，剩下资金都来源于负债，尤其是广大居民的储蓄资金，也就是说高杠杆、债权人散且小的特征决定了银行股东与债权人之间风险与收益不匹配的程度更严重，注定需要以中央银行作为其代理人来维护自身利益，同时这也是中央银行为了维护金融体系稳定，防止银行挤兑、金融恐慌履行“最后贷款人”的需要。二是银行的货币经营型契约不同于商品经营型契约。正是这一点决定了银行经营管理者尽管没有拥有银行所有权，但是作为人力资本所有者在与股东谈判中有很强的话语权（罗开位、连建辉，2004），并且他们与中小储户、中小股东之间在政府控制力的影响下并未产生如工商企业所具有的利益冲突。其实正是政府在银行治理活动中的介入，导致代表政府的“政治家”与股东与债权人所产生的矛盾替代了股东之间、股东与债权人之间的矛盾。三是破产的原因与造成的后果不同。普通企业的破产倒闭主要来自经营，基本仅仅涉及自身，至多影响到有业务联系的上下游企业，但是其范围有限。相比之下，商业银行利用资产与负债的期限错配来经营，它们极易受到各种非理性行为的冲击，席勒（Schiller，2000）认为，这种非理性可以被看作信心的缺失、经济个体的冲动，最终这种信心的动摇不断传染，将导致银行业整体信用出现危机。因此，单个银行无论是自身经营的失败还是意外事件的发生，都将产生严重的负外部性。这就决定了政府必须建立安全保护网制度，加强对银行业的监管，例如高管人员资格准入、经营门槛设置、经营活动日常检查以及督导银行风险控制体系的建立等。

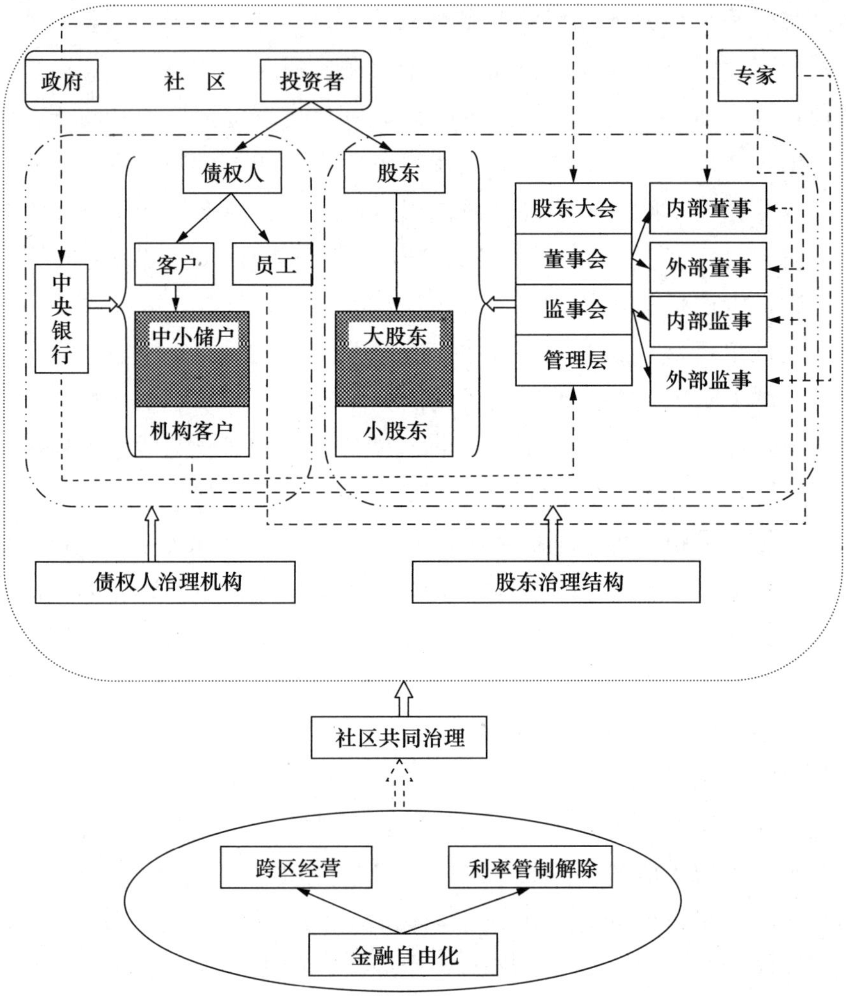

图 4-1　银行社区模式治理结构

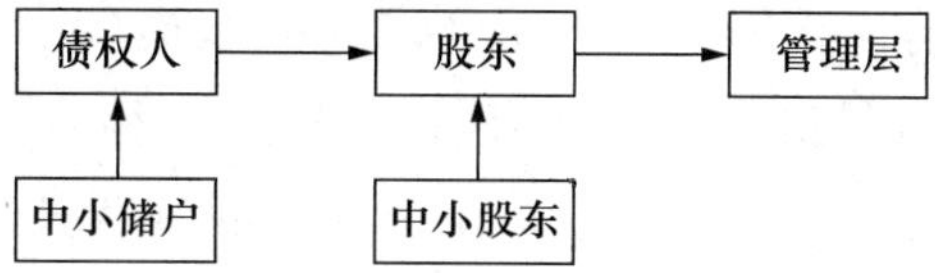

图 4－2　银行社区模式委托—代理基本关系

注："→"代表委托—代理关系。

商业银行的共同治理模式实际是包括法人治理机制、市场治理机制与政府治理机制在内的混合体。法人治理机制主要包括产权机制、激励约束机制与内部控制机制；市场治理机制则包括职业经理人市场机制、银行同业市场机制与资本市场机制；政府治理机制包括监管机制与大股东控股机制。青木昌彦（1997）认为以上三种治理机制在其特定领域内表现出最优化特征，但它们也存在很强的互补性，任何一种机制都可以增强其他机制的作用。对于金融交易者而言，这三种治理机制的策略组合构成了其策略均衡，并且这种均衡随着金融管制的放松而动态变化。尤其在中国，地方政府作为发展的主要推动者，政府作为股东或债权人或社会公众的代理人参与银行相关治理活动很突出，其参与形式既可直接投资入股，也可借助中央银行与其他银行监管机构对商业银行设立监管规则。

政府为何必须参与商业银行治理活动呢？它的介入又将导致哪些问题呢？美国、英国等发达国家金融自由化的经验表明，仅仅依靠市场这只"无形的手"无法消除金融危机，需要政府"轻轻推动的手"进行金融监管。例如美国联邦储备委员会对商业银行公司治理提高了监管要求，并且联邦存款保险公司（FDIC）也正式颁布了有关银行治理结构的规则并发行了规范银行董事相关行为指南；英国金融服务局规定了银行高管人员的任职资格条件。1999 年 9 月，巴塞尔委员会（BCBS）正式发表《加强银行公司治理》，提出良好的银行公司治理机制需要八个基本要素，即银行价值取向、战略目标、责权划分、管理者相互关系、内控系统、特别风险监控、激励机制与信息透明度。由于银行在地区经济发展居于主导地位，因此政府及其监管机构也是其重要利益相关者。根据传统经济学理论，政府的存在就是弥补市场失灵，保证社会福利最大化。阿特金森与斯蒂格利茨（Atkinson and Stiglitz，1993）认为，国有银行存在于社会收益大于社会成本等市场不去涉及的空间，它的出现增加了社会总体福利。对于金融市场而言，其信息不对称尤为严重，在信贷资源有限的前提下，私人银行首先投向利润有保证、风险可控的低风险项目，而对于像小微企业、农业企业等风险高、社会效益高的项目就无暇顾及。在这种情况下，政府必须借助控股股东身份对信贷资源合理配置。另外金融具有“牵一发而动全身”之功效，政府监管必须严格，尤其是政府股权的存在消除了公众对银行破产担忧所引发的连锁反应，有助于金融稳定。但是近年来一些学者的实证研究发现，政府入股银行是出于政治家自身利益需要（例如经济增长、提高就业率与社会福利、自身所在的政党发展等），结果是经营效率低下。安特尔（Anetal，2003）对韩国金融自由化时期（1987—1997 年）的银行样本分析，发现与私人银行相比，政府控股银行贷款比率、不良贷款率与经营效率都较低。萨皮恩扎（Sapienza，2004）研究发现，意大利国内政党选举结果与国有贷款行为有正相关关系。对于中国而言，地方政府利用股权工具或行政手段干预银行信贷资源分配的行为更为明显。因为中国地方政府最高官员的产生来自中央或上一级政府的直接任命，而非西方国家意义上的直接选举。因此，为了在短暂任期内增加政绩，地方政府官员有内在动力利用银行信贷资金实现 GDP 的快速增加与社会稳定，而不去从更长期的角度合理安排资金供给。结果通过不断贷款展期、延长、还旧借新或“安定团结贷款”等手段，隐藏政治贷款成本与质量，达到掩饰政治目的。除此之外，地方政府介入银行管理还将违背自由竞争的原则。地方政府参股银行与非参股银行在地方项目竞争时，显然处于优势，正是内生于政府股权的代理成本鼓励了参股银行经营管理者的惰性，降低了其加强管理、降低经营成本、提高效率的积极性。其结果是地方政府与银行的亲密接触必然导致信贷集中度高、城建项目占用大量信贷资源以及经济周期带来的高违约风险。违约信贷资金贴上了政治标签所产生的低效率经营为银行治理机制改革提供了契机。

第二节　社区模式下的治理结构

金融交易是经济活动的基本单位。但是由于存在信息不对称、经济人有限理性、交易成本与各种不确定性导致交易不完整，以至于使金融自由化秩序无法真正建立。其实在金融自由化条件下，社区模式治理结构的最终目标是在不断变化的金融环境中，能够自发调节，自发行动，成为适应充分竞争的主体，最终走向金融自由化。

一　发达国家的银行治理模式与趋势

1933 年经济危机后，美国实施了严格的市场结构管制与利率价格管制等金融管制措施，尤其是全国性存款保险制度的建立奠定了银行事前治理模式的基础，这种模式特征表现为政府通过产品创新、业务经营范围、利率价格、并购、资本充足率、银行高管任职资格核准与银行破产发起、接管等方式参与银行的日常经营活动。政府的介入事实上为银行尤其是地方银行提供了保护体系，降低了来自地方外银行的业务竞争程度，这造成地方银行业务创新动力不足，仅仅将存贷款业务作为重点与优先发展对象。通常它们以较低的成本吸收本地的存款，然后以较高的贷款价格出借，因此能够获取本地银行开业特许权的股东价值就显得至关重要，而银行经营管理者与基层员工的专业管理技能及信贷项目识别技能就退而求其次了。但进入金融自由化时期，本地银行面临的环境竞争日趋激烈，经营战略需要进行重大调整，与经营相匹配的社区银行治理结构也需要做出变革。其中依赖并购、强化激励约束与市场声誉信号等市场机制的事后治理模式得到了肯定，并逐渐与事前治理模式进行了一定程度的融合，形成了独特的治理模式。金融自由化时期的典型发达国家治理模式特征总结见表 4－1。

目前发达国家商业银行内部治理机制发展趋势有两个明显特征：

第一，内部治理机制与其他工业、服务业等公司趋同。就董事会而言，无论是董事会规模、外部董事比例还是开会次数都超过制造业

表 4－1　　金融自由化时期的典型发达国家治理模式特征

特征	美国	日本	德国
股权集中度	非常分散	集中于几家法人股东	集中于几家法人股东
股权转移	资本市场发达，容易转移	资本市场对股权转移作用很小	资本市场对股权转移作用很小
股东权益	股权分散，监督较难	股东监督作用显著	股东监督作用显著
董事会	外部董事人数超过一半，监督作用强	内部董事所占比例较大，监督作用有限	员工代表进入董事会，监督作用较好
职业经理人市场	外部经理人市场发达	内部经理人市场作用突出	内部经理人市场作用突出
绩效机制	股票期权为主	年功序列制，鼓励终身服务	年薪为主，长期激励为辅
银行与企业关系	简单的债权债务关系	主银行制度	持有企业股权，并通过监事会行使监督
信息披露机制	信息披露程度高	信息透明度低	信息披露程度较高

企业。就经营者薪酬而言，期权价值/工资与奖金总额的值、CEO 股权价值越来越接近制造业企业（见表 4－2）。阙澄宇、王一江（2005）发现 1992—2002 年美国银行经营者年薪（由固定薪金、年度奖金等组成）在其全部收入中所占比重显著下降，即从 30%—40% 下降到不足 20%，而以期权为代表的长期激励报酬的比重从零大幅增加到 80%，成为经营者的主要收入来源。日本、德国等国家虽然也已经开始实行股票期权、延期支付等激励方式，但是在银行收入结构中比例与美国尚存一定差距。

表 4－2　　2003 年美国银行业与制造业治理变量比较

变量	33 家银行控股公司	50 家最大 S&P 制造业企业（SIC 2000—3999）
董事会规模		
均值	18.2	12.1
中位数	18.0	12.0

续表

变量	33 家银行控股公司	50 家最大 S&P 制造业企业（SIC 2000—3999）
外部董事（比例）		
均值	68.7	60.6
中位数	71.4	66.7
期权价值/工资与奖金总额		
均值	1.0	1.6
中位数	0.5	0.8
CEO 所有权（百分比）		
均值	27.9	133.8
中位数	0.4	0.3
CEO 股权价值（百万美元）		
均值	27.91	33.8
中位数	11.9	9.6
董事会每年会议		
均值	7.9	7.6
中位数	8.0	7.0
董事会委员会数量		
均值	4.9	4.4
中位数	5.0	4.0

资料来源：Adams & Mehran（2003）。

第二，人力资本价值凸显。当银行垄断利润被打破时，银行员工的自身价值需要重新进行定位。他们努力工作水平、知识技能水平与社会关系构成了人力资本价值主体。这是因为地区中新银行的加入增加了竞争。竞争产生了对金融创新租金的需求，这倒逼银行更多招聘对本地社区情况十分了解、对客户项目准确评估、对新产品或新金融服务方案敏感性强的信贷经理，显然这些客户经理已经替代股东成为银行创造利润的主角，银行治理的重点也从原来股东关心的牌照资源转向员工的人力资源。这就要求银行股东制定薪酬水平时更多考虑银行员工业绩。

二 银行社区模式治理结构优化

金融自由化极大地改变了商业银行的经营环境，地理经营范围的开放、存贷款利率的自由决定等迫使一些传统商业银行开始向社区模式转型。对于以社区为经营特征的商业银行来讲，传统银行模式所具有的治理结构特征是否还能像从前一样显著改进其经营效率？曹廷求、李维安（2004，2011）与王朝弟（2006）分别利用地方城市商业银行的调查样本对其治理效果进行了实证检验，发现高管人员激励并不能够有效改善银行绩效，同时市场机制发挥显著作用的外部董事所占比例多寡对银行治理改善基本没有作用；相反，政府继续以国有股东代理人身份控制与管理银行，这里政府约束替代了市场约束。金融管制放松改变了传统的治理模式，但它仍需要根本解决债权人与股东的委托—代理问题、股东与管理者的委托—代理问题。但是社区模式的“社区型”特点决定地方居民资金构成了负债资金的主体，与股东相比，其属于信息弱势方。而在债权人中，中小储户相比机构而言，信息处于劣势。同理，股东较管理者而言，掌握公司信息少，易发生内部人控制问题；同时大股东损害小股东利益的行为也易发生。因此，银行社区模式治理结构需要在地方政府股权、银行家职业化与银行内部管理机制等方面进行优化。

（一）弱化地方政府股东作用

根据现代企业理论，政府的动机无非就是利益，这种利益体现为货币收益与政府对银行的控制权。因为中央政府垄断了货币收益，所以地方政府的动机就是抓住对银行的控制。但是银行的跨区经营偏离了地方政府办银行的初衷。由于地方金融机构服务社区的地理范围与地方政府行政管辖区域的重合，这种天然的地理效应导致地方政府对社区金融机构的经营存在直接干预的可能性，如果政府通过银行入股方式来引导金融资源分配，那么政府的介入增加了银行经营成本与风险。打破地方政府对社区金融机构的控制，增加其经营效率的关键之一是跨区域经营。银行跨区域业务绕过了地方政府的行政管辖范围，行政干预强度减弱，银行自主支配资金的空间加大，更加注重风险与收益匹配。当然，我们要防止从一个极端走向另一个极端。地方政府股东完全从社区金融机构撤出，对于这些银行而言其弊大于利。我们可以在股权设置中为政府象征性预留一定的股份比例（例如不高于1%），这既保证了政府对重大事件享有控制权，也有利于政府对银行的系统性风险监测，同时为居民储蓄与社会投资者提供了政府信用担保。

（二）银行家职业化趋势明显

从一般意义上讲，银行家也是企业家，不同之处在于其以银行业经营为主，这就决定了银行家要比普通的企业家有更高的信用度、更强的业务能力与更超前的创新意识。显然银行家的这些人力资本特征需要在一定的金融环境中体现出来。在严格金融管制环境下，由于存贷差受到政府的严格管制，银行家失去了定价能力及风险甄别与控制能力，同时也失去了不断更新知识水平的动力。另外，当政府控股银行时，银行家的产生更多地来源于行政任命，而不是遵循能力为主的原则，这将使银行家的经营目标发生一定程度的偏离，即银行家在考虑关系资源配置时，也在相机抉择创造“寻租”空间，其结果是资源配置没有带来银行治理效率的最大改善。金融放开为金融业公平竞争提供了广阔的平台，失去了政府的保护衣，银行的竞争力首先表现在银行家实力与经营管理能力上。银行家在激烈的市场竞争中，业绩出现分化，自然而然形成了职业银行家市场。市场优胜劣汰作用机制的发挥将促使银行家的产生“去行政化”趋势越发明显，尤其对于实施社区模式的商业银行，其职业银行家的“职业”色彩更加显著，同时经营权更“实置”。

（三）评审组织结构扁平化与专业化

就利率自由化而言，利率管制更多地表现为存款利率上限管制与贷款利率下限管制。由于大企业资产规模大、经营较为稳健、财务状况良好，成为众多银行潜在优质客户，使其在贷款资金定价中处于相对强势，最终贷款利率多为基准利率或下浮一定比例。一般来说，银行采用的贷款审批组织结构为集中审批，即支行银行信贷人员将各种贷款申请项目（贷款资金超过金额）上报分行，分行再上报总行审批中心。显然这种总分支组织结构对信贷项目提出了严格要求，必须达到一定的金额，项目信息传递准确，审批人员经验丰富。在利率逐渐放开的背景下，支行信贷人员针对不同规模、不同质量的客户，可以合理运用资金价格杠杆力量，针对信息不透明、经营规模小的企业，提高风险溢价水平。换句话说，银行与企业有了充足的讨价空间，但是这种空间需要对集中审批的信贷审批程序进行改变，即赋予基层信贷人员更多信贷决定权。因此在利率市场化下，商业银行社区模式要求信贷审批组织结构转型，下沉审批权，在客户经理掌握社区客户的地理属性、生存环境以及企业主的社会信用等信息之后，由支行决定是否放贷。这种组织结构转型是在总分支这种垂直管理体系不改变下所做出的改进措施。当前国外许多先进银行采取了扁平化的管理体系，缩短管理链条，具体表现为成立了各种事业部。中国的社区金融机构在将业务经营重点转向小微业务时，在贷款利率完全放开的情况下，为了调动客户经理信贷营销的积极性，最大限度地提升小微贷款业务对全行信贷业务的贡献率，必须要在组织模式上创新成立类似小微企业事业部（或中心）等受总行直接管理的相对独立的部门。

第三节　社区模式的激励约束机制

商业银行激励约束机制本质上是银行股东在经营管理者的激励相容约束与参与约束的条件下，追求自身效用的最大化。国务院发展研究中心完善市场经济体制课题组（2003）提出设计一套对经营者有效的激励约束机制，明晰出资人与经营者的关系，解决委托人与代理人信息不对称问题。商业银行社区模式下，该机制主要涉及银行股东如何激励约束高管层、高管层如何激励约束基层信贷经理两方面内容。下面我们分别论述这两种作用机制。

一　关于股东对高管层激励机制

根据詹森和梅克林（Jensen and Meckling，1976）的薪酬理论，薪酬激励机制就是通过确定薪酬与绩效之间的关系来解决委托人与代理人利益不一致的问题。银行股东既然将经营管理权授予高管层，高管层在承担相应职责的同时，必须得到相匹配的薪酬。如何将银行税后利润拿出一部分分配给高管层，一些学者运用拉格朗日法对静态利润分配比例进行了研究，下面我们尝试运用动态优化分析法对利润分配进行研究。基本思想是银行产生的税后利润分为股东自留部分与用于高管激励部分。高管得到薪酬后，努力工作将产生更多的利润，为了简化问题分析过程，这里我们忽略努力产生利润的机制，也就是认为高管工资能够产生更多的利润。这样该问题简化为股东在预算约束条件下选择$\pi(t)$的路径以最大化其自身效用。假设银行经营无限期，股东与高管层生命无限期。

$$\max \int_0^{\infty} u(\pi) e^{-\beta t} dt$$

$$\text{s. t. } \dot{w} = y(w) - \pi$$

其中，π为银行股东自留的利润水平，效用函数$u(\pi)$：$R_+ \to R_+$为边际效应递减的二阶联系可微函数，满足 *Inada* 条件，即$\lim\limits_{\pi \to 0} \dot{u}(\pi) = +\infty$，$\lim\limits_{\pi \to \infty} \dot{u}(\pi) = 0$；$w$为高管工资存量水平，高管初始工资$w(0) = w_o$给定，$w(T) \geqslant 0$；银行产出函数为$y = y(w)$，它是连续可微、递增、一阶齐次函数；贴现率$0 < \beta < 1$，表示银行股东面临未来利润与当前利润时，更看重当前利润。

下面我们运用汉密尔顿方法求解利润分配的最优化问题。显然这里π为控制变量，w为状态变量，$\lambda(t)$为汉密尔顿乘子，表示高管薪酬的边际值，即在t时刻高管薪酬增加一元给股东带来的效用增加值。定义汉密尔顿函数：

$$H = u(\pi) + \lambda[y(w) - \pi]$$

解得最优性条件：

$$\dot{u}(\pi) = \lambda$$

$$\dot{\lambda} = \beta\lambda - \lambda \dot{y}(w)$$

横截性条件：

$$\lim_{t \to \infty} \lambda w e^{-\beta t} = 0$$

横截性条件表示银行股东要实现一生效用的最大化，在其平衡增长路径上，当且仅当消费的现值等于一生效用收入的现值，或者说经历足够长的时间后，未来的高管薪酬水平贴现到现在这个时刻的现值等于零。

因此股东自留利润与高管薪酬的动态方程为：

$$\dot{\pi} = -\frac{\dot{u}(\pi)}{\ddot{u}(\pi)}[\dot{y}(w) - \beta]$$

$$\dot{w} = y(w) - \pi$$

动态均衡时，$\dot{w}=0$ 与 $\dot{\pi}=0$，其中 $\dot{w}=0$ 意味着高管薪酬给银行带来的收益 y 全部用于股东消费；$\dot{u}=0$ 意味着均衡状态时的高管薪酬水平 w 仅仅依赖于时间的偏好率 β。

根据对股东自留利润与分配给高管利润的动态分析，我们发现对于高管利润 w 任意一个正的初始值，都存在唯一的 π 的初始值，满足跨期动态最优，将符合这样特征的 w 与 π 组合描绘到下图得到鞍点路径。如图 4－3 所示，该路径与 $\dot{w}=0$、$\dot{\pi}=0$ 交于 E 点，它表示平衡增长路径，意味着银行收益、股东收益、高管收益保持固定。鉴于本模型高度简化，实际考虑到商业银行在竞争中长期生存，我们加入其创新或知识变量，因此达到稳态时，增长率将为创新或知识的增长率。

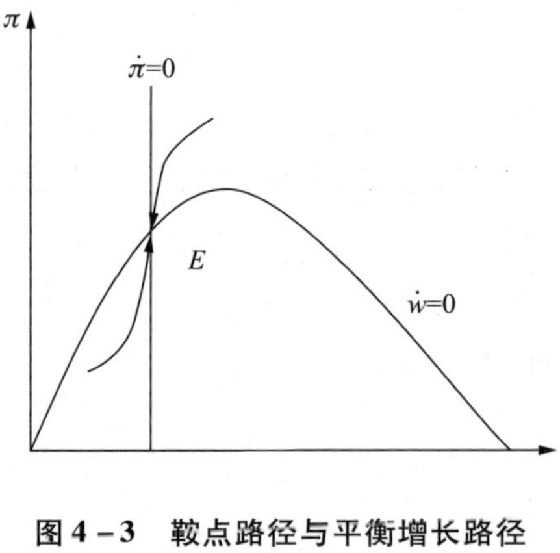

图 4－3　鞍点路径与平衡增长路径

二　关于高管层对信贷经理的激励惩罚机制

社区模式中的信贷经理掌握了社区客户的大量软信息，因此通过实施对信贷经理的奖励与惩罚措施，似乎可以达到减少信贷经理偷懒的概率，促使他们勤勉尽职、减少贷款项目发放风险。事实的确如此吗？我们借用诺贝尔奖获得者塞尔顿在上海演讲时讲述的小偷与守卫的博弈例子来寻找问题答案。

表4－3反映了社区客户向信贷经理申请一笔贷款的现实模拟情况。社区客户有隐藏自身真实信息与主动公开自身信息两种选择，银行信贷经理接到社区客户信贷申请时，进行尽职调查与分析论证客户额偿还本息的可行性，在道德风险存在的前提下，他也有偷懒与尽职两种选择。表中第一个数字代表信贷经理收益，第二个数字代表社区客户的收益。当社区客户选择隐藏信息时，信贷经理选择偷懒将受到惩罚，损失3，而尽职则可获得正常收入2；当信贷经理选择尽职时，社区客户的正确选择是公开信息，获得收益4；但是当社区客户主动透露贷款项目真实信息时，信贷经理最佳选择策略是偷懒而获得更多收益3；而社区客户一旦得知信贷经理懒政后，自然而然选择隐藏信息策略。显然这将进入到一个完全封闭的无始无终的循环链中，因此不存在类似“囚徒困境”中的纯策略纳什均衡，也就是说对于任何一个纯策略组合都存在博弈一方单独改变策略而获取更好收益的策略。尽管如此，但是这个博弈却存在混合策略纳什均衡。证明如下：

表4－3　　　　社区客户与信贷经理的博弈

		信贷经理	
		偷懒	尽职
社区客户	隐藏信息	（－3，5）	（2，－2）
	公开信息	（3，4）	（2，4）

假设信贷经理偷懒概率为 P_b，则尽职概率为 $1-P_b$；社区客户隐藏信息概率为 P_c，则公开信息概率为 $1-P_c$。首先分析信贷经理的混合策略，在此策略下，社区客户选择隐藏信息的期望收益应该等于选择公开信息的期望收益，即：

$$P_b \times 5 + (1-P_b) \times 2 = P_b \times 4 + (1-P_b) \times 4$$

解得：$P_b = \frac{2}{3}$

因此，可得信贷经理的混合策略为$\left(\frac{2}{3}, \frac{1}{3}\right)$。同理可得社区客户策略：

$P_c \times (-3) + (1 - P_c) \times 3 = P_c \times 2 + (1 - P_c) \times 2$

解得：$P_c = \frac{1}{6}$

因此，社区客户的混合策略是$\left(\frac{1}{6}, \frac{5}{6}\right)$。

上述计算结果用图形表示，具体见图 4－4 与图 4－5。如果银行高管对不尽职的信贷经理采取严厉的惩罚措施，比如说从－3 增加到－5，图 4－4 假设社区客户混合策略的概率分布不变，此时信贷经理偷懒的期望收益将低于 2，信贷经理则选择尽职。信贷经理尽职时，社区客户只能减少隐藏信息的概率，由 P_b^* 降到 P_{b1}^*，达到新的均衡，信贷经理偷懒的期望收益又恢复到 2，他将重新选择混合策略。因为信贷经理的混合策略概率分布不受对信贷经理处罚措施的影响。因此，高管加大对信贷经理的处罚在短期可以促使信贷经理尽职，但是在长期中不能使其尽职，这种惩罚长期产生的真正效果是促使社区客户公开更多的信息。早在 300 多年前，中国明朝内阁首辅张居正实行了严格的考成法，规定各地区每年应完成的税收征收等工作，如果哪个地区没有按时完成就会受到类似丢官、充军、坐牢等严厉惩罚措施，其结果是短期效果显著，但是长期来看，地方官吏并没有提高工作效率。

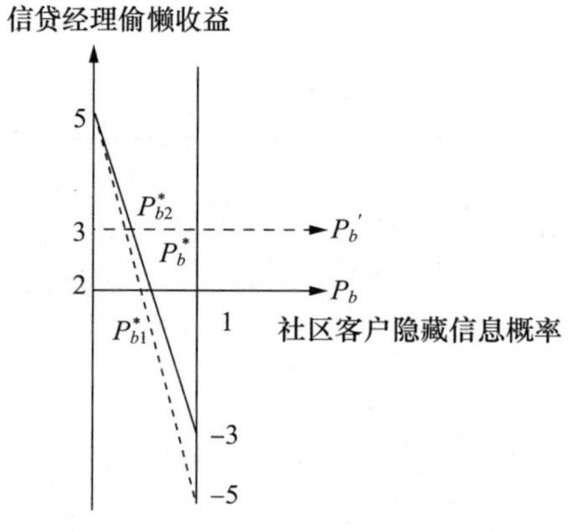

图 4－4　信贷经理的混合策略

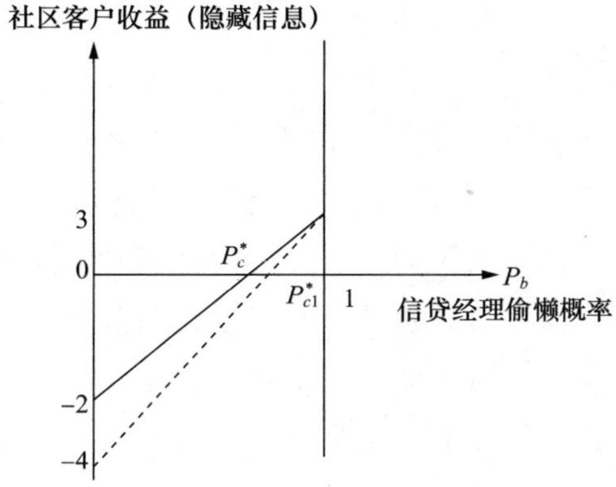

图 4－5　社区客户的混合策略

除了“大棒政策”外，高管还可以采用“胡萝卜”政策，即对工作努力与称职的信贷经理给予奖励，图 4－4 中表示为横轴上升到 3。同样假设社区客户混合策略的概率分布不变，此时信贷经理偷懒的期望收益相对降低，促使信贷经理的策略必然是尽职。同上，社区客户只能减少隐藏信息的概率，由 P_b^* 降到 P_{b2}^*，达到新的均衡，信贷经理偷懒的期望收益又恢复先前 2，他将重新选择混合策略。因此奖励措施可以达到与惩罚相同的效果。

根据上述分析，社区模式下的银行激励约束机制的设计需要围绕以下几个原则：一是管理层与基层信贷员工充分授权。根据霍姆斯特姆与米尔格罗姆（1991）的权责匹配理论，银行代理人的权限与目标任务绩效的准确计量正相关。对于社区的银行，信贷经理通常直接与客户联系，对其经营、家庭、社会信用都很熟悉，因此委托人适宜采取给予银行经理人更多的授权以及相应的强激励措施。因为当银行经理业绩与获得的报酬成正比时，银行经理就有可能在更大的自由空间投入更多的热情工作，在极限条件下，可以由其完全控制剩余控制权，这也有助于解决经理层“寻租”行为与内部人控制问题。二是长期与短期激励相结合，短期激励产生的效果表现为银行收益的“一时”，长期激励是将银行资源有计划分配，其效果为银行收益的“一世”。三是奖惩方式采取物质与精神相结合的方式。“奖金”的作用固然简单与直接明了，但是我们不可忽视“奖章”的精神激励作用。自古至今，无论是经济领域还是社会领域甚至是战争，各种勋章、牌匾都可以发挥出超越物质奖励的作用。对于扎根于社区的银行，对员工授予优秀客户经理等荣誉称号，不但是对其认真与辛勤工作的肯定，更激发了密切联系社区客户，培养潜在客户的动力。四是内部激励与外部激励相结合。内部激励一般指职位升迁机制。外部激励根据市场环境的管制程度不同，分为外部逆向激励与外部正向激励。在不发达、不规范的金融环境中，银行员工更有机会利用手中的权利发放关系贷款、人情贷款，同时得到他们的贿赂与回扣作为其贷款行为的外部逆向激励。而在透明、竞争充分、公平的金融自由环境下，银行经理更加珍惜自身在经理人市场的信誉价值，并将其作为长期收入的根本决定因素。哈里斯与霍姆斯特姆（Harris and Holmstrom，1982）运用有关模型证明在发达的职业经理人市场中，信誉可以有效发挥正向外部激励。而李扬、周子衡（2009）指出，在中国“由于外部力量对于金融机构的渗透无所不在，致使大量的金融机构将这种外部力量作为外部资源延揽下来，形成了复杂的利益关系网与社会关系网，形成了大量的行业‘潜规则’”。因此，中国的社区金融机构在扁平化组织体系下，职位相对有限，更需要的是外部正向激励。

第四节　互助行为与社区模式

商业银行的社区化道路意味着社区中的借款人在没有足值抵（质）押品的情况下，另辟蹊径，通过深入挖掘社区的潜在资源，为银行贷款提供保证。这种资源就是社区居民之间的互保、互助与互惠。在经济社会还处于以农业为主的自然经济与农业经济时期，普遍存在着以血缘为纽带的社区网络。当家庭的成员遇到财产损失、资金需求时，家族中的其他亲戚朋友就会出钱出力，伸出援助之手。亘古至今，农村社区年复一年仍旧延续这种互助行为模式。随着社会分工的加速，劳动生产率的提高释放了大量农村剩余劳动力，他们开始涌向城市，为城市工业提供丰富廉价的劳动力资源的同时，也形成了以他们为主的居住生活区。当然，城市中的居民还有基于各种各样原因形成的特定社区。虽然城市社区不再通过血缘作为联系的基础，但是它们拥有共同的工作单位、大致相近的收入水平、相似的生活理念与价值观。无论是农村社区还是城市社区，社区内的居民经过长期的接触，彼此相互了解，信息相互透明。

在现代社会，风险冲击越来越大且频繁，单靠从前的社区成员之间的简单资助进行风险分担的方式已经无法满足需求，因此主要以社区为服务对象的社区金融机构可以利用社区的“熟人社会”特性提供信贷支持，降低贷款到期无法收回的风险。根据一些经济学与社会学者研究，社区成员相互提供的资助或担保被称为社区资本，它与人力资本、物质资本与金融资本构成了经济发展的基础。因此，银行以社区资本作为还款保证是有充分的经济学与社会学理论依据的。从交易成本的角度看，银行与社区成员签订的借贷合同需要尽可能充分揭示风险，但是这种契约的完备性需要付出较大的显性交易成本。而在社区环境下，该成本由于成员之间的熟悉而降低，其理由是社区本身意味着一系列隐性的契约签订。科斯（Coase）在《企业的性质》中论述了企业存在的原因是，内部交易成本低于外部社会交易成本。延伸来看，社区内部交易活动产生的成本也低于外部交易带来的成本。其区别在于，企业是一种法律承认的正式组织形式，而社区是一种约定俗成的非正式社会组织形式。从社区成员的角度看，社区成员的理性互助行为与其收益有何关系呢?

博弈论主要是研究各博弈方之间的策略行为。在理性经济人假设下，博弈方为了追求自身利益最大化采取互动策略，这些策略可以像“囚徒困境”中的“囚徒”只采取一次博弈行为，此时“囚徒”策略行为结果仅能达到非合作均衡。但是，如果博弈可以无限次进行，那么博弈参与者就可达到对其自身最优化的合作均衡结果。下面我们利用博弈论中经典的“囚徒困境”分析社区成员互助博弈的结果。（具体见表 4 - 4）

表 4-4　　社区成员互助决策的博弈分析

		社区成员甲	
		互助	不互助
社区成员乙	互助	(5, 5)	(6, 1)
	不互助	(1, 6)	(3, 3)

假设社区中存在甲、乙两个成员，当他们遇到困难时，如果双方同时选择互助，则各自获得收益为5；而若都采取“事不关己、高高挂起”态度，则各自获得收益为3；若其中一方采取互助行为时，而另一方采取不互助的机会主义行为，则不互助的一方收益为6，互助的一方收益为1。在一次博弈的情况下，社区成员在利益最大化的引导下，只能采取不互助，收益为（3，3），显然低于集体利益（5，5）。但是对于社区成员而言，他们长期在社区居住、生活、工作，事实上存在一种隐性的有约束力的契约，可以补偿成员因为选择集体利益最大化目标时产生的损失。下面我们证明在此前提下，经过无限重复次的博弈，成员在何种条件下能够达到彼此互助的子博弈精练纳什均衡。

假设甲、乙双方采用触发策略，也就是说甲、乙双方都采取先互助的方式，一旦有一方采取不互助，那么以后该方永远都会采取不互助的报复策略。如果乙采用了触发策略，在成员贴现（δ）满足何种条件下使甲也采用触发策略。

如果甲第一期采用不互助，其第一期收益为6，但是以后各期受到乙的报复，收益只能为3，总收益值为：

$$A = 6 + 3 \times \delta + 3 \times \delta^2 + \cdots = 6 + 3 \times \frac{\delta}{1 - \delta}$$

如果甲第一期采用互助，其第一期收益为5，第二期以后都面临同样的选择，总收益值为：

$$B = 5 + B \times \delta$$

显然当 $A < B$ 时，即 $\delta > \frac{1}{3}$，甲采用互助策略。当乙偏离互助行为时，甲也采用不互助行为，因此甲对乙触发策略的完整反应策略是同样的触发策略。考虑到对称性，社区成员甲乙采取以上触发策略为纳什均衡。进一步分析，该博弈无限次重复，从任何一个阶段起的子博弈都与该结构相同，故甲、乙双方的触发策略在所有子博弈中仍构成相同的触发策略，它也是这些子博弈的纳什均衡。因此在$\delta > \frac{1}{3}$时，触发策略是该博弈的一个子博弈精练纳什均衡，互助就是最终帕累托最优均衡结果。这种摆脱“囚徒困境”的结果是建立在社区成员的声誉与惩罚机制上，即成员的机会主义带来的收益小于其声誉价值。至于贴现的值与成员的财富价值有关，不能一概而论。

第五节　社区模式下的中国商业银行治理研究

改革开放以来，中国银行业先后进行了四轮较大的制度体系改革：一是1986年以“放权让利”为特征的经营体制改革赋予了经营者一定的经营管理权；二是1994年开始建立“产权明晰、权责明确、政企分开、管理科学”为特征的银行现代管理制度；三是2004年以商业银行股份制改造与上市为主体的治理结构改革；四是2014年以产权结构优化为主线的混合所有制改革。

目前，以社区为经营战略方向的中国城市商业银行虽然净资产收益率与资产收益率远高于国有大型银行，但是资本充足率低、治理结构不完善制约其进一步发展。① 其实从动态角度来分析，银行的长期经营业绩来自治理机制的效率。

与国外相比，中国的银行治理存在特殊性。首先是委托—代理关系不仅表现在经济层面，还表现在政治层面。对于中国商业银行实施社区模式战略，我们注意到这些银行是以股份制银行、广大的城市商

① 近七年银监会数据显示，股份制和城商行总体不良率低于国有大型银行不良率，农村商业银行不良率总体一直是最高的。不良贷款余额五大行总和高于所有其他银行不良余额。

业银行以及农信社或农信社改制而来的农商行。这些银行成立之初就是为特定的区域经济活动服务。尤其是1994年，中国开始实施财政税收分权制改革，地方政府面临事权大、财权小的严重不对等的困境。为了促进地方经济发展从而为自身的政绩与“乌纱帽”增添筹码，在对工、农、中、建四大国有银行无法干预其资金使用的现实条件下，地方政府在中央银行、银监会等监管部门政策支持下，通过置换不良资产与注资等方式使城商行摆脱历史旧账，轻装上阵，自然而然作为回馈，银行也成为政府调控地方经济宏观的重要金融手段。其次是人事治理大于所有权治理。地方政府干预银行经营管理，直接形成了社区金融机构的企业身份与政府附属机构合二为一的“中国特色”。高管人员在党管干部的指挥棒下，为了积累自身政治资本，其经营准则更多偏离利润最大化，偏向行政职务及其带来的社会地位。例如很多银行都在追逐省（市）长项目，忽视银行资产的安全性、流动性与营利性。同时这种人事治理囿于系统的封闭性，无法得到系统外竞争压力，无法有效甄选、培养专业人才队伍。正是中国这些特殊性导致如下的严重治理问题。

一是股权同质化现象严重。社区模式决定了银行出资人大部分来源于同一城市。但是中国银行业的股权同质性表现在政府股东的“一股独大”现象。例如1997年中国人民银行出台的《城市合作银行管理规定》第二十三条规定，“城市商业银行股东由当地企业、个体工商户、城市居民与地方财政入股资金构成。其中，地方财政为最大股东”。现实中我们看到除了地方政府直接持股外，加上通过国有企业间接持股，地方政府合计持有股份通常占有绝对控股地位。例如以资产规模最大、治理结构相对完善的北京银行为例，2013年财政与国有企业直接与间接共持有比例超过50%。

二是董事会机制不健全。董事会在银行治理结构中起着承上启下的作用。高效的董事会主要包括两方面内容。第一是董事会的组织结构，它保证了董事会决策效率，通常包括外部董事设置、专业委员会设置等。第二是董事会的运作效率，它反映了董事会决策执行情况，具体涉及每年董事会开会次数，是通信还是现场召开方式。从董事会成员比例构成，我们不难看出以高管人员为主的内部董事所占比例远超外部董事，考虑到外部董事通常都是高管人员聘请而来，这些人员中一部分来自境内政府官员，还有一部分来自境外。境内独立董事由于没有解决好提名与选举等问题，导致他们基本出于为达到法律形式上的合规而存在，大部分存在着为高管服务或“装点门面”的要求，独立审查与监管作用较难发挥；境外独董专业能力较强，但是由于不熟悉中国相关监管制度与国情而工作效率较低。从董事会召开的方式，我们发现很多会议都是非现场召开。

三是内部人控制严重。股东的国有含义构成了所有者缺位的逻辑内涵。经营权事实上支配了所有权在国有股东下更为严重，例如一些银行的董事长与行长合二为一，使控制权、执行权与监督权集于一身。由于银监会对银行高管人员任职资格具有审查权，因此即使在政府股份比例较少的银行，政府也可以党委委员任命或者提出自己的理想人员作为高管后备人选，进行事实上的银行经营管控。这种任命体制下，高管人员面临银行经营目标与政府目标的双重目标，并且在两者发生冲突时，政府目标通常成为首选目标，并且银行的高管不需要为其错误的决策背书，造成商业银行人员越来越官员化、行政化，这种来源于非市场化机制的高管与真正意义上的职业经理人相去甚远。不仅总行层面存在内部人控制问题，由于中国商业银行的管理组织结构普遍实行总分支结构，从人事管理、组织机构、财务核算与运营管理等方面，分行与支行等基层机构都表现出相对独立属性。目前中国商业银行的机构设置仍然以中央、省、市、县等行政区划进行设置，对应的组织结构为总行、一级分行、二级分行、支行、分理处（储蓄所）五个层次，组织体制形式为“三级管理，一级经营”。在管理方式上采取了层层授权模式，同时对存贷款、利润、EVA 等任务指标进行分解。银行内部委托链条越长，总行控制能力就越弱。不独立承担法人责任但是又有相对独立决策权的分支行行长人财物权力很大，在追求个人收益的机会主义引导下，经营短期化，容易发生严重的道德风险。

四是激励约束机制不科学。正如上文所言，激励机制的核心是高管薪酬与业绩呈现正相关关系。许柯楠（2010）发现近年中国银行业的高管薪酬总体水平较高。张敏等（2012）收集了 2005—2009 年 118 家中国银行的数据，发现银行大股东为了获得关联贷款，在制定薪酬时，有意识降低薪酬与业绩之间的关系，同时通过给予高管在职消费奖励来弥补其损失。但是随着关联贷款规模增加，银行不良贷款风险也在增加，城商行表现得尤为突出（解晓非，2004）。除了高管薪酬的问题外，在目前一些社区金融分支机构，薪酬制定、业绩考核与奖惩方式存在一些误区。表现在三个方面：首先，重短期规模效应、轻长远发展内涵。为了鼓励基层信贷经理做大信贷规模，而给予其业务高比例提成，这种饮鸩止渴的方法，其实扰乱了银行稳健经营的传统策略与打造百年老店的战略部署。其次，重基层信贷经理业务开发，轻总行高端技术人才培养。从同业引人、挖人来补充人力队伍固然重要，但是忽视自身队伍的挖潜与培养将堵住老员工的晋升通道，从而削弱其工作动力与影响团队士气。最后，重工资效果，轻人文关怀。根据边际分析与马斯洛心理需求规律，当员工温饱解决、物质需求满足以后，新增的奖金对银行员工的激励效应将显著下降，取而代之的是自我实现价值等方面的需求。

针对以上问题，地方金融机构治理可以采取以下途径与措施。

一是发挥契约的作用，加强“共同治理”理念。契约由正式契约与非正式契约组成。正式契约既包括《公司法》《商业银行法》等公开的法律制度与规章办法，也包括银行自身制定的章程与内部管理制度。非正式契约主要涉及非正式的惯例、文化等因素。由于签订完整的正式契约通常产生高昂的交易成本，为了降低这些成本，每一家银行都有自身的特定文化与潜移默化的非正式制度约束员工的行为规范。从以往过分强调的事业留人、薪金留人、感情留人等激励方案转向契约留人，尤其是完备的正式契约与企业文化独特的非正式契约。关于银行治理理念，《商业银行公司治理指引》第一条明确指出保护存款人与其他利益相关者的合法权益是该指引制定的目的。中国民族文化的传统内容是儒家文化所倡导的忠诚、信用、秩序、教育，且中国特色社会主义赋予了集体主义的特别作用。中国银行业如何在实践中贯彻执行利益相关者理念呢？可以借鉴日本银行员工共同治理经验，雇佣关系倾向长期，激励员工无私奉献；晋升制度采取内部提拔，激励员工认真工作；决策上吸收全体员工实行集体决策；分配上避免报酬差距过大。目前中国在限制银行高管薪酬上已经设计了草稿，按此分析，地方金融机构高管薪酬水平得到抑制。以上这些措施既增强了银行的团队精神与凝聚力，又减少了银行内部的冲突与摩擦，降低交易成本。

二是投资主体多元化。地方政府从股权投资主体撤出或仅保留约1%左右的象征性股份，这可腾出巨大的资本用于社会保障与其他公益事业，同时通过资本市场减少国有法人股，引入包括本地企业、居民与投资者在内的内资资本以及外资资本。一方面对内民间资本放开，既为本地投资者打开了资本保值增值的通道，也便于取之于社区、用之于社区的社区模式的成功实施。另一方面，对外资开放，也是中国“入世”的承诺与目标。2015 年期限已经来到，外资银行开始与中国的银行展开全面的竞争，引入外资资本，可以带来管理经验与先进的产品服务。

三是坐实“三会一层”。2005 年中国银监会出台了《股份制商业银行董事会尽职指引》规范董事会的运作，2013 年出台的《商业银行公司治理指引》在银行治理建设问题上提出了建议与意见。因此，银行的“三会一层”不能仅仅停留在纸面。

（1）健全董事会制度。在组织结构上，完善独立董事选聘机制以及构造其权利与责任相对等机制。为了约束政府“一股独大”对小股东的利益侵害与减少小股东的“搭便车”行为，必须优化董事会成员结构来保证董事会的独立性，增加外部董事、减少内部董事；增加独立董事、减少非独立董事。在运作效用上，注重董事会集体决策作用，防止出现少数人控制董事会情形，同时突出董事会的战略管理功能与宏观发展。2009 年与 2011 年，教育部与财政部分别发文禁止领导干部担任独立董事，特别是 2013 年 10 月 19 日中央组织部《关于进一步规范党政领导干部在企业兼职（任职）问题的意见》下发以来，独立董事出现“离职潮”，银行转而从高校或社会中介机构聘用学术水平高、社会信誉好的法律、审计与银行专业人士担任。

（2）发挥监事会的作用。必须要明确监事会为股东服务的定位。特别要注意与为董事会服务的审计委员会严格区分。由于目前监事会成员大多来自银行内部，与银行经营存在复杂的关联性，故自身的独立性很难保持，其对董事会与经营层的监督职能很弱。为了更好地加强监事会的作用，首先，监事会成员的选聘主要以外部独立专业人士为主，考虑一定比例的员工，尽量减少高管层的人数。其次，完善监事会的工作规则，赋予其一定的独立监督调查权，同时建立监事会与监管机构的独立报告路径，保证监督工作连续性与持续性。最后，从机制上彻底改变受内部人控制的议事机构。赋予任免董事会与领导班子成员的权利，形成真正的相互制衡机制。

（3）加强内部治理机制作用。对于社区金融机构，其资产规模不大，可以考虑在这些银行改变目前政府考核任命高管人员的事实模式，真正赋予董事会根据银行章程提名、任命称职的高管人员，实现由官员型经理到职业型经理人的彻底转变，进而形成充满竞争活力的中国社区金融机构经理人阶层。为发挥经营管理者的积极性，增加经营业绩与回报的相关性，除传统的奖金、福利、升迁等手段外，还可以借鉴国外先进商业银行的激励措施，例如银行员工持一部分股票，奖励方式采取如限制性股份奖励、延期股份奖励与股票期权，增加未来回报的预期，减小银行员工与股东之间的根本利益冲突。

第六节　中国银行业产权改革探讨
——混合所有制

自 20 世纪 70 年代以来，世界银行业的股权发生了较多变化，表现为国有股权降低、私人股份上升。拉波尔塔（LaPorta，2002）以 92 个国家的银行为样本，发现 1970—1995 年国有控股银行的世界平均比例从 58.9% 降低到 41.6%。这一结论得到了张杰（2004）的证实，他以各国银行业的股权结构为分析对象，发现“在许多国家的银行完成私有化之后的1995年，世界平均的政府对银行的所有权的比重为41.6%”。麦克（Micc，2005）进一步证实2002年发展中国家与发达国家该比例分别降为26%与10%左右。萨皮恩扎（Sapienza，2004）以及奥恩与特纳（Aurn and Turner，2004）对国有银行与私营银行的经营效率进行了更宽泛的研究，指出国有银行效率显著低于私营银行，基于此，发展中国家政府金融改革的首要目标是降低政府在银行中的股份比例。

在前文我们已分析了，政府在银行治理中所具有不兼容的双重目标直接导致银行经营效率下降，但是政府所有权的负面影响在金融自由化竞争环境中得到缓解。包米克与迪莫娃（Bhaumik and Dimova，2004）对2000年以后的印度银行业进行了实证分析，证实国有银行与私营银行的经营差距在竞争压力与预算约束下显著减小。因此，降低银行业进入门槛，打破国家控股，鼓励民营资本与国际资本进入银行业，将其追求的资本回报与权益保障作为社区金融机构治理结构改进的动力与形成对原来政府控股的制衡，进而在股权多元化的基础上建立英美模式的银行治理结构。

从内部要求与外部环境来看，中国银行业实施混合所有制都已水到渠成。中国银行业长期以来一直都是中央或地方政府控股商业银行，这是由中国特色的制度所决定。众所周知，中国实行的是公有制占主导的经济体制。在市场经济改革下，国有经济是经济的主体力量与竞争的主体，国有银行自然而然成为国有企业的金融资源支撑力量，但是在政府目标兼具社会效益与股东经济利益无法融合的双重目标下，可以看到在国家信誉担保情况下，银行在做大资产规模时，自身也积累了大量的不良资产。正所谓高度垄断的国有银行也在集聚着垄断金融风险。因此银行的产权改革——主要体现为国有股占比减少、外资资本与社会资本占比增加，就迫在眉睫。从制度供求理论分析，新制度的产生来源于其产生的收益大于成本。因此，中国银行业产权制度改革的推动力量来自制度变革能够产生正的净社会收益以及单个银行自身获得净经济效益。

从外部环境分析，政府控股的国有银行模式已经失去了生存的土壤。表现在贷款利率定价权已经完全放开，存款利率下限解除，现在利率自由化只剩下存款上限管制。银行业务已经从传统的存贷款业务拓展到投行、理财顾问、债券承销等以手续费与表外为特征的业务。同时资本市场的发展为居民提供了多样化的资产组合选择。信贷不再是国有企业的唯一融资渠道，股票、债券等资本市场为其资金需求提供了可能渠道。中国30多年来经济以平均9%的高速增长保证了政府财政收入大幅增加，这为先前脆弱的社会保障提供了雄厚的财力支持。这些外部环境的变化对商业银行股权多元化提出了要求。

走社区化道路的中国商业银行实施混合所有制产权改革是保证其在未来银行激烈竞争中获胜的关键因素。正如李维安（2010）所言，"境内外战略投资者、境内外机构投资者与自然投资者成为银行治理的新主体，使得治理的边界从'共有产权'的模糊状态逐渐变得清晰"。虽然战略投资者在银行治理中的作用正在显现，但是只要存在地方政府干预金融的隐性契约，这种产权改革就无法真正完成。

在中国地方金融机构治理结构中，不但具有典型的显性契约特征，即银行股东分别与经营管理者、债权人之间存在的委托—代理问题，而且还有地方政府投资控制的隐性契约特征。这种特征表现为用财政的补贴、政府的声誉维系这些金融机构的低效率运转，而与银行利益相关的人员在其报酬待遇不降低的条件下，例如中小储户不用担心银行破产倒闭带来的本息损失风险（事实上新中国成立以来，存款性银行中只有海南发展银行真正破产，但是储户权益未受到任何影响），银行员工工资远高于行业基准水平，且终身雇佣根本没有动力去推动银行产权制度体系改革。在"用手投票"权利无法正常行使条件下，中小股东与中小储户只能选择"用脚投票"，同时银行管理者在缺乏竞争刺激下，基本丧失了产权改革的能力。简单来说，隐性契约在社区银行制度体系中发挥了关键作用，但是也为社会发展埋下了风险种子。

其实隐性契约赋予了银行较多的社会性功能，例如公共产品提供、社会制度稳定等，这些功能本应该由政府直接承担。但是1994年财税体制改革——中央财权上收、事权下放，导致地方政府公共产品供给不足。从党的十八大以来的新一轮国有经济改革战略部署来看，国有经济的竞争力得到增强的前提条件之一是降低国有股本比重，将其身上不该承担的一些社会服务功能剥离出去。与之配套的是，国有银行的公共产品功能与社会稳定功能必须降低。但是在隐性契约变更之前，中央银行需要建立包括存款保险制度、金融监管体系、金融危机应对制度等在内的一整套制度体系以保护政府的公信力与金融安全。

当然，混合所有制作为一种诱致性制度变迁，其在产权多元化改革过程中，将存在各种风险，我们特别要警惕20世纪90年代俄罗斯等国开展的快速私有化改革，因为这种改革导致效率低下、社会腐败与“寻租”活动盛行。同时也要注意资本结构多元化不是仅仅将其他部门与企业的国有资本引入银行，来自非国有性质的资本才是资本多元化的本意。

第七节　本章小结

本章主要研究了金融自由化背景下的社区金融治理模式。首先论述了商业银行的共同治理模式是包括法人、市场以及政府在内的混合体。银行社区模式治理结构需要弱化地方政府股东作用、强化银行家职业经理人角色以及业务评审的专业化。其次论述了社区模式机制下银行股东如何激励约束高管层、高管层如何激励约束基础信贷经理。再次借助“囚徒困境”理论分析了社区成员的理性行为与其从社区金融机构获得信贷资金的相互关系。最后重点分析了中国社区金融机构的产权改革方向之一是混合所有制。

第五章 金融自由化下的社区金融盈利模式

随着金融自由化的推进，银行传统的息差空间受到了挤压，反映在利率自由化降低了银行贷款利率与提高了存款利率，同时金融市场崛起吸引了优质客户与混业经营引发了金融同业之间的激烈竞争。除这些金融管制机制的放松外，随着经济增长与居民收入水平的提高，客户的多样化需求对银行供给提出了更高要求。在压力面前，银行面临着传统业务的战略转型与核心资源的优化配置，增加非利息收入，提高综合盈利能力。当传统银行盈利模式不再适应市场环境，改革就势在必行。

第一节 利率自由化下的盈利结构

金融自由化的冲击导致发达国家或地区银行盈利模式从传统依靠净利差转变为均衡发展与特色发展两种模式。以美国为例，斯特罗（Stroh，2004）发现从1980年到2001年，非利息收入占银行收入比例从20%迅速提高到42%。均衡发展模式主要特征是非利息收入占总收入比重大幅增加；客户结构中个人客户比重增加，这类模式通常为大银行采用（见表5－1、表5－2）。在利率管制环境下，根据FDIC的数据，美国非利息收入占比一直低于20%，而随着利率自由化深入，表外业务的贡献度显著增加，非利息收入占比则从1979年的18.25%上升到2000年的43.11%；欧洲银行业非利息收入占总收入的比重从1970年的不到10%增长到2000年的39%；日本非利息收入占总收入的比重在20世纪90年代已经达到了35.19%。而对于资产规模较小的银行通常采用特色业务模式，将有限资源集中起来，在某些业务与某些领域形成特定优势，纽约银行就是其中的一个典型，其非利息收入包括其他非利息收入与证券管理收入，占营业收入比分别为28.2%、42.7%，而净利息收入仅占29.1%，其在证券管理业务方面特色明显。

表5-1　各银行非利息收入占比数据　单位:%

年份	富国银行	汇丰控股	美国银行	桑坦德银行
1995	35.3	41.3	34.2	44.1
1996	37.1	40.8	36.5	45.9
1997	39.3	43.7	39.5	42.8
1998	41.1	44.8	41.9	38.5
1999	44.1	45.1	44.0	38.7
2000	44.9	46.7	44.0	40.6
2001	38.3	46.4	42.2	38.2
2002	42.6	43.2	40.4	37.6
2003	43.6	40.1	44.8	43.7
2004	42.9	41.6	44.8	51.9
2005	43.8	48.1	46.2	52.4
2006	44.1	49.7	52.2	49.2
2007	46.8	53.6	48.5	47.6
2008	40.0	44.6	37.7	44.5
2009	47.8	46.4	61.5	37.6
2010	47.5	45.3	50.3	34.7
2011	47.2	43.7	51.0	34.9
2012	49.8	42.2	53.7	29.8

资料来源：Bloomberg数据库及各银行历年年报。

表 5－2　汇丰银行客户结构与收入构成　单位：亿美元

	净利息收入	非利息收入	总计
对公批发业务	211	109	320
零售业务	186	130	316
其他	(10)	(13)	(23)
总计	387	226	613

注：表中"（　）"号表示负数。

资料来源：根据汇丰银行 2003 年年报提供的数据整理。

一　典型银行盈利结构调整路径分析

（一）富国银行

富国银行将其自身定义为基于社区的银行，在社区银行业务、批发银行业务以及财富管理业务三大业务中，2013 年增长最快的业务是财富管理业务，增长率达到 28.92%；其次是社区银行业务，增长率为 21.35%，批发银行业务增长率仅为 4.62%。但是由于财富管理业务规模远低于其他两大业务，因此社区银行业务是富国银行最具竞争力的业务（见表 5－3）。

表 5－3　富国银行主要业务的资产规模与盈利能力比较

单位：亿美元，%

	社区银行业务		批发银行业务		财富管理业务		其他业务	
年份	2012	2013	2012	2013	2012	2013	2012	2013
平均资产	761.1	835.4	481.7	502.3	164.4	180.9	－65.8	－70.3
净利润	104.92	127.32	77.74	81.33	13.28	17.12	－697	－699
净利润增长率	—	21.35	—	4.62	—	28.92	—	—

资料来源：富国银行 2013 年四季度季报。

进一步分析社区银行业务构成，我们发现按揭贷款占比较大。富国银行在 2013 年主动降低次级抵押贷款（sub－prime mortgage）数量，增加优质抵押贷款份额（prime mortgage），这种贷款业务结构调整大幅减少了信贷损失准备金，相应增加了利润。

为了保持一定的净息差，降低资金成本是一个重要途径。从表 5－4 中看到 2013 年除了长期负债成本较 2012 年增长两个基点外，其他都较 2012 年的资金成本低。

表 5－4　　2013 年富国银行各项资金来源的规模与成本

负债业务	规模（亿美元）		增长率（%）	利率（%）		变动基点（点）
	2012 年	2013 年		2012 年	2013 年	
市场利率账户	305.64	355.7	16.38	0.06	0.06	0
其他储蓄	5053.1	5503.94	8.92	0.12	0.08	－4
其他定期存款	133.63	280.9	110.21	1.68	0.69	－99
长期负债成本	100.32	124.71	24.31	2.44	2.46	2

资料来源：富国银行 2013 年四季度季报。

（二）纽约银行

鉴于传统存贷业务增长缓慢，纽约银行将证券管理与信托服务等收费业务作为重点发展战略。1997 年出售信用卡业务；2000 年开始减少公司信贷业务，到 2013 年减少比例超过 50%，结果是利息收入所占比重大幅减少，而以特色业务与其他收费业务为主的非利息收入占比达到 70% 以上，远高于同业平均水平。

2003 年，花旗集团非利息收入占比超过 50%，富国银行也达到 44%。亚洲金融危机后，中国香港地区为了减少对贷款利息收入的依赖，开始拓展财富管理与收费类业务，其非利息收入占总收入比重达到 30%。

虽然利息收入占比减少，但仍然是银行重要收入来源之一。尤其对地方金融机构而言，存贷款业务反而更重要。通常对公贷款与经济增长相关度较大，而零售业务则相反，在经济下行期，零售业务就可较好地抵御银行收入下降的风险。

二　盈利结构调整的经验与启示

（1）银行存贷差先缩小后稳定。在利率市场化初期，银行在掌握自主定价权后，为了吸引更多存款，保证资金来源充足，通常会提高存款利率；同时为了找到优质客户与项目，一般主动降低贷款利率，结果是存贷差较管制期有减小的理论性。根据 Fed 的数据，1981 年美国银行业的平均存贷差从 1981 年的 6.35% 下降到 1990 年的 5.24%。在利率自由化完成后，随着银行资产负债管理水平的提高，依靠传统的利率价格竞争手段已经不再是唯一的法宝，一些银行从技术创新与服务层面进行了客户维护与市场份额竞争，银行存贷差趋于稳定，一般日韩等国利差变化幅度为 50 个基点左右（见图 5-1）。

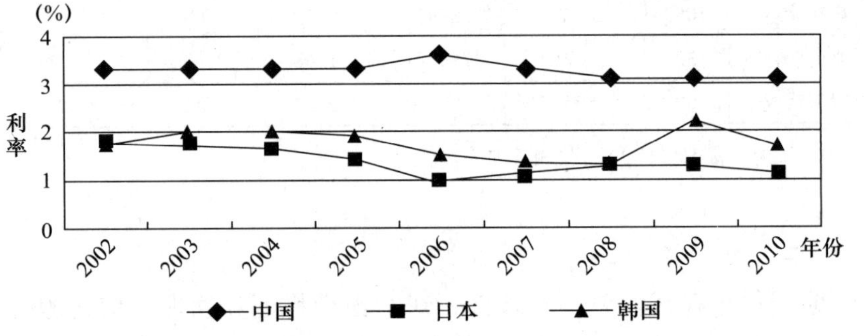

图 5-1　中日韩利差变化情况

资料来源：世界银行数据库。

（2）在银行传统利润率逐渐降低过程中，银行以表外业务的非利息收入增长来减缓利润下滑趋势，此时银行也从单一的融资中介向服务中介角色转型。

（3）通过产品与服务创新以及改进业务流程，实现差异化竞争与提升风险定价能力。

（4）对大银行来说，社区银行业务一直都是其重要战略业务。根据 2013 年英国《银行家》杂志千家大银行（以一级资本为标准）排序，排名第二的摩根大通银行业务分为零售业务与批发业务两大类，其中零售业务具体包括消费者与社区银行（含大通财富管理子板块），ROE 为 23%；批发银行业务包括公司与投资银行、商业银行、资产管理（含私人银行与投资管理两个子板块）三个业务板块，ROE 依次为15%、19%、23%。排名第四的美国银行2012—2013年调整为五大主要业务板块：消费者与企业银行、消费者不动产服务、全球财富及投资管理、全球银行、全球市场。排名第三十三的渣打银行2013年划分为两大业务板块：消费者银行与批发银行，其中消费者银行板块下包括个人银行、私人银行与中小微企业条线。

三　中国商业银行盈利结构调整思路

1. 中国利率市场化发展过程

1996年中国正式启动利率市场化改革，其改革的整体思路是先外币、后本币；先贷款、后存款；先长期、大额，后短期、小额。目前，利率自由化有三个成果：一是在信用债市场已经完全放开，信用债的定价完全市场化。2005年与2008年央行先后重启短期融资券与中期票据的发行，同时企业债市场与公司债市场发展步伐加快，信用债一级市场定价自由化已经倒逼银行的贷款定价市场化。二是人民币贷款利率已经市场化。2013年7月19日央行放开商业银行贷款利率管制。① 三是金融市场基准利率体系基本形成。以SHIBOR、央票利率与国债收益率曲线为主体的利率基准体系为银行存贷款利率提供了定价依据。四是存款利率上限管制开始松动。②

2. 盈利结构特征

利率自由化对中国商业银行的影响主要表现是利差收窄。根据国际经验，利率市场化后，韩国与日本存贷款利差基本在1%—2%之

---

① 2013年7月19日，中国人民银行宣布，自7月20日起全面放开金融机构贷款利率管制，一是取消金融机构贷款利率0.7倍的下限，由金融机构根据商业原则自主确定贷款利率水平；二是取消票据贴现利率管制，改变贴现利率在再贴现利率基础上加点确定的方式，由金融机构自主确定；三是对农村信用社贷款利率不再设立上限。这标志着我国利率市场化向前推进了重要一步。

② 自2012年6月起，中国人民银行首次双向调整存、贷款利率的浮动空间。其中，存款利率浮动区间的上限为基准利率的1.1倍，即可上浮10%。2014年3月1日，央行放开上海自贸区小额外币存款利率上限。11月21日，在调整人民币贷款和存款基准利率水平的同时，央行又推出利率市场化的重要举措，将人民币存款利率浮动区间上限由基准利率的1.1倍扩大至1.2倍。同时还简化了存贷款基准利率的期限档次，扩大了利率市场化定价的空间。自2015年10月24日起，对商业银行和农村合作金融机构等不再设置存款利率浮动上限。

间，而中国商业银行利差仍然大于3%以上水平，这要求中国银行业必须改变依赖存贷款利差收入为主的盈利模式。

根据银监会2014年的数据显示，商业银行的利润仍然以信贷产品的利息收入为主，其占总收入比重超过80%，而中小银行利息收入占比甚至超过90%，而不足20%的中间业务收入占比远远低于发达国家银行50%的平均水平。如果进一步分析中间收入的构成，可以发现银行中间业务创新力普遍不足，产品简单且与信贷关联度较大。我们以中间收入占比较高的某股份制商业银行为例，2013年中间业务收入为328亿元，仅占总收入的28%，与国际银行50%左右的中间收入占比存在较大差距，且其银行卡手续费与顾问咨询费合计占比达到60%，如果再剔除贷款利息转化为财务咨询费，那么真实的中间业务收入占总收入的比例还不到10%。因此在利率自由化后，商业银行在“高存款成本、低贷款收益”的竞争环境下，存贷利差空间压缩，但是手续费与顾问费等表外业务收入占比较高的银行将受到较小影响。存贷利差盈利模式容易受到利率政策调整的影响。因为中国的银行存款根据固定期限利率计息，但是大多数贷款却按照年调整利率分段计息，从而形成了固定利率存款与浮动利率贷款匹配效应，这就产生利率敏感性正缺口，结果是当利率上升时，贷款利息增长幅度将大于存款利息成本上升幅度，扩大了利差收益空间；但是一旦利率向下调整，利差收益空间将减小。

3. 盈利结构的方向与路径

息差空间减小倒逼商业银行对传统存贷业务升级，具体包括四个方面：一是以技术为手段，优化现有信贷系统，大力发展电子银行，通过集约化管理降低资金筹集成本、提高贷款的综合收益率，通过合理优化存贷期限错配来稳定利息收入；加强基于账户服务与资本市场的支付结算体系建设以及理财产品研发与营销水平，进一步增加中间业务收入。二是以服务为理念，通过建立能与市场价格同步变化的转移定价提价体系合理配置行内资金资源，制定具有动态与弹性的利率定价模式来保持利息收入。三是以创新为突破，加强负债方与资产方新产品、新业务的开发，在满足监管政策要求的前提下注重新型信贷产品的发展，提高与大企业的议价能力。四是以管理为先导，首先要建立起按条线、产品、客户的资金成本细分与核算体系，加强资金管理的精细化水平。其次要建立起利率预测研究团队，根据宏观经济走势制定利率调整政策，提高资产负债管理的前瞻性与准确性。通过主动负债额度增减数量与资产调整，形成相应的利率敏感性资产负债正负缺口。最后要强化成本管理，除了付息费用与风险溢价外，管理费用也是银行资金成本的重要组成部分，需要重点监控。

第二节 多元化经营下的盈利模式

在利率管制下，银行开始转向多元化经营，具体包括跨区域经营与混业经营两方面内容，其中混业经营有广义与狭义两种含义。广义的混业经营就是银行业务与非银行业务的相互渗透与交叉经营；而狭义的混业经营是指银行传统信贷业务与同业业务、发行次级债（subordinated bonds）与理财产品等非信贷业务的融合。通过这种多元化经营战略有效改善银行的经营绩效，提高盈利水平。

一 混业经营下的盈利模式

银行多元化经营是指银行在原主导产业——存贷汇以外的业务领域从事经营活动，其基本特征是在权衡银行能力、风险与收益基础上，寻求银行能力与市场机会的最优组合。理论上，多元化经营的优势表现在交叉销售、协同效应以及满足客户个性化金融服务需求；在实践中多元化经营有利于后台节约、杠杆放大与监管套利。多元化经营可使银行利用积累的丰厚利润及自身的优势资源进入证券、保险、基金等新领域，形成多个利润增长点。分业经营与混业经营只是银行在特定的现实市场环境中的一种选择与一种状态，其本身并无好坏之分。根据默顿（Merton）的功能论，金融体系的六大基本功能相对稳定（清算与支付功能、融通资金与股权细分功能、为在时空上实现经济资源转移提供渠道、风险管理功能、信息提供功能、解决激励问题），但是为完成这些功能的金融机构的形式却在不断发生变化，以便最优配置资源与适应竞争的需要。

根据马科维茨的资产组合理论，可知银行混业经营实现资产多元化组合，可有效降低经营风险。而实行单一业务的银行则会受到经济波动较大影响。这一点已为巴布科克与加林多（Bebczuk and Galindo，2008）对阿根廷商业银行以及罗西（Rossi，2009）对奥地利银行研究结果所证实。但是混业经营规模达到一定界限后，将产生严重的代理问题。例如银行内部监管不到位导致资产组合质量下降，出现了范围不经济问题，一旦委托—代理产生的成本大于组合收益，银行价值将下降（Laeven and Levine，2007），因此银行混业经营业务存在边界。从银行资金来源角度分析，黄和偌诺维茨基（Huang and Ratnovski，2011）的研究结果证实批发融资业务（Wholesale Funding）增加了以交易型信贷为主的银行经营风险，而改善了以关系型信贷为主的传统商业银行经营业绩。从信贷投放角度来看，罗西（Rossi，2009）证实贷款多元化可降低银行风险，提高经营效率。

美国、日本与英国银行业的发展经历了从工业化进程中自然的混业经营到严格的分业经营再到新环境下的混业经营的三个阶段。我们以美国为例进行详细阐述。首先，第二次工业革命的爆发刺激了铁路与汽车业的发展，这些行业对资金需求量极大，而银行所秉承的“真实票据论”思想影响到银行资金在这些行业进入与支持，同时后来的证券业飞速发展吸引了大量储蓄资金，银行的资金来源与应用受到了来自这两方面的压力，于是银行为了抵消传统存贷业务收入的下滑，增加了证券等业务经营范围。其次，1929 年美国爆发的经济危机造成 9000 多家银行倒闭，国会经过调查发现银行与证券的混业经营是银行破产的主要原因，因此国会出台法律强制实行分业经营、分业监管。正是这种制度安排，使银行加强了本领域的专业化技术创新力量，成为具有相对优势的银行业霸主。从微观经济学的角度来说，银行利润的增加主要有两个渠道：一是实行规模经济降低成本；二是技术不断创新，成为业界的引领者。因此银行在本领域的纵向深入发展是这个时期美国银行业的主要特征。最后，长期严厉的银行监管制约了银行传统信贷业务的发展，这与证券业在 20 世纪 70 年代的蓬勃发展景象形成了鲜明对比。1990 年，美国联邦储备委员会允许 J. P. 摩根商业银行包销股票标志着银行从分业经营开始回到交叉经营之路。2008 年的次贷危机导致美国前五大传统投资银行消失，再次验证混业经营是金融自由化环境下的必然选择。

银行混业经营增加了金融市场交易主体的数量，同时推动了资金在金融市场的低成本畅通流动，这实际有助于金融市场交易的深化与反映资本的内在价格，而这才是利率市场化的本质，有别于存贷款利率的表面调整现象。另外，混业经营有利于银行社区化战略的实施。"客户为中心"的经营理念促使银行为社区客户提供至少两种以上的金融产品或服务，减少客户在各种金融机构的比较、选择与甄别成本。

非利息收入与银行开展混业经营密不可分。从美国历史经验来看，允许商业银行混业经营的《麦克法登法案》（1927）、严格禁止银行从事证券业务的《格拉斯—斯蒂格尔法案》（1933）以及确定银行多元化经营的《金融现代化法案》（1999）使银行业务经营经历了从自由到管制再到自由的过程，这构成了美国银行收入结构调整的主要原因，造成非利息收入占总收入比例出现了"U"形变化趋势，从 1980 年自由化到现在，比例从 20% 迅速增长到 40% 以上。根据王志敏（2010）对几家国际大银行的分析，在剔除证券、保险等非传统银行信贷业务后，2006—2008 年全部非利息收入平均占比为 43.4%，进一步将银行经营牌照与资格等因素排除后，非利息收入占比平均值为 28%。[①] 美国商业银行依靠发达的资本市场与混业经营的优势，银行的资金来源不再只是存款，还包括债券或票据融资，同时贷款资产也不再一直持有到期，而是借助资产证券化出售，增加流动性，这既增加了净息差水平，又在传统中间业务基础上拓展了非利息收入渠道。相比之下，中国银行业的分业经营与欠发达资本市场造成银行利息收入主要来源于非市场利率政策以及传统的中间业务。

---

① 王志敏：《中国商业银行与国际大型银行盈利能力比较分析》，《中国金融》2010 年第 21 期。

从非利息收入结构上看，美国等发达国家商业银行非利息收入来源多元化。美国联邦存款保险公司（FDIC）将非利息收入主要分成四类：信托业务收入、存款账户服务收入、交易账户损益、附加非利息收入。尤其是附加非利息收入包括了投资银行收入、资产证券化净收入、保险业务收入等高层次的非利息收入业务领域。中国商业银行非利息收入主要由手续费与汇兑收益、投资收益与未列入上述两项核算的其他非利息业务收入组成。其中，非利息收入中手续费与汇兑收益所占比例超过一半，因此中国商业银行非利息收入还停留在较低层次的业务领域。

同美国一样，中国银行业经历了从混业到分业再到混业经营的历史阶段。改革开放后，银行可以经营信托与证券业务，但是1992年房地产与证券的过度繁荣导致银行资金通过同业拆借进入这些市场，带来价格虚高，金融秩序混乱。1995年《商业银行法》的正式颁布明确了银行分业经营的模式。由于货币市场与资本市场的人为割裂导致资金无法自然流动，产品单一、创新动力不足。于是在2001年加入世界贸易组织之际以及《金融服务贸易协议》对中国金融服务市场开放提出的要求，中国加速了混业经营的进程。与美日英等国类似，中国政府也采取了鼓励大中型银行向混业经营的方向发展。工、农、中、建、交五大国有大型银行是最早实行混业经营的银行。它们尝试走综合化道路的原因是业务多元化与综合化经营将非系统风险进行了充分分散，以抵御经济增长周期风险，既可稳定银行又可使金融市场更加稳定。中国银行业实行混业经营的标志是央行、银监会、证监会于2005年2月20日联合发布的《商业银行设立基金管理公司试点管理办法》，该法明确指出银行可以控股或参股设立基金管理公司来发起货币型、债券型或股票型基金并可适度交叉。2007年5月10日，银监会发布《关于调整商业银行代客境外理财业务境外投资范围的通知》，准许具有相应实力的银行等境内机构投资者（Qualified Domestic Institutional Investor，QDII）投资境外股票限制。2008年1月9日，央行、银监会、证监会又联合发文允许合格的银行从事境内黄金期货业务。股权投资是混业经营的“最后一公里”。从现实来看，平安集团、中信集团等银行以集团的方式实现了混业经营。2009年9月8日，交行入股中保康联人寿保险有限公司标志着银行开始涉水保险业务。根据银监会“一控一参”规定，商业银行已经开始建立或控股基金公司、证券公司。金融控股集团有利于“混业类”中间业务产品的推出。例如在总行层面成立投资银行部门，参与企业上市、证券承销、债券担保等资本市场业务；利用本行的信息资源，开展证券评级、项目评估、信用评级以及有关信息咨询业务；大力发展代客理财业务，针对不同风险偏好的客户提供不同的理财产品；充分利用银行网点多、信用高的优势，加强与证券、保险、基金、信托等非银行性机构开展跨行业的业务合作。

在金融市场不断深化过程中，中小银行形成了多元化经营与固守传统信贷业务两种战略模式。从美国发展的经验来看，成立于1929年的美国第一银行在20世纪80年代采取了兼并重组战略，将业务触角伸到其他州，并在21世纪通过并购将业务扩展至保险、基金领域，资产规模曾经达到2900亿美元；而资产规模小于10亿美元的众多社区银行选择建立与巩固当地客户关系，提供独一无二的特色信贷服务，扩大利息收入在总收入中的比重。

二　跨区经营与银行效率提升

美国商业银行的自由发展始于1837年密歇根州通过的《自由银行法案》，由于10万美元的资本金注册门槛较低，这促使美国各州大量银行成立以及准许在其他州成立银行，结果是银行业盲目发展导致大量破产，于是为了减少新设分支机构对银行业带来过度竞争，美国国会在1863年颁布了《联邦银行法》管理银行业的发展，并明确规定联邦与州银行禁止设置新分支机构。20世纪70年代以来，美国商业银行为了生存，开始逐步放松跨州经营管制，一些州政府开始准许银行控股公司（BHC）的附属银行变更为分支机构。到了80年代，一些州的银行试图通过控股公司的形式绕过《麦克法登法案》，但国会还是利用《1956年银行控股公司法》阻止了这些尝试。于是一些州以“互惠”的方式准许对方的银行控股公司在本州内经营业务。一直到1992年，除夏威夷州以外的其他州都采取了这种互惠法案。在这些跨州经营的现实下，1994 年，美国通过了《里格—尼尔法》，从法律层面宣布解除商业银行跨州经营的管制。

从美国解除商业银行经营区域限制措施的发展历程，我们发现经济效率的提升与风险控制的作用机制决定了跨区经营趋势不可逆转。从微观经济学的市场竞争理论可知，跨区经营有利于银行之间的充分竞争，提高信贷资源配置效率（见图 5－2、图 5－3），提高银行的经济效率。

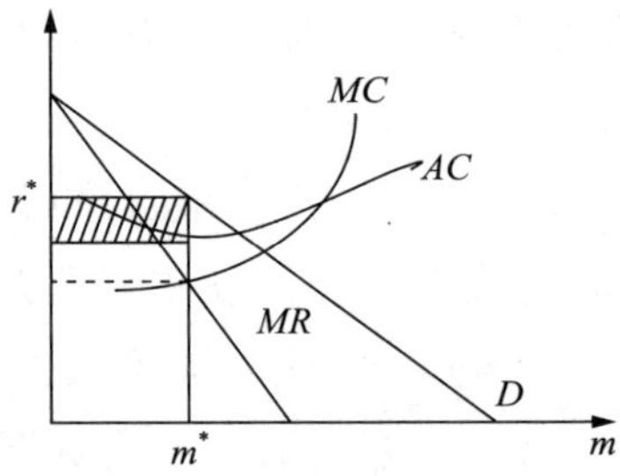

图 5－2　垄断银行经营效率

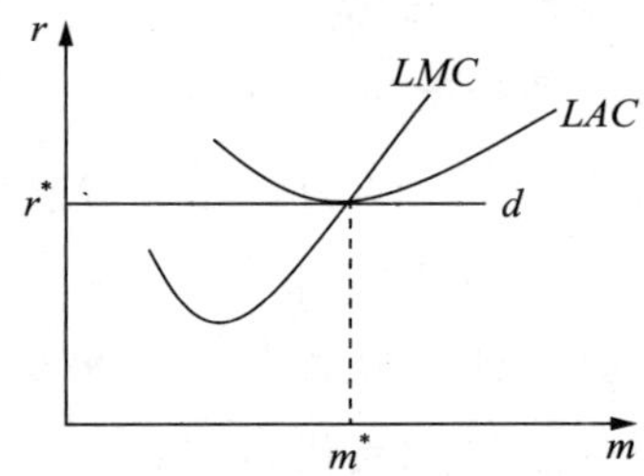

图 5－3　跨区经营下银行经营效率

假设在某地区只有一家银行经营，所以该银行就是该地区信贷市场独家垄断者，市场需求曲线就是该银行面临的需求曲线 D；边际收益曲线是 MR；边际成本曲线是 MC；平均成本曲线是 AC。该银行获得利润最大化的条件是：$MR=MC$，所获得的利润是图 5－2 中阴影面积。用公式表示如下：

$$\pi(d,\ l) = r_1 l + rh - r_d d - c(d,\ l)$$

其中，π表示银行利润，l 与 d 表示存款与贷款数量，r_1 与 r_d 则代表存款与贷款利率，c 表示银行管理成本，h 表示银行在同业市场上的净头寸，$h=(1-\alpha)\ d-1$，r 表示银行同业市场利率。我们可以通过一阶微分得到银行利润最大化行为：

$$\frac{d\pi}{dl} = r_1 - r - \frac{dc}{dl} = 0$$

$$\frac{d\pi}{dd} = r(1-\alpha) - r_d - \frac{dc}{dd} = 0$$

上式实际就是前文所述银行的利润等于净利差收入与管理成本的差值。因此我们简化计算 MR，即：

$$MC = MR(m) = \frac{d[p(q)q]}{dq} = p(q)\left[1 - \frac{1}{|\varepsilon|}\right]$$

$|\varepsilon|$ 表示贷款需求的利率弹性。

在该垄断银行以边际收益等于边际成本决定贷款数量 m^* 时，贷款需求者愿意支付的最高价格为 r^*，而从上式可知 r^* 大于边际贷款成本，所以银行可获得垄断贷款利润为（r^*-AC）m^*。从图 5－2 中可知当贷款的边际成本提高时，其与边际收益曲线的交点向左上方移动，结果是均衡贷款数量更小而贷款价格更高。显然在垄断模式下，贷款资源并未达到最大化配置。而在完全竞争市场情况下，该地区的每一家银行提供的贷款数量既是短期平均成本曲线的最低点，也是长期平均成本曲线的最低点。换句话说，在当时既定的技术条件下，每一个银行都具有最高的经济效率，都在长期成本最小点处提供贷款。从贷款价格来说，利率价格已经达到最低，因此贷款需求者的成本也最小。对于银行而言，低效率银行在激烈竞争冲击下，市场份额逐渐下降甚至退出市场，竞争再配置效应将资源转移到能够产生更高效率的银行，银行业的整体绩效显著提升。在长期均衡状态下，贷款价格等于长期边际成本，这对于社会而言，资金资源在全部项目得到了最优配置。

除了竞争效应外，跨区经营还具有显著的规模经济效应，这一点已为理论与实证所证实。现代银行业提供的金融服务大多属于同质化服务，而且拥有许多分支机构，是规模经济非常典型的行业之一。通常来讲，银行规模越大就越有可能获得客户的认可与信任，市场占有率就越高；遍布的分支机构保证了业务覆盖面广，产品与服务的平均成本被摊薄，规模效益就越明显。因此，规模变量决定了银行的效率高低。商业银行的规模扩大将产生明显的专业化分工与协作效率，其原因是金融产品可大量复制产生规模经济优势以及可将成熟的银行管理模式应用于新开设的分支机构。另外，管理层对经营活动改进形成了生产、人力、财务、营销等各种协同效应，使合并银行的效率大于各家银行效率简单相加之和，最终产生“1 + 1 > 2”的效应，从而体现为银行整体效率的提升。赛英与爱尔塞尼（Saiying and Elyasiani，2008）发现，美国跨州经营有效增加了低成本的商业银行存款的资金来源与新的投资机会，同时银行存款与贷款地域多元化可以降低流动性风险以及贷款组合的信用风险。虽然规模经济增加了银行的收益，但是也要注意到随着物理地理区域的扩大，信息传递成本也在增加，中小银行信息不对称产生的不良影响凸显，例如总行对分支机构的监督管理随着距离的增加而难度加大，同时苏利文（Sullivan，2007）发现总行对这些分支机构风险核实的成本也在增加。综合以上跨区经营带来的正向与负向作用分析，规模经济效应发挥有其界限范围。因此对处于规模报酬递增阶段的中小银行，管制放松使这些中小银行可以继续扩大规模，最终在最优规模上经营。因此商业银行在跨区经营追求规模经济效果时，应根据自身的情况选择扩张方式与管理机制来降低交易成本与控制风险，从而实现利润最大化。

改革开放后，五大国有商业银行以及股份制银行均采取了跨区域经营。1997 年的《城市合作银行管理规定》中提出“城市合作银行在一个城市只能设立一家，可以根据业务发展需要在所在城市市区内设立分支机构”，严格限制了城商行本地化的经营物理空间。为了扩大城商行经营规模、提高竞争力，2004 年银监会对中等水平以上的城商行放松了区域经营管制，并在 2006 年先后出台了《中资商业银行行政许可事项实施办法》与《城市商业银行异地分支机构管理办法》。这期间，哈尔滨城市商业银行开始了中小银行跨区经营破冰之旅，它通过收购双鸭山城市信用合作社后建立了第一家异地分行。紧随其后，安徽省内的6家城市商业银行与7家城市信用社以合并重组的方式建立徽商银行实现本省地理区域的经营。而以上海银行成立宁波分行为标志，城商行大规模跨区域经营的大幕正式开启。2007年银监会又发布了《关于允许股份制商业银行在县域设立分支机构有关事项的通知》，同时在2009年发布《关于中小商业银行分支机构市场准入政策的调整意见（试行）》，进一步鼓励城商行跨区设置分支机构并简化审批流程。简单来看，中国城商行跨区经营有两种模式：一是以北京银行为代表直接在异地设立分支机构；二是以徽商银行、吉林银行为代表的吸收合并。在扩大业务的同时发生了齐鲁银行票据诈骗、汉口银行假担保与多家银行骗贷事件，严重威胁到局部地区金融的稳定。2011年，时任国务院副总理的王岐山在“两会”期间批评了小银行一味强调做大规模、向大银行发展的战略，随后银监会于2011年3月决定暂缓审批城商行的跨区域扩张申请并大幅提高准入门槛。范香梅等学者（2011）通过对中国五家大银行与九家股份制银行研究，证实“跨区域发展有助于大银行提高效率与降低风险，但不利于中小银行效率提高与风险降低。因此，大银行适度跨区域发展可获得理论上所谓的规模经济、范围经济、风险分散化等好处；中小银行却不宜盲目跨区域扩张，应把一定区域内从事关系型银行业务作为长期经营战略”。

美国与中国银行跨区经营的历程说明了跨区域经营是一个管制—放松—再管制—再放松的动态博弈过程，但是取消地理经营区域的管制是大势所趋。美国银行跨州经营后利润效率改善明显优于成本效率，中国银行业在跨区经营过程中注重兼顾利润效率与成本效率，防止一方的提升被另一方的消极作用抵消，因此要特别注意跨区经营的利润与成本的相对平衡。例如以丰富金融产品、提高管理效率等手段来实现。虽然美国在放松经营区域管制导致中小银行市场份额下降，但是中国大银行对中小银行的兼并几乎没有，结果是地域放开管制后中小银行市场份额显著增加，城商行资产、负债的市场份额均从2006年的5.9%上升到2014年的12%左右。但是也要看到，中小银行市场份额增加的业务模式基础仍然与大银行发展战略与业务模式相类似，尤其是地方政府在城商行的控股地位，加重了中小银行与政府之间的“关系型”贷款而非真正意义上的与中小微企业建立“关系型”业务关系，这使得它们在与大银行或者股份制银行争夺基础设施项目或大公司项目时具有一定优势。但是当中小银行在跨区经营时也意味着失去了赖以生存的地方政府保护力量以及人脉、地缘优势。叶宇、陈晞（2011）运用数据包络分析方法评价了25家中小银行经营效率，指出：“中小银行的跨区域经营并没有表现出规模经济，盲目增多分支机构容易造成机构冗余，因管理不善而降低经营绩效，虽然跨区域经营在短期内通过增多贷款带来了账面收入的增多，但是从长期来看，不良贷款率过高势必降低银行整体的经营绩效”。这就需要其坚持社区金融服务战略发展模式，真正定位于“服务地方经济，服务中小微企业，服务城市居民”。①

第三节　金融脱媒与零售业务战略

金融脱媒（financial disintermediation），狭义地讲，是指由于定期存款利率上限管制，在商业银行可支付的存款利率水平低于货币市场利率水平时，商业银行的存款资金为了逐利而流向货币市场工具的现象，这属于银行负债的脱媒；广义地讲，是指资金供求双方不与以银行为代表的金融中介发生债权债务关系而直接进行资金融通现象，这属于银行资产与负债同时脱媒。难道这意味着银行等金融中介退出了历史舞台吗？金融中介理论对此进行了否定，它们提出金融中介与金融市场之间动态螺旋竞争的关系论。因此，金融脱媒仅仅表示银行的传统信用中介功能在逐渐弱化，而出于生存需要，一些银行开始开发新的中介功能重构竞争优势。鲍威尔（Powell，1998）发现金融脱媒

① 叶宇、陈晞：《2007—2009年中小银行跨区域经营效率与影响因素分析》，《金融理论与实践》2011年第7期。

挑战了商业银行的传统经营模式，银行必须改变过于依靠信贷业务模式，开展新业务应对金融脱媒。萨佛（Saffo，1998）认为金融脱媒存在校正效应，即银行通过不断创新产品与服务来增强盈利能力。曹啸（2006）对此进行了认可：脱媒的校正效应将有利于银行深入挖掘自身潜能来进行产品创新，拓宽利润增长途径。胡红业（2011）实证分析了金融脱媒对银行存款来源结构与存款期限结构的影响，结果是金融脱媒造成银行储蓄存款占全部存款比例减少，同时定期存款比例也减少。邱兆祥与粟勤（2011）认为中国的金融脱媒主要表现为，中小微企业从银行获得相对较少的信贷资金，国有企业获得较多的资金资源。这种状况在资金面偏紧时表现尤为突出，其结果是信贷结构偏置削弱银行抵御风险能力。

一 发达国家金融脱媒成因与银行经营转型

（一）发达国家金融脱媒历程

20 世纪 60 年代，美国国内物价水平居高不下，但是利率管制导致商业银行无法通过提高利率吸引存款，于是存款逐渐流向其他获益率更高的理财产品及资本市场，进而分流银行信贷资产。从资产方脱媒来看，许多大型优质企业开始通过较低成本的股票、债券、商业票据以及资产证券化等工具进行直接融资，同时纳斯达克等创业板市场又为有巨大潜力的中小微企业提供了直接募集资本的渠道，直接融资开始挑战了银行贷款的主导地位。从负债方脱媒来看，利率管制、非存款性金融机构同业竞争以及货币市场创新工具等因素导致银行存款的大量流失。20 世纪 80 年代到 90 年代初，美国商业银行在金融脱媒的影响下，以及金融自由化推动下，得到飞速发展，银行体系在整个金融体系的作用相对下降。盈利能力恶化，破产银行的数量急剧增加。为了应对银行脱媒危机，商业银行开始金融创新，表外业务得到重视，并且通过扩展海外分行逃避区域管制，这实际促成了商业银行的战略与业务转型。面对金融自由化的挑战，美洲银行实施了“金融中心”战略，将家庭客户转变为经纪客户，为客户提供多样化金融服务，拓展盈利空间。在战略转型过程中，美洲银行紧紧抓住零售业务核心，以为中小客户、零售客户服务为原则，全方位挖掘客户需求，提供个性化的服务，例如客户购买证券像买钱包一样方便。对于客户资源的管理，采取分层与差异化定位模式。在日本战后经济高速发展的30年里，由于利率管制与分业经营的政策导致银行业也遭遇到了存款流失、投资受限的困境。虽然从1977年到1984年，日本进行了利率自由化改革，但是在大企业依然偏好资本市场融资的情况下，银行不得不将目光停留于中小微企业与个人，并通过设立非信用中介方式为其融资，这加速了资产方金融脱媒并威胁到银行传统的盈利模式。在香港，香港汇丰银行将客户群体分为五大类：个人理财业务、公司业务、投资银行业务、私人银行业务与其他业务。针对收入变量，个人理财业务又分为低收入、中高收入与高收入三个群体，并对这些不同群体提供了从基本存贷汇到信用卡、证券、保险、基金再到私人金融服务定制等业务，并采取了捆绑式营销、交叉式营销等销售策略，满足客户需求的同时，也增加了非利息收入。为了保证核心竞争力与突出竞争优势，核心资源用于创新性强、特色比较鲜明的业务设计与开发，而对技术含量低的普通业务则采取服务外包模式。

（二）利率自由化与金融脱媒的关系

一方面，随着利率自由化的深入推进，金融脱媒速度在加快，这主要表现在存款增长需求与贷款动力不足两个方面。利率自由化导致银行存款成本与效益观念发生了重大变化，其存款定价体系需要重构，这限制了银行不计代价拉存款的冲动；利率自由化将改变银行以批发性利差收入为主的盈利模式，取而代之的是零售业务收入与非利差收入的贡献度大幅增加，业绩优良的大公司通过股票或债券市场直接融资造成银行对大企业的资金供给动力弱化。另一方面，美日等国经验表明，金融脱媒是利率自由化的催化剂。利率自由化的快速完成很大程度上受到了社会直接融资需求上升的压力。20世纪七八十年代，发达国家社会融资渠道相继开放，实体经济融资成本大大降低，市场利率下行趋势改变了银行贷款在企业融资比重较大的局面。由于利率管制造成传统银行业务息差空间收窄，负债管理越发困难，于是解除利率管制实行利率自由化成为银行业生存的必由之路。

二　中国银行业面临金融脱媒挑战与应对之策

金融脱媒是市场经济发展到一定阶段的必然现象。同发达国家一样，中国金融脱媒的直接动力也是来自政府。在银行成为资金的主要提供者的同时，银行自身也积累了大量风险。如何转移与分散这些风险呢？政府采取了金融非中介化方式。2005 年由政府主导的股权分置改革，标志着影响中国股票市场发展的深层次制度障碍正在破产。2009 年，证监会又发布了《创业板上市管理暂行办法》，强化了股市的融资功能。2009 年以前，虽然中国股票、债券、保险吸引了企业与居民的一部分资金，但是银行存贷款仍然是投融资的主要中介。次贷危机后，尤其是 2011 年理财业务爆发式增长，成为银行应对资产方金融脱媒的主要手段。负债方的金融脱媒主要通过表外融资方式弥补，银行通过表外业务，例如委托贷款、信托贷款与银行承兑汇票等提供融资量超过 20%，再加上银行直接贷款占社会融资总量约 50% 比例，银行融资总量占社会融资总量已达 70% 以上。从盈利结构来看，2009—2012 年，银行净利润总额连续四年保持增长，2012 年达到 1.24 万亿元，然而在金融脱媒与利率自由化的作用下，2013 年资产收益率与净资产收益率分别为 1.27%、19.17%，比 2012 年均有所减少；2013 年净利润较 2012 年仅增长 0.18 万亿元，增速较 2012 年下降 3 个百分点，其中净息差为 2.68%，比 2012 年减少 0.07 个百分点，是净利润下降的主要原因。但是我们看到非利息收入占比在次贷危机以来一直保持高速增长，2013 年占比达到 21.15%（见表 5－5）。其原因之一是银行存贷比逐年增长，上市银行存贷比接近 75% 的监管红线，在贷款规模与存贷比的双重压力下，大力发展中间业务是保持利润增长的重要选择之一。但需要注意的是，银行对中间业务的粉饰效果。众所周知，当前衡量银行转型结果的一个重要指标是中间业务收入。因此银行为了提高这部分收入占比，采取信贷业务配比一定比例的理财产品、基金、保险等负债类产品，获得“财务顾问费”“资金保管费”等相应收入。由于信贷资源稀缺，银行对超过基准贷款利率的部分采取顾问费用、服务费用等方式转移到中间业务收入中，显然这种中间业务发展方式难以为继。

表 5－5　　中国商业银行盈利情况　　单位:%

年份	2010	2011	2012	2013
非利息收入占比	17.35	19.3	19.83	21.15
净息差	2.5	2.7	2.75	2.68
存贷比	64.5	64.9	65.31	66.08
资产收益率	1.1	1.3	1.28	1.27
净资产收益率	19.2	20.4	19.85	19.17

资料来源：中国银监会网站。

中国商业银行应对金融脱媒的基本路径是从传统的存贷款业务转向与金融市场有关的业务（见图 5－4）。从负债方来说，其产品涉及银行理财、资产管理计划、同业资产、买入返售、票据产品等。理财业务将是银行应对金融脱媒的主要策略。理财业务可以缓解银行资本压力，并能提高真正意义上的中间收入。在中国银行业资产规模扩张时期，资本短缺已成为发展桎梏，尤其是贷款业务模式需要消耗大量资本。在满足监管要求的前提下，开发设计理财新型产品、进行财富管理将有效节约资本占用量。银行的中间收入主要来源于结算、信用卡、投资银行与财富管理等。通常国际银行的财富管理收入可占到银行净收入的20%左右，因此理财业务极具潜力。从资产方来讲，主要发展委托贷款、信托贷款、银行承兑汇票、资产证券化等业务。在转型过程中需要与证券公司、基金公司、信托公司等同业密切合作。

在传统信贷业务中，中小微企业与零售业务将是大客户离开的最好替代品。一是这些业务利润增长稳定，受经济周期影响程度相对较低。随着资本市场的迅速发展，大客户直接融资渠道变宽，例如央行、银监会等监管部门陆续推出短期融资券管理办法、金融债券发行管理办法与信贷资产证券化等措施。二是随着银行加强信息搜集与甄别，社区金融战略的实施，中小微企业对银行的贡献度将得到明显提高。为应对金融脱媒与提高竞争力，商业银行拓展中小微企业金融业务已经不再是外部政策的推动力，而是来源于自身发展的内在需求动力。

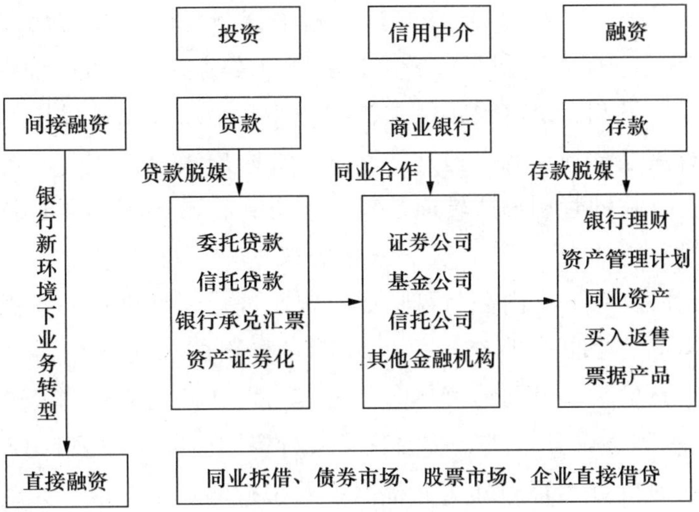

图 5－4　中国商业银行金融脱媒示意

在多家中小银行从批发业务向零售业务转型发展中，效果最佳的属于招商银行，其在零售客户数量与存贷款规模基础上，零售业务利润增长较快，财富管理业务保持领先地位，尤其是它对客户需求与价值的深度挖掘以及对客户有效管理具备了很强的竞争力。另外，民生银行率先提出“民营企业的银行、小微企业的银行、高端客户的银行”战略目标，截至 2013 年年末，民生银行小微客户总数超过 65 万户，居中小银行之首。

第四节　金融自由化背景下中国社区金融盈利模式实证研究

一　引言

盈利能力是衡量银行经营好坏的最重要标志之一。在发达国家相继完成了以利率自由化为核心内容的金融自由化改革后，中国也于 1996 年开启了存贷款利率调整大门，经过 18 年的改革与 20 多次的调整，尤其是2013年7月6日的贷款利率管制全面放开与允许存款利率上浮10%，标志着利率市场化改革迈出关键步伐，可以说中国的利率完全放开只剩下最后也是最重要的一步。金融自由化赋予银行自由定价、自主经营的权利，但是并不意味着政府放弃对银行管制，只是从计划、行政的管制形式转向市场管制方式，其中资本监管就是最主要的手段。1988年，巴塞尔第一版协议——《巴塞尔协议Ⅰ》开始实施，该协议对资本内涵与风险加权资产进行了详细说明，强调了银行应该满足的最低资本充足率；2004年推出的《巴塞尔协议Ⅱ》建立以资本充足率、市场约束与信息披露三大支柱为主要内容的监管体系。《巴塞尔协议Ⅲ》进一步强化了银行资本监管。中国2013年实施的《商业银行资本管理办法》提高了对银行的资本约束。无论是大银行还是小银行，其盈利模式还是遵循传统规模增长模式，利息收入所占营业收入比例约为80%。在上述背景下，研究金融自由化对商业银行盈利模式的转型具有很重要的理论与现实意义。

梅森与本（Mason and Bain，1959）率先构建了完整的市场结构—市场行为—市场绩效（SCP）理论范式，用于分析市场集中度与企业盈利能力之间的关系。谢泼德（Shepherd，1982）在SCP基础上提出了相对市场力量理论，该理论提出企业的市场份额占比较高且拥有特色化、差异化的产品，那它在市场中就有较大话语权，并且将获得更多市场利润。在实证研究方面，斯迈洛克（Smirlock，1985）、惠伦（Whalen，1987）、杰克逊（Jackson，1992）发现银行的业绩取决于市场份额而不是银行集中度。徐忠、沈艳（2009）研究证实，银行资产回报率与市场份额存在显著正向相关关系，而与市场集中度存在负向相关关系。张银仓（2009）针对中国经济发展环境，建议从公司治理、银行监管、金融环境改善与金融业务创新等方面改变目前的盈利模式。李建军、辛本胜（2011）提出为了节约银行资本，必须提高非利息收入在营业收入结构中的比例，建立利息收入与非利息收入均衡发展的现代盈利模式。

从以上文献中，可以证实理论界与实务界，都强调金融自由化背景下银行盈利模式转型的必要性。下面我们在国内外相关文献的基础之上，对中国商业银行盈利模式进行实证分析，以期对解决该问题有所借鉴。

二　实证分析

1. 模型构建

本书主要研究利率自由化对盈利模式的影响，同时兼顾其他相关因素对盈利模式的影响。

2. 变量的选取与分析

影响商业银行盈利的因素有多个，本书着重研究金融管制的放松对盈利的影响程度，因此我们同时将银行自身经营管理与金融自由化宏观因素同时作为解释变量，而将银行资产规模作为控制变量。具体解释如下：

（1）被解释变量。反映商业银行盈利状况的变量有资产收益率（ROA）、净资产收益率（ROE）、经济增加值（EVA）、营业利润。ROE = ROA × 权益乘数。因为权益乘数随着国有股的比重大大降低，且 ROE 只是衡量了股东权益资本的回报率，不能反映出银行其他利益相关者的利益，因此选择 ROA 表示银行盈利能力。

（2）解释变量。金融自由化内容较多，其中利率自由化是核心，我们选取存款、贷款利率（ck、dk）作为代表。营业利润等于营业收入减去营业成本，营业收入主要包括利息净收入（利息收入减去利息支出）、手续费及佣金净收入、投资收益、公允价值变动收益、汇兑收益等；营业支出主要包括营业税金及附加、业务及管理费、资产减值损失。为了反映盈利模式的变化，利用营业收入（ys）与利息净收入（nim）两个指标表示银行中间业务的拓展能力，同时用成本收入比（cost）来表示成本费用控制能力。资本监管变量采用资本充足率（cap），代表银行满足外部监管要求的能力。

（3）控制变量。鉴于银行盈利模式的转变，不仅受宏观金融环境的影响，同时还受银行自身其他因素的影响。借鉴彭南特（Pennathur，2012）的研究思路，选取银行资产规模（a）与贷款不良率（不良贷款余额/总贷款，npl）作为控制变量。

3. 样本选取与数据说明

考虑到样本数据的可得性、连续性与真实性，我们以 33 家商业银行为研究对象，其中包括工农中建交 5 家大型国有商业银行，11 家全国性股份制商业银行与 17 家城市商业银行。考虑到 2009 年为了应对次贷危机，中国政府采取“四万亿”刺激政策与大规模的信贷投放措施，为了保持数据的一致性，我们特别选择 2010 年到 2013 年作为时间区间，面板数据的样本数据总数为 1188 个。数据主要来源于各年中国金融统计年鉴、中国统计年鉴、中国证监会网站、中国债券信息网、中国银监会年报与中国人民银行年度工作报告。

因为时间序列对数化在消除异方差时，不会改变时间序列的性质，所以对 $a_{i,t}$、$ys_{i,t}$与 $nim_{i,t}$取自然对数。因篇幅限制，简略初步处理数据。

4. 实证检验

为了准确分析样本银行差异，我们将在总体样本基础之上，按照资产规模不同分为全国性股份制银行、股份制商业银行与城市商业银行，相应实证分析具有三个方程。首先我们对作为小银行代表的城商行进行实证分析；然后在此基础上引入规模较大且上市的股份制银行，扩大样本规模；以此样本再次实证分析，比较银行规模增加后盈利影响因素的作用效果；最后加入五大国有商业银行，再次进行比较分析，考察解释变量的作用效果。

（1）模型选择。因为样本选择时间长度只有四年，而截面的银行个数最少为 17 家、最多为 33 家，所以固定效应（将个体特性与时期特性看作是未知的确定常数）与随机效应（将个体特性与时期特性看作是随机变量）两种模型的结果将可能存在较大差异。根据学者的研究，如果仅是以样本自身效应为依据进行研究且研究结果目的也是针对个体，那么适宜采用固定效应模型；但是，如果是利用样本对总体特征进行分析推论，那么应该采用随机效应模型。我们利用 Eviews 6.0 分别对样本 17 家城商行、包括资产规模较大且上市的股份制银行在内的共 28 家中小银行、包括工行、农行、中行、建行与交行国有大型商业银行在内的 33 家银行进行固定效应与随机效应模型的选择，使用的检验工具是豪斯曼统计检验量。表5－6、表5－7与表5－8显示，17家城商行、28家中小银行与33家银行的豪斯曼统计量的值都是0，相对应的概率为1，表示检验结果接受了随机效应模型原假设。因此应建立个体随机效应模型。

表5－6　　　　17家城商行豪斯曼检验

统计检验	卡方统计量	自由度	概率
横截面随机检验结果	0.000000	8	1.0000

表5－7　　　　28家中小银行豪斯曼检验

统计检验	卡方统计量	自由度	概率
横截面随机检验结果	0.000000	8	1.0000

表5－8　　　　33家银行豪斯曼检验

统计检验	卡方统计量	自由度	概率
横截面随机检验结果	0.000000	8	1.0000

（2）面板数据的单位根与协整检验。一般有两种方法来检验单位根：其一是假设各截面数据系列都存在一致单位根过程，这类检验方法有LLC检验，其原假设是存在同质单位根；其二是假设各截面数据系列并不存在一致的单位根过程，这类检验方法包括Fisher－ADF、Fisher－PP与LPS检验，其原假设为存在异质单位根。如何提高小样本单位根检验的可信度呢？我们尝试利用三种方法（见表5－9、表5－10、表5－11），从表中得到资产收益率、营业收入、净利息收入、资产规模、存款、贷款、成本收入比、贷款不良率与资本充足率都是非稳定系列，存在单位根；但是对它们的一阶差分进行单位根检验证实都为平稳系列，这充分表明从长期来看这些变量之间可能存在某种稳定内在联系，下面就对这些变量进行协整检验。为了提高检验准确度，我们使用了Kao检验方法（见表5－12、表5－13、表5－

14)，结果显示 Kao 检验在 5% 的置信水平下拒绝原假设，即这九个变量并不存在“伪回归”。

表 5-9　　17 家城商行单位根检验

	LLC	Fisher-ADF	Fisher-PP
$roa_{i,t}$	0.32787 (0.6285)	18.2505 (0.9875)	19.9977 (0.9730)
d ($roa_{i,t}$)	-61.6769 (0.0000)	132.068 (0.0000)	133.621 (0.0000)
$ys_{i,t}$	4.1250 (1.0000)	13.7492 (0.9992)	19.5666 (0.9774)
d ($ys_{i,t}$)	-30.1007 (0.0000)	173.406 (0.0000)	188.639 (0.0000)
$nim_{i,t}$	4.33749 (1.0000)	11.5843 (0.9999)	15.2685 (0.9977)
d ($nim_{i,t}$)	-38.4144 (0.0000)	148.974 (0.0000)	154.946 (0.0000)
$a_{i,t}$	5.35356 (1.0000)	10.9291 (0.9999)	17.1354 (0.9929)
d ($a_{i,t}$)	-23.9003 (0.0000)	74.7165 (0.0000)	79.8335 (0.0000)
$ck_{i,t}$	2.26775 (0.9883)	9.70626 (0.0056)	6.77190 (0.0001)
d ($ck_{i,t}$)	-95.0541 (0.0000)	299.840 (0.0000)	299.840 (0.0000)
$dk_{i,t}$	2.94935 (0.9984)	8.60684 (1.0000)	7.17007 (1.0000)
d ($dk_{i,t}$)	-197.196 (0.0000)	313.152 (0.0000)	313.152 (0.0000)
$cost_{i,t}$	-1.96152 (0.0249)	52.1775 (0.0239)	64.5642 (0.0012)
d ($cost_{i,t}$)	-43.4762 (0.0000)	121.714 (0.0000)	127.179 (0.0000)

表 5-10　　28 家中小银行单位根检验

	LLC	Fisher-ADF	Fisher-PP
$roa_{i,t}$	1.37630 (0.9156)	32.4194 (0.9951)	37.5520 (0.9724)
d ($roa_{i,t}$)	-415.867 (0.0000)	218.017 (0.0000)	224.265 (0.0000)
$ys_{i,t}$	5.89803 (1.0000)	20.6119 (1.0000)	30.7403 (0.9976)
d ($ys_{i,t}$)	-42.0774 (0.0000)	173.406 (0.0000)	188.639 (0.0000)
$nim_{i,t}$	5.98907 (1.0000)	18.5916 (0.0000)	26.6454 (0.0000)
d ($nim_{i,t}$)	-53.6526 (0.0000)	215.549 (0.0000)	228.318 (0.0000)
$a_{i,t}$	7.0596 (1.0000)	18.0054 (1.0000)	28.9293 (1.0000)
d ($a_{i,t}$)	-30.5804 (0.0000)	134.791 (0.0000)	144.184 (0.0000)
$cost_{i,t}$	-3.01154 (0.0013)	86.4555 (0.0056)	106.156 (0.0001)
d ($cost_{i,t}$)	-1753.06 (0.0000)	180.265 (0.0000)	188.457 (0.0000)
$npl_{i,t}$	-6.41777 (0.0000)	119.529 (0.0000)	140.717 (0.0000)
d ($npl_{i,t}$)	-4669.05 (0.0000)	218.138 (0.0000)	224.273 (0.0000)

表 5-11 33 家银行单位根检验

	LLC	Fisher - ADF	Fisher - PP
$roa_{i,t}$	1.70184 (0.9556)	35.7715 (0.9991)	40.7230 (0.9939)
d ($roa_{i,t}$)	-328.179 (0.0000)	255.553 (0.0000)	261.571 (0.0000)
$ys_{i,t}$	5.99125 (1.0000)	22.1949 (1.0000)	31.6023 (0.9999)
d ($ys_{i,t}$)	-43.5343 (0.0000)	190.451 (0.0000)	207.641 (0.0000)
$nim_{i,t}$	6.20295 (1.0000)	20.1735 (1.0000)	27.5187 (1.0000)
d ($nim_{i,t}$)	-56.8864 (0.0000)	231.896 (0.0000)	246.124 (0.0000)
$a_{i,t}$	7.1503 (1.0000)	19.4236 (1.0000)	29.5623 (1.0000)
d ($a_{i,t}$)	-30.9096 (0.0000)	150.542 (0.0000)	160.796 (0.0000)
$cost_{i,t}$	-3.71682 (0.0001)	103.736 (0.0021)	124.468 (0.0000)
d ($cost_{i,t}$)	-1062.71 (0.0000)	255.447 (0.0000)	264.717 (0.0000)
$npl_{i,t}$	-7.06535 (0.0000)	147.200 (0.0000)	171.560 (0.0000)
d ($npl_{i,t}$)	-828.669 (0.0000)	247.225 (0.0000)	253.126 (0.0000)

表 5-12 17 家城商行 Kao 面板协整检验结果

T 统计量	-10.83718	0.0000

表 5-13 28 家中小银行 Kao 面板协整检验结果

T 统计量	-17.58384	0.0000

表 5-14 33 家银行 Kao 面板协整检验结果

T 统计量	-14.87387	0.0000

（3）估计结果讨论。在小样本检验中，完全修正 OLS（FM）协助估计方法中的 OLS 估计量较 FM 估计量好，并且被解释变量技术水平基本上不影响其他八个解释变量，因此 OLS 法比动态 OLS（DOLS）法估计效果更好，我们最终利用 OLS 法对存在协整关系的变量系列进行估计，结果如表 5-15、表 5-16、表 5-17 所示。

表 5-15　　17 家城商行随机效应估计结果

变量	系数	标准差	t-统计量	概率
C	3. 946524	0. 824868	4. 784429	0. 0000
YS	0. 726927	0. 216880	3. 351740	0. 0014
NIM	0. 709911	0. 196089	3. 620346	0. 0006
A	-1. 604727	0. 205664	-7. 802661	0. 0000
CK	-0. 918819	0. 731289	-1. 256437	0. 2139
DK	0. 621410	0. 468430	1. 326581	0. 1898
COST	-0. 024493	0. 005563	-4. 402627	0. 0000
NPL	-0. 025149	0. 074391	-0. 338059	0. 7365
CPA	0. 003418	0. 011574	0. 295294	0. 7688
Weighted Statistics				
R - squared	0. 709406	Mean dependent var		0. 752993
Adjusted R - squared	0. 670004	S. D. dependent var		0. 331067
S. E. of regression	0. 190183	Sum squared resid		2. 133995
F - statistic	18. 00406	Durbin - Watson stat		1. 351953
Prob (F - statistic)	0. 000000			
Unweighted Statistics				
R - squared	0. 740470	Mean dependent var		1. 408059
Sum squared resid	3. 787370	Durbin - Watson stat		0. 761758

表 5-16　　28 家中小银行随机效应估计结果

变量	系数	标准差	t-统计量	概率
C	4. 916415	0. 622862	7. 893262	0. 0000
YS	0. 855903	0. 192211	4. 452935	0. 0000
NIM	0. 702804	0. 171399	4. 100391	0. 0001
A	-1. 675821	0. 175950	-9. 524439	0. 0000
CK	-0. 114342	0. 527774	-0. 216649	0. 8289
DK	0. 067039	0. 335718	0. 199689	0. 8421
COST	-0. 023877	0. 004392	-5. 436909	0. 0000
NPL	-0. 084088	0. 060211	-1. 396557	0. 1655
CPA	0. 001044	0. 009549	0. 109286	0. 9132

续表

变量	系数	标准差	t－统计量	概率
Weighted Statistics				
R－squared	0.661690	Mean dependent var		0.727730
Adjusted R－squared	0.635414	S.D. dependent var		0.290448
S.E. of regression	0.175375	Sum squared resid		3.167922
F－statistic	25.18186	Durbin－Watson stat		1.260958
Prob （F－statistic）	0.000000			
Unweighted Statistics				
R－squared	0.713661	Mean dependent var		1.314625
Sum squared resid	5.314673	Durbin－Watson stat		0.751620

表 5－17　　　　33 家银行随机效应估计结果

变量	系数	标准差	t－统计量	概率
C	4.828120	0.565707	8.534664	0.0000
YS	0.871458	0.180984	4.815104	0.0000
NIM	0.783545	0.162540	4.820616	0.0000
A	－1.743670	0.164838	－10.57807	0.0000
CK	－0.162139	0.481124	－0.337000	0.7367
DK	0.107562	0.306003	0.351508	0.7258
COST	－0.025225	0.003940	－6.402435	0.0000
NPL	－0.010502	0.004259	－2.465716	0.0151
CPA	0.004576	0.008746	0.523195	0.6018
Weighted Statistics				
R－squared	0.668363	Mean dependent var		0.774203
Adjusted R－squared	0.646793	S.D. dependent var		0.285202
S.E. of regression	0.169499	Sum squared resid		3.533782
F－statistic	30.98590	Durbin－Watson stat		1.295395
Prob （F－statistic）	0.000000			
Unweighted Statistics				
R－squared	0.722563	Mean dependent var		1.310894
Sum squared resid	5.414197	Durbin－Watson stat		0.845489

其一，存（贷）款利率的调整对不同规模银行的影响。从表5-15可知存（贷）款利率在21%（19%）的置信水平下显著，其变动一个单位，将对资产回报率增长率产生-0.918819（0.621410）个单位的影响；而从表5-16、表5-17可知在加入规模较大的银行样本后，存（贷）款利率对资产收益率的影响基本消失。这反映出存贷款利率调整对小银行盈利增长的影响显著，并且存款利率影响程度大于贷款利率，这也有力地解释了为何中国利率市场化进程中，存款利率是最重要也是最后需要突破的屏障。

其二，营业收入、净利息收入与成本收入比对不同规模银行的影响。从表5-15、表5-16、表5-17可知营业收入、净利息收入与成本收入比三个变量对资产收益率都有显著影响，但是对小型银行、中型银行与大型银行影响程度不同。其中营业收入变动一个单位将分别导致资产收益率增加0.726927个、0.855903个、0.871458个单位，这说明营业收入对大银行的正向效应相对更明显，并且营业收入中的净利息收入增加一个单位，导致资产收益率增加0.783545个单位，高于中小型银行约0.08个单位，因此在利率管制时期，规模越大的银行所获得净利息就越高，从而成为银行收入的主要贡献因素。从成本收入比来看，大型银行在2010—2013年成本控制较好，小型银行其次，中型银行最差，原因可能是中型银行站在战略转型路口，成本支出较大。

其三，资产规模对不同规模银行的影响。银行资产规模对资产收益率的影响为负，对于小中大银行来说，资产规模增加一个单位，资产收益率将分别下降1.604727个、1.675821个、1.743670个单位，这充分说明大银行固然有助于增加营业收入，但是根据边际报酬递减效应，资产的扩大终将由于成本扩大超过收益而无法持续。

其四，贷款不良率与资本充足率对不同规模银行的影响。资本充足率作为银监会的监管指标，无论何种规模银行都要求无条件满足，否则将受到监管评级降级、部分业务暂停等严厉处罚，但是银行保留过多的资本又是一种资源浪费，因此银行在满足资本充足率的要求基础之上，将多余资金投放出去。因此该变量作为外部变量与资产收益率关系不大。相比之下，关于风险监测指标贷款不良率，中型银行大于大型银行，其减少一个单位资产收益率将增加 -0.084088 个单位，超过大型银行 -0.010502 个单位，这反映出中型银行在控制风险能力方面优于大型银行。

三　结论与建议

通过以上对不同规模的银行盈利结果进行比较，我们发现规模越大的银行对存贷款利率的变化越不敏感，比较而言，小银行对利率变化反应较大，因此利率市场化对中小银行的作用更强。中等资产规模的银行处于发展的战略转型阶段，它们发展面临着成本收入比居高不下，直接影响了资产收益水平，但是我们看到中等规模银行在控制不良贷款方面的能力较强，这也为其战略转型奠定了坚实基础。由于资本充足率等监管指标的不达标，将受到严厉处罚，所以各家银行都能够满足监管要求，故资本充足率变量影响资产收益率并不显著。面对利率市场化越来越近的脚步，各家银行应该如何迎接挑战呢？我们认为应该从以下几方面入手：

（1）银行盈利能力提高的核心是定价能力。定价能力从狭义上讲就是银行对产品的单独定价水平，例如定价模型与定价方法；从广义上讲它还包含了定价策略与定价管理机制。其中利率定价是其中的关键，具体内容如下：一是贷款的基准利率等于各项成本与风险成本之和，其中各项成本包括资金成本、运营成本与预期损失（风险拨备，根据大数定律，每一笔贷款都可计算出一定的贷款损失，一般将该损失确定为成本），风险成本则由信用风险、市场风险、操作风险、信誉风险等在内的非预期损失组成，这些风险量化后就是相对应的各种风险经济资本，它们之和就是经济资本数量。因为银行承担了风险，所以它要对经济资本有期望回报。二是银行定价不仅考虑基准收益率的制定，同时还要考虑到同业的竞争程度。当几家银行在竞争相同的目标客户时，为了提高该客户群或该市场的占有率，就必须在目标收益率基础上进行适当微调，在这里，银行策略是银行定价必须考虑的因素。三是在单笔业务贷款基础上，还需要考虑客户对银行产生的综合收益不同，例如客户的派生存款、资金结算沉淀，对客户进行差异化定价。四是发挥利率杠杆对内部资金转移的调节作用，实现行内资金市场化运作。其实定价只是整个定价管理机制的一个关键环节，在这个机制中，还有定价的决策机制与执行机制。一般来说，决策机制应该由总行级的专门委员会负责，例如中国的商业银行可以由资产负债管理委员会负责定价战略与方法，然后再由类似定价管理部的总行级部门（例如计划财务部）统一管理定价，并根据贷款期限与金额等要素将定价权逐级向下转授权。定价管理部门在授权的同时，要对分支机构与客户经理进行追踪考核。

目前中国很多银行尤其是股份制银行与城商行都在向小微业务与零售业务战略（以下简称大零售）转型，那么应该如何建立与改进利率定价战略机制呢？首先要遵循从上到下，从大战略到小战略的路径，即董事会制定银行长期发展战略规划与高管层制订资产负债管理实施计划后，产品层面的利率定价机制战略就要服从这个全行发展计划，也就是说目标收益率的确定要根据大零售业务发展规划（例如信贷规模、期限、资产质量、利润等）并通过每一笔业务与客户体现出来，最终实现战略传导机制由人为的行政命令向客观的价格机制转变。其次建立资金转移定价机制。该机制是银行内部资金管理部门（例如计划财务部）与业务经营部门（例如公司业务部、零售业务部、金融市场部）根据一定规则有偿转移资金、核算业务成本与收益。

（2）银行盈利能力提高的基础是业务转型与产品创新。银行收入主要由利息收入、投资收入与中间业务收入三部分构成。发达国家的经验是利率市场化直接减少息差空间，因此可以预见目前的2%—3%的息差将减少到1%—2%，这尤其对利息收入占比超过80%的中小银行产生更大的压力。因此在贷款规模不变前提下，来自投资业务或者与贷款服务关联度不大的业务收入应该成为新的收入来源渠道，降低对贷款利息收入的依赖。这迫使银行采取包括资本市场业务、理财业务、非银行金融业务等业务在内的综合化经营策略。在广开财源之际，传统存贷款业务依旧是需要重点维护的业务。如何对这些业务进行升级与优化呢？

净利差＝生息资产收益率－付息负债付息率＝利息收入/生息资产－利息支出/付息负债＝生息率－付息率。如果生息资产总额等于付息负债总额，那么净利差等于净息差。其中利息收入包括贷款利息收入与金融往来利息收入，利息支出包括存款利息支出与金融往来利息支出。从净利差公式中，可以看到增加生息率、降低付息率是提高银行传统盈利方式的两个途径。在以大客户为主的批发业务受到冲击后，地方银行通过获取中小微企业的软信息，提高议价空间与综合收益率。同时零售业务可以为中小银行贡献较多的稳定廉价存款，也应该成为优先发展业务。另外为了降低负债成本，可以采取发行大额定期存单等方式主动负债。利率市场化为银行满足客户多样化需求、根据风险收益偏好设计各种差异化的产品提供了可能，同时通过利率期货、利率期权、利率互换协议等产品创新有效转移与分散银行风险。

通过对传统存、贷、汇业务创新，实现收入多样化。一是拓展与延伸信贷业务增加新兴业务收入的贡献率，例如结构化融资的财务顾问服务，短期融资券、中期票据、金融债券等债券承销业务。打通信贷市场与资本市场封闭通道，提高资本市场服务能力。这些围绕贷款产生的相关金融服务既增加了银行在市场中的竞争力，又可提高非利息收入。二是创新结算方式带动存款业务。以核心客户结算为主，对上下游客户进行相关结算服务，形成网络化的账户管理模式，充分吸引客户链上的结余资金，同时为客户提供资信服务与资金监管服务。

（3）银行盈利能力提高的保证是成本控制能力。中小银行管理水平不高是不争的事实，成本收入比远高于大银行，由于营业网点少，规模小，导致其资金来源不稳定与渠道较少，因此它们通常以较高的成本从同业拆入。

（4）提高城商行等小银行的资本补充渠道。目前国有大型银行相继完成上市，通过资本市场募集到大量资本，显著优化资本路径。相反，大多数城商行仍然未能公开发行股票，只能采取发行金融债券等方式补充资本，这影响到其异地分支机构建立以及非银行性业务的拓展。同时股票上市还能够有效改善城商行公司治理结构，改进信息披露内容，承担社会责任。

（5）加强利率敏感性资产负债缺口管理。在信贷仍旧是中国主要生息资产的前提下，应发挥主动负债的功能，并根据经济形势对利率研判进行资产投放。当利率处于上升期，此时银行应该形成正缺口，即增加固定利率存款与浮动利率贷款；当利率处于下行期，此时银行应该形成负缺口，即增加浮动利率存款与固定利率贷款。在这两种策略下，银行利用利率的波动增加利差。

第五节　本章小结

本章首先讨论了金融自由化的冲击导致银行盈利模式从净利差转变为均衡发展与特色发展两种模式，并结合中国商业银行社区发展模式提出盈利结构的调整方向与路径。其次就跨区经营与混业经营下对社区金融机构的经营效率进行了理论分析。再次详细论述了金融脱媒的成因以及与利率自由化的关系。最后对中国社区金融机构盈利模式进行了实证研究，指出定价能力、成本控制能力、产品创新能力是银行盈利提高的根本保证。

第六章　社区金融风险管理模式

银行本质是经营管理风险的企业，有效的风险管理可以使银行远离风险带来的威胁，经营稳健，利润最大化。在银行日常经营过程中，经常遇到信用风险、市场风险、操作风险，如何对这些风险识别、计量、监测与控制是困扰银行业，尤其是风险管理水平较为薄弱的社区金融的一道难题。近年来，许多发达国家银行以《巴塞尔协议》的实施为契机，对风险控制模式进行了探索，下面我们以《巴塞尔协议Ⅲ》与中国版的《巴塞尔协议》为出发点，尝试建立社区金融全过程风险管理体系。

第一节　发达国家银行社区金融风险控制模式

2008 年次贷危机后的富国银行不但抵御了各种危机，而且一跃成为市值最大的世界银行。富国银行的实践表明坚持社区金融业务战略并进行有效风险控制，同样能够取得成功。

富国银行小微企业贷款产品根据贷款规模主要有“企业通”（Business Direct）与“企业贷”（Business Banking）两大类，“企业通”贷款上限为 10 万美元，“企业贷”（Business Banking）上限为 100 万美元或以上。对于这两类贷款业务的风险控制也是根据贷款业务流程分为贷前、贷中、贷后，虽然风险控制流程与其他银行并无明显差异，但是内容却存在本质不同。首先在贷前调查环节中，建立小微企业所在行业、区域客户信用数据库，并对其信贷风险进行分析，将拟申请信贷客户提供的数据录入系统，并与数据库匹配分析，进行初步的欺诈筛选与判断，然后再对通过的客户进行信用评分，根据得分情况对客户进行分类。富国银行 1995 年在世界率先自主开发的信用评分卡建立在客户与其贷款之间的相关性基础上，即通过历史相关数据推测客户在未来还款的风险。其次在贷中环节，大部分的信贷业务通过自动化审查审批完成，必要时借助人工进行审核。在贷后管理方面，富国银行利用存贷款数据、征信机构数据对发放的每笔小微贷款进行监测、分析偿还风险，根据风险评估结果，对贷款利率进行上调或下调以及增加或减少贷款额度。

第二节 《巴塞尔协议Ⅲ》与社区金融风险控制

2010 年 12 月，巴塞尔委员会公布《增强银行体系稳健性》和《流动性风险计量、标准和监测的国际框架》，标志着《巴塞尔协议Ⅲ》正式出台。实际上《巴塞尔协议Ⅲ》还包括了 1988 年颁布的《关于统一国际银行的资本计算和标准的报告》（以下简称《巴塞尔协议Ⅰ》）以及 2005 年颁布的《新资本协议》（以下简称《巴塞尔协议Ⅱ》）。随着《巴塞尔协议》陆续补充与完善，社区金融风险管理已经从管理人员、管理事件、管理制度的文字管理内容转变到以数据收集、整理、分析为特征的数字化内容。在信息系统支持下，发达国家银行掀起了一场“数据革命”。截至 2008 年欧洲各大银行实施新资本协议的投入大约在 6000 亿—1.3 万亿英镑，其中约 60% 以上用于改善风险数据基础和 IT 系统。[①]《巴塞尔协议》经过 27 年的实施，许多银行已经建立起高质量的数据库，风险数据管理体系已经成熟，可以满足日常的风险管理流程活动且支持复杂的风险计量。下面我们分

① 张漫春、邢科：《我国商业银行风险管理的两次数据革命》，《武汉金融》2005 年第 2 期。

别对信用风险、利率风险、操作风险、表外业务风险与组合风险进行阐述。

一　信用风险管理

信用风险是指债务人或交易对手未能按时履行合同所规定的义务或信用质量发生变化，影响金融产品价值，从而给债权人或金融产品持有人造成经济损失的风险。① 根据该定义，信用风险不仅仅指贷款不能按时收回（以下简称违约风险），而且发生在投资业务、承兑、同业拆借、金融衍生品交易、债券等交易业务，这些交易主体或债项信用评级下调造成资产价值损失（以下简称信用利差风险）。信用风险的产生既有外部经济周期大环境的影响，也与银行自身风险管理能力薄弱、应对突发事件预案准备不充分有关。

社区金融信用风险管理存在的问题有哪些呢？一是量化不足。社区金融经营模式特征是“购买—持有”，其面临的主要风险是信用风险，但是在管理信用风险时，大部分银行仍然采取定性方式，利用感觉、专家经验判断风险点，而对客户信用评级、统一授信等风险量化分析不足。二是信贷结构不合理。例如城商行为了在短期内做大资产规模，一般侧重大中型客户的开发维护，而对小微客户、零售客户重视不够，导致零售类贷款规模与小微客户占比都不到30%。从贷款具体投向来看，由于社区金融更注重本地区客户，本地区产业发展决定了其信贷资金投向，比如说本地钢铁业较发达，贷款自然就流向与钢铁相关的产业，这将产生产业与地区集中度高的风险。三是信贷流程形式化。社区金融机构中的客户经理掌握着借款人的真实信息，但是在短期业绩的错误引导下，默许借款人提高虚假资料、审查不严格，将超过审批的贷款化整为零、更改资金用途、借短用长等。四是信用风险缓释措施不到位。对于保证类贷款，客户经理缺乏对保证人与借款人的关联关系的深入调查，对于保证人的实际担保能力没有实质评估。抵押品或质押品价值管理仍然存在依赖于第三方的评估结果。

《巴塞尔协议Ⅲ》的第一支柱规定信用风险计量采用标准法（中

---

① 中国银行业协会：《解读商业银行资本管理办法》，中国金融出版社2012年版。

国资本办法名称为权重法）或内部评级法（分为初级法与高级法）。内部评级法在20世纪90年代就已在国外先进银行开始应用。美洲银行明确将风险评级体系作为该行风险管理的核心内容，其风险评级工具先后经历了专家经验—模板—信用评分卡—风险计量模型四个阶段。瑞士银行的内部评级体系以违约概率为核心，并进行细分客户组别、客户信用评分、信用等级划分、违约概率测试与验证，同时在信贷实践中完成对贷款定价、授权与审批。这些银行实施的内部评级法有助于其行业信贷政策与区域信贷政策的制定，并预判企业风险，在拨备计提、风险监测与处置时进行量化操作，减少人为干扰。

二　利率风险管理

在利率管制下，信用风险是银行面临的最主要风险。但是随着利率自由化，利率初期上升以及利率随后进入长期波动状态所带来的风险需要分析。贷款利率上升提高了借款人的资金成本，由于风险较高的项目产生的收益较高，这将导致风险较低的项目所产生的收益无法覆盖成本而退出，最终资金借贷市场将出现“劣币驱逐良币”，银行资产价格中枢抬高。银行对稀缺存款的竞争势必提高存款利率，银行筹集资金成本的增加将转向高风险项目，增加银行风险偏好水平。

在利率处于波动常态下，《巴塞尔协议》规定了利率风险包括成熟期不相匹配的风险、基本点风险、收益率曲线风险。

1. 成熟期不相匹配的风险

成熟期不相匹配的风险是指利率敏感性资产与利率敏感性负债错配产生的风险，通常用缺口头寸表示：

利率敏感性缺口（GAP）＝利率敏感性资产（IRSA）－利率敏感性负债（IRSL）。

（1）正缺口，即 GAP > 0，表示利率敏感性资产大于利率敏感性负债；

（2）负缺口，即 GAP < 0，表示利率敏感性资产小于利率敏感性负债；

（3）零缺口，即 GAP = 0，表示利率敏感性资产等于利率敏感性负债。

社区金融的利率风险管理策略是在生息周期中，保持正的利率敏感性缺口可以获得稳定的利息收入；在降息周期中，保持负的利率敏感性缺口可以获得稳定的利息收入。

为了剔除资产规模的影响，可以引入利率敏感性缺口率指标（GAPR），定义为 GAPR = GAP/A。利率敏感性缺口率越大，风险缺口越大，面临利率风险越大。

2. 基本点风险

基本点风险是指银行与负债定价的基准利率不一致，即使利率敏感性资产与利率敏感性负债相等，也可能在利率变化时对资产负债产生不同的结果，银行经营收入受到影响。

3. 收益率曲线风险

收益率曲线风险是指不同期限资产具有不同的收益率，通常是期限越长收益率较大，但是出现突发事件将导致短期利率增长较快，收益率曲线出现向下倾斜，银行资产价值出现扭曲。发达国家银行对利率风险的度量经过了从简单到复杂的演变过程，具体包括资产到期日、平均期限、久期、凸度、VaR。

三　操作风险管理

《巴塞尔协议Ⅱ》明确了银行的操作风险是指由不完善或失效的内部流程、人员及系统或外部事件而造成银行损失的风险。其中，流程因素引起的操作风险，主要是指业务运营过程中由于管理体制和制度的缺失，以及制度漏洞所造成的操作风险；人员因素引起的操作风险，泛指在商业银行内部所有由于人员方面的原因给业务操作带来的风险。具体到业务运行工作当中，可以分为操作失误风险、违法行为风险以及核心人员流失带来的风险；系统因素引起的操作风险，主要是指核心系统、周边系统自身或系统之间，因设计缺陷或其他原因导致的直接或间接风险，分为系统漏洞风险和系统失灵风险这两个方面；外部事件引起的操作风险，主要是指因外部欺诈、突发事件以及银行经营环境的不利变化等情况的冲击，导致银行发生直接或间接损失的风险。在不少金融机构中，操作风险导致的损失已经明显大于市场风险和信用风险。

对操作风险的准确度量是商业银行有效防范操作风险的重要前提。目前，操作风险度量模型正在讨论和发展之中，其中巴塞尔委员会提出了一套由简到繁的方法，包括基本指标法、标准法和高级计量法（包括内部衡量法、损失分布法、记分法等）。（1）基本指标法也称单一指标法，是巴塞尔委员会所确定的于初始阶段度量操作风险的方法。使用基本指标法的银行大多是规模比较小、业务范围比较窄的银行。该方法不区分金融机构的经营范围和业务类型，将单一的风险暴露指标与一个固定的百分比相乘得出监管资本要求。采用基本指标法的银行持有的操作风险资本金等于前三年总收入（净利息收入加上非利息收入）的平均值乘以固定的比例。（2）标准法是单一指标法的一种改进方法，它与单一指标法的不同之处在于标准法将金融机构的业务划分为八个业务类别。使用标准法的银行一般是数据收集能力和分析能力较为有限的银行。（3）高级计量法是指银行用定量和定性标准，通过内部操作风险计量系统来计算操作风险资本，采用高级计量法的银行被巴塞尔委员会授予较低的操作风险资本要求，因为其风险管理水平和技术相对较高。高级计量法一般是建立在历史操作损失事件的基础上，因而损失数据库的建立至关重要。

四　表外业务风险

表外业务指的是未在银行资产负债表内反映的业务，例如银行早期成立时就已具备的结算与汇兑功能，随着银行的发展，表外业务种类逐渐丰富，包括了代理、担保、贷款承诺、信用证、资产证券化、金融衍生品等。这些业务的推出在某种程度上有效绕开了资产充足率等监管指标要求，扩大了银行收入来源，国外先进银行表外业务收入已经占到营业收入的50%，但是表外业务也隐藏着较大风险，主要表现在表外融资参与主体较多、交易结构复杂、融资流程长、极易受金融市场波动影响。奇克（Chick，1997）指出，银行资金介入到并购交易、产权活动将增加经营的波动，内部风险控制机制无法隔离外部风险，综合化经营结果是风险在各种业务活动中相互传递。德扬（De Young，2001）总结了银行非利息收入增加银行整体风险的三个原因：一是以聘用更多新员工为特征的非利息收入业务增加了银行经营杠杆；二是非利息收入不需要计提准备金从而提高了财务杠杆；三是与传统信贷业务稳定的信贷客户关系相比，非利息收入业务中的客户黏性较差、很容易在不同银行间移动。因此，《巴塞尔协议Ⅲ》在分析了银行过度化的表外业务创新与高杠杆化的表外业务模式后，提高了表外业务转换成表内业务的风险转换系数以及风险权重，并且在第二支柱明确提出各国要加强表外业务的宏观审慎监管。与表内融资相比，社区金融机构在表外业务风险识别、计量、监控上还有很大提升空间。例如表外业务风险敞口量化不足，更多是借助专家经验对各种不同风险特征、期限与缓释业务确定不同的风险折算系数。表外业务风险补偿机制尚需完善，例如表外业务可能遇到损失，但是风险准备金应该计提多少还需要深入研究，保本型理财业务按照0.5%理财产品余额进行拨备计提，但是非保本型理财业务如何计算准备金，还未明确。资产在交易类账户与持有到期账户之间进行监管套利。为了降低风险资产与经济资本占用，一些银行将不存在准确的公允价值、难以变现的长期资产计入交易类账户。

五　组合风险管理

相关性是组合风险管理的核心。社区金融的风险管理基于单一业务条线，各业务条线风险管理人只是从本业务角度考虑风险点，而忽视风险横向传播与交换性。信用风险、市场风险、操作风险等不同类型的风险存在密切且复杂的联系，表现在相互传导、对冲、耦合。例如当市场利率上升时，金融资产价值下降，交易对手信用风险开始逐渐显现。另外，单笔业务产生的风险不同于单笔业务合并到组合业务后对组合业务风险的影响，因此单笔业务风险简单加和产生组合业务风险将产生合成谬误。现代银行组合管理的目标是组合的风险与收益匹配，建立在单笔业务、单个条线基础上的组合风险管理既考虑了单项业务风险性，又分析了单项业务风险在组合的分散、对冲效应，从而把握真正意义上的整体风险，进而降低风险集中度与业务相关性。

社区金融信贷业务的显著特征是地域化，但是信贷客户地域集中、行业集中增加了组合风险；同时客户之间的相关性极易产生风险传导，即一个客户资产出现问题将迅速波及其他相关联的客户。因此社区金融在授信决策过程中，要重点关注组合层面风险，以信贷增量持续改进银行整体资产负债表现。在贷后管理中，重点监测单项业务对组合风险的影响，可以借助资产证券化转让方式或提前收回贷款主动调整资产组合的风险与收益。

第三节　中国社区金融全过程风险管理流程设计

一　中国社区金融风险控制存在的问题

1. 资本补充渠道狭窄

社区金融机构资产规模扩大要求资本相应提高，以满足资本充足率的要求。但是中国银行业补充资本的渠道不畅。一般银行资本来源有两个方向：内源融资与外源融资。自从四大行由国有独资企业改制成上市的股份制企业，其管理经营步入现代化企业轨道，同时在3%以上的存贷差的垄断利润保护下，盈利能力显著增强，这一点可以从ROE或ROA年均20%增长率得到印证；对于中小银行，尤其是对脱胎于城信社的城商行而言，这十多年来的超常规发展创造了大量利润，并对股东进行现金分红、员工现金奖励以及往年不良资产的冲销，结果导致留存收益根本无法承担补充资本的重任，因此以发行股票、优先股、二级资本债券等方式就成为提高资本的最为主要融资工具。

2. 流动性风险

流动性风险管理体系不完善。流动性风险管理政策较粗糙，对流动性风险的识别、量化、控制、监测由于缺乏相应的人才，还只是停留在规章制度；流动性风险应急预案准备不足，缺乏危机时资金来源补充渠道与处置措施。一些村镇银行存贷比超过100%，且负债结构不合理，负债资金来源主要以单位存款为主，储蓄存款为辅，这种存款模式造成资金来源不稳定，倘若资金拆借渠道遇到阻塞时，流动性危机凸显。

3. 信用风险

贷款业务是社区金融的主要业务，信用风险管理的主要对象是贷款，因此信用风险是整个社区金融风险的核心。虽然社区金融建立了较为规范的贷前调查、贷中审查审批、贷后管理的信贷管理流程，但是在业绩考核压力下，一些信贷经理贷前调查不充分，例如对资金真实用途不核实，对担保品价值估计过高；贷审会流于形式，在信贷经理向贷审会主要负责人线下沟通完毕后，会上其他委员只是象征性问一些问题，在贷款出账时审查不严格，一些在会上要求的贷款规定未落实；贷后管理不及时，对借款人的经营分析不深入，贷后检查报告质量不高。在关联授信方面，社区金融对信贷项目风险分析不全，经常出现对股东过度授信，甚至采取理财资金、委托贷款等方式予以贷款需求满足。

4. 操作风险

中国社区金融风险内部控制薄弱，很多案件的发生都与操作流程有关，下节我们将详细进行论述。

二　《巴塞尔协议Ⅲ》与《资本办法》对于社区金融的意义

2012年1月1日，借鉴《巴塞尔协议Ⅲ》以及中国银行业的现实情况，出台了《商业银行资本管理办法（试行）》（以下简称《资本办法》），它主要包含三个核心要点：

一是严格界定资本含义，强化资本工具的损失吸收能力。例如减少次级债补充资本的运用，而是以合格的二级资本债等资本工具取代；调整了资本扣减项目以及少数股东计入规则。

二是扩大资本覆盖风险的范围。1988年《巴塞尔协议Ⅰ》仅仅考虑了信用风险；1996年发布的《资本协议市场风险补充规定》则考虑了资本对市场风险的吸收，从一般风险与特有风险两个维度为交易账户设置了最低资本要求。2006年实施的《巴塞尔协议Ⅱ》进一步将操作风险引入最低资本要求，同时在第二支柱下提出对利率敏感性资产与负债缺口产生的银行账户利率风险以及信贷组合的风险集中度进行监督检查，对风险管理薄弱的银行提出高于第一支柱要求的最低资本。《巴塞尔协议Ⅲ》针对2008年爆发的次贷危机以及衍生的国际金融危机而扩大了风险覆盖范围，具体包括交易账户、资产证券化风险暴露、交易对手信用风险三个方面。而《资本办法》针对信用风险加权资产计量，在其第四十九条规定：银行按照规定计量银行账户和交易账户的交易对手信用风险加权资产。针对中国银行业高频低损、低频高损的实际情况，规定在第二支柱下监管部门可针对个别银行发生的操作事件及其产生的损失，单独提高资本要求，强化操作风险管理。

三是鼓励银行采用高级计量法计提资本，增加银行资本对于风险的敏感性。首先，信用风险资产权重的计算方法提出了信用风险内部评级法（IRB），该法确定了风险权重是违约概率（PD）、违约损失率（LGD）与违约风险暴露（EAD）的连续函数，如果银行具备 LGD 与 EAD 估计经验与能力，那么就可采用内部评级高级法。

从具体内容来看，社区金融业务得到监管鼓励与支持：

（1）考虑到个人、小微企业众多，风险更为分散化，调低符合条件的小微企业债权的风险权重，风险权重由 100% 下调到 75%。这些调整反映了监管部门鼓励发展风险充分分散的零售贷款、小微贷款业务，降低贷款成本，促使银行调整资产结构，贷款投放更多转向小微企业与个人（银监会小微企业认定标准建立在工信部标准基础上，对单一企业的风险暴露不能超过 500 万元）。

（2）国内银行债权的非信贷资产的风险权重，3 个月以内（含）的债权、3 个月以上的债权权重分别为 20%、25%。为了减少风险资本占用，2012 年以来，以兴业银行为代表的股份制银行以及后来争相模仿的城商行开始加大同业业务比重，尤其是信托、证券、银行为中介的通道业务，借助通道投资形成的资产其风险不到 25%，远小于 100%，但是其资产风险并未真正降低。为了防范风险，2014 年五部委联合发布《关于规范金融机构同业业务的通知》（以下简称 127 号文），要求银行按照“实质重于形式”进行底层资产穿透，根据基础资产的性质与银行实际承担的风险，计提相应的准备金与资本。

（3）建立中国社区金融的风险管理体系的关键是由董事会确定明确的风险偏好体系，该体系以银行未来的战略规划为基础，根据规划确定业务的发展方向、规模，计算盈利的波动性以及相应的风险资本。风险资本的计提与置信度密切相关，一般先进银行将置信度确定为99%，目的是银行有充足的资本抵御非预期损失。银行整体风险资本按照业务条线进行分配，通过一定的授权与风险限额将银行面临的非预期风险控制在可承受范围之内。风险偏好作为风险管理的逻辑起点，其数值需要通过以压力测试与情景模拟为主要方法的敏感性验证。风险偏好数值需要与经营目标匹配，防止为了追求经营利润而承担过高过大的风险。

《巴塞尔协议Ⅲ》从监管当局的角度确定了信用风险、市场风险、操作风险三大风险资本计提，在银行实践中并不能够完全满足需求，尤其是对于坚持社区金融发展战略的银行而言，需要立足本行实际，在《巴塞尔协议Ⅲ》基础上重新进行风险界定。

目前实施资本计量高级方法的银行主要是工农中建交五大国有银行以及招商银行一家股份制银行，高级法具体指信用风险内部评级法、市场风险内部模型法与操作风险高级计量法。中小银行由于历史违约数据积累年限短、数据少、质量差等因素限制了其采用较高等级的模型，对风险计量仍旧采用初级计量法。例如信用风险计量仍旧采用标准法，即风险权重与不同的信用评级对应；市场风险与操作风险还使用标准法。

三　社区金融风险管理的组织框架

目前，社区金融的业务管理模式主要有三种：业务单元制、事业部制、矩阵模式。大多数银行选择业务单元模式，原因是银行多年来的经营形成了按照批发、零售、表外划分业务的运作模式，这个架构与中国银行业实行的总分支行架构保持一致。但是这种模式的缺点是管理链条长，存在多头管理、权责不清的弊端。近年来，以民生银行为代表的股份制银行开始尝试进行事业部制改革。这种业务模式强调了事业部作为利润考核的中心，并对其进行较充分的放权，管理模式更加扁平化，但缺点是事业部权力过大，为追求业绩承担过多风险。矩阵模式结合了业务单元与事业部制两种模式的优点，但是这种模式对银行管理要求较高，就中国现阶段而言，过早实施无异于揠苗助长。无论以上三种中的哪一种业务管理模式都要求银行风险管理架构与其适应。一些银行业务风险管理部门的组织框架正在向专业化的职能型转变。

风险管理组织框架体系主要包括董事会、董事会下设的风险管理委员会、为高管层负责的业务部门、风险管理部、审计部的三道风险防线。董事会全面负责银行风险管理，其下设的风险管理委员会承担日常风险管理职责，向董事会报告；银行行长作为高管层的负责人自己或委托专门的其他行领导负责中后台的风险稽核等工作，一些银行为了突出风险管理的重要性，单独设立风险总监，领导风险管理部，承担日常风险管理工作。对于银行业务经营中遇到的风险，有三道防线：第一道防线是业务部门合规专员，他们直接内嵌于本业务部门，监测本业务条线合规性，并定期或不定期进行风险排查，报告给风险管理部；第二道防线是风险管理部，他们专门负责风险识别、计量、监测、评估，并向风险总监报告各类风险事宜；第三道防线是审计部，他们负责对各项经营活动进行风险检查，并根据其定位，定期向高管层或董事会汇报风险政策执行与风险控制情况。

四 社区金融风险管理流程

商业银行风险管理流程正在转向全过程风险管理，其内容包括风险识别、风险度量、风险控制、业绩评估、风险资本配置。

目前，社区金融机构的风险管理以定性为主，主要依靠专家经验。以某城商行小企业信贷业务为例，支行客户经理接受小微企业贷款申请后，先进行征信系统查询申请人历史信用状况，然后对拟申请资金真实用途、数量进行调查与测算，并与支行风险经理一同到现场实地调查，同时两人分别独立出具调查报告与风险报告。根据贷款额度审批权限，最终决定该笔贷款在支行、分行或总行贷审会决定是否审批。贷款利率的确定主要决定于建立在派生存款、银行承兑汇票基础上的综合收益率的测试。风险经理在贷后定期审查还款情况、出具风险提示报告等。这种传统的风险管理体系对风险量化不足，风险资本最优配置不够。

按照《巴塞尔协议Ⅲ》规定，银行首先需要根据本行实际情况，建立一整套风险资本管理体系和管理流程，然后是识别业务单元日常活动中可能出现的各种风险，并利用相应模型度量各种风险暴露，银行需要制订计划复核验证风险计量。再次，银行要制订定期计划，比较投入与产出，复核并验证风险的管理和衡量。该工作可由董事会下设的内部审计委员会担任，也可由银行聘请外部的会计师事务所等机构测试，以保证测试的公正性。罗（Lo，1999）在《全面风险管理的3P》中提出的概率（Probability）、价格（Price）、绩效（Performance）的“3P”原则明确指出了银行不只是普通的风险管理，而是主动经营风险并获取风险利润的企业，因此银行业绩评估就应该基于风险调整后的绩效评价，同时为下一年银行资本分配调整提供依据。

（一）风险管理体系

现代先进银行已经建立起以资本充足率为核心的风险管理体系，这种体系建立在董事会根据银行未来发展战略所确定的风险偏好基础上。确定风险偏好必须根据银行发展战略并符合银行股东、高层管理人员、客户、监管部门等相关利益者的期望，同时参考同业经营业绩水平制定。风险偏好是在一定期限内、某置信度下，银行所能承受的最大非预期损失，这种损失由经济资本抵御，而预期损失通常由银行净利润冲销，其大小等于违约概率（PD）、违约损失率（LGD）与违约风险暴露（EAD）的乘积。因此银行承担的真正风险是非预期损失。花旗银行的乔治·J. 沃伊塔（1973）指出银行的资本就是承受不可预知的事件后果，这种后果带来的损失超出预期。《巴塞尔协议Ⅲ》规定的资本充足率就是对各种类型银行规定了最低集体风险偏好。单个银行根据自身风险偏好制定高于该资本充足率，例如可以将VaR值的置信度从99%提高到99.9%或者99.99%。

（二）风险识别

成立于1987年的反虚假财务报告委员会的发起组织委员会（The Committee of Sponsoring Organization，COSO）是专门研究企业内部控制的组织，它在2004年9月发布的《全面风险管理框架》提出企业的风险管理本质上是一个由企业全员参与且识别可能影响企业潜在事件并进行风险管理的过程。

（三）风险计量

风险计量就是根据不同的风险类别，估计该风险所对应的资产组合损失分布的估计方法，其基本思路是从客户与债项逐渐向上汇总，例如先从底层资产汇总到单个产品，多产品汇总到一类产品，再从一类产品汇总到某一类风险，最后是不同类型风险的汇总。1994 年 J. P. 摩根找到了一种对风险有效度量的价值工具（VaR）并成功应用到市场风险度量中。在这之后，CreditMetrics、KMV、Credit Risk +、CreditPortfolio View 等风险计量技术模型相继被开发出来，针对风险价值法不具备次级加总性，又开发出了一致性度量方法尾部条件期望。

（四）风险控制

为了保证银行处于可承受最大风险资本，需要对每一个业务单元进行风险限额的设定，保证全部业务单元风险限额之和不超过银行的风险承受能力，当然这也可以看成是事前的风险资本配置过程。

（五）业绩评估

经风险调整的收益是资本优化配置的核心指标。20 世纪 70 年代美国信孚银行开发了基于风险资本基础上的收益测算工具 RAROC，其公式是：RAROC = 风险调整后的收益/风险资本 =（营业利润 - 营业成本 - 资金转移价格 - 权益资本成本）/风险资本。营业成本中包含了以拨备形式计提的风险成本，用来覆盖预期损失；风险资本就是要覆盖的非预期损失。银行追求的利润目标是不可看到的可能发生的损失基础上的利润。除了 RAROC 这个相对值业绩评估指标外，还要考虑资本规模差异的 EVA（经济增长值）绝对值评估指标，其大小等于风险调整后的收益/风险资本 =（营业利润 - 营业成本 - 税收成本 - 权益资本成本）/风险资本。这两个指标与传统的资产收益率、净资产收益率存在根本差异，它们考虑了预期损失成本与非预期损失成本。

（六）风险资本配置优化

银行经营占用了稀缺的资本资源，如何将这些资本资源合理配置实现风险基础上的收益最大化呢？上文我们分析了风险度量是风险管理体系最重要的环节，而业绩评估是资本配置的依据。风险资本配置实际上将银行运行看作是一个内部市场机制，它重点考核每一个产品或业务单元对整个银行的边际风险贡献度，非系统性风险在内部市场中得到分散。在各家银行实践中主要有风险资产总额、风险调整后的收益指标管理以及增量配置三种模式。风险资产总额模式是总行在年初时对业务单元下达的风险资产总额以及其所占全行风险资产比重等指标，对超出的风险资产提高资本占用成本。风险调整后的收益指标管理模式是指经营前利润减去资本占用费用，得到经营后利润。增量配置模式是指总行在制定未来一定时期内的资本预算分配时，以分行的资本收益为依据。

（七）风险度量方法在风险管理流程中的应用

风险度量工具有许多种，例如方差—协方差法、历史模拟法与蒙特卡洛模拟法等。下面我们利用 VaR 风险度量工具分析信贷决策的贷款规模与贷款定价问题。一般银行设定授信额度是根据贷款规模，贷款规模越大则授信决策主体级别越高。但是在内部评级法下银行根据预期损失（等于违约概率、违约损失率与违约风险暴露的乘积）进行授信决策，因此违约程度低、抵押品充足的贷款虽然规模较大，但是其预期损失风险限额并不高，因此可以由级别较低的贷审人员审批；反之尽管信贷金额不高，但是违约概率较高，这也需要高级别信贷审批人员核准。这种方法将客户信用评级与预期损失充分关联起来。除了贷款规模，贷款利率也是贷款审批的关键要素。

面对小微客户贷款申请，通常使用综合收益率来进行测试，即将客户的存款、贷款、其他中间收入以及未来贡献度考虑进来，得出一个银行可以从该客户获取的综合收益报酬，然后将其与银行预定的最低综合收益率进行比较，作为贷款利率的浮动标准。这种定价方法未量化贷款风险因素，因此得出贷款利率比较粗糙。现在我们用 RAROC 与 VaR 风险度量工具对贷款利率下限进行分析。例如某小微客户申请 10 万元贷款，期限一年，到期连本带利一次性偿还，贷款利率假定为 i，银行内部资金转移价格为 k，贷款违约概率与损失率分别为 PD、LGD，银行从这笔贷款可获得收益 π 为：

$$\pi = 100000(1+i)(1-PD) + 100000(1-LGD)PD - 100000(1+k)$$

$$\pi = 100000 \times RAROC \times VaR$$

联立两式得：$i = (k + PD \times LGD + RAROC \times VaR)/(1 - PD)$

该式表示该笔贷款利率必须覆盖银行吸收资金的成本（k）、银行的预期损失（PD × LGD）、银行的非预期损失（RAROC × VaR）。如果该笔贷款发放利率低于 i，该笔贷款就不应该拒绝。

第四节　社区金融机构操作风险及其内部控制问题

20 世纪 90 年代以来，国内外先后发生多起影响较大的银行操作风险损失事件，引起国内外银行和监管部门的重视。1995 年英国巴林银行的里森造成的 13 亿美元的损失导致银行倒闭；在 1998 年日本大和银行操作风险的损失案例中，在长达 11 年的资金交易中，有 3 万笔交易没有经过授权由此导致的损失达到 11 亿美元；2008 年 1 月 20 日法国兴业银行宣布因交易员凯维埃尔违规操作损失 49 亿欧元等。根据操作风险损失数据交换协会（Operational Risk Exchange Association）的统计，2008—2013 年，会员银行共报告损失金额达 2 万欧元的操作风险损失事件有 24.12 万件，损失总金额达到 57.86 亿欧元。[①] 以上这些案件涉案金额十分巨大，暴露出银行内部控制存在着极大的隐患。这样的案件不只发生在国外，自中国金融业全面对外开放后，面对激烈的市场竞争，中国商业银行推出了满足各种需求的多元化金融服务产品，与此同时也导致银行业操作风险事件频发。在国内，开平中行行长贪污挪用近 5 亿美元；邯郸农行管库员盗取金库 5100 万元现金潜逃等，2010 年年底发生的涉及济南多家金融机构的齐鲁银行特大诈骗案；2011 年年中爆发的富滇银行涉嫌国债违规交易案，涉案

---

① 刘亮：《商业银行操作风险高级计量：国际经验和启示》，《金融理论与实践》2015 年第 5 期。

金额达3500万元；2011年7月发生的中国银行内蒙古分行行长夫人绑架案引出的20亿元非法集资案等；2013年5月，招商银行计算机系统短期故障造成交易暂停，给客户带来损失的同时，自身信誉也受到影响。随着金融规模的扩大和金融业对社会经济影响的日益广泛，操作风险事件对国有商业银行的影响日益增大。目前，操作风险、市场风险和信用风险已并列为银行面临的三大风险，操作风险的防范已成为社区金融风险管理的核心内容之一。

一 操作风险的现状

从中国银行业情况来看，对操作风险的认识和管理还停留在比较肤浅的层次，监管当局关注的焦点一直定位在信用风险领域，监管资源过分倾斜于银行不良资产的处置，以至于银行操作风险近些年呈持续上升趋势。因此，关注操作风险已成为中国商业银行不可回避的话题，操作风险是当前银行业风险管理的重中之重。

与银行面临的信用风险和市场风险相比，中国商业银行操作风险主要表现在道德风险，失职违规发生了165件，占比35%；内部欺诈与外部欺诈合计占比为33.9%；以内部流程不健全、执行不到位为代表的内部程序问题占比为27.4%（见表6-1）。简言之，操作风险并不但与银行的“操作”（如后线支持、信息系统出现故障、业务流程上的问题等）相关，而且也与银行业务操作之外的领域相关，如欺诈交易、模型的风险、报告和会计体系出现问题等，它遍布银行业务的各个领域、各个环节，无论是负债业务还是资产业务、现金业务还是非现金业务、财务交易还是非财务交易，都存在发生操作风险的可能性。

目前，中国商业银行的操作风险管理手段仍然采取较为粗放的手段，对于发生的风险事件首先对其进行定性分析，而缺少定量分析，如风险发生的频率、可能造成的最大损失、预期损失多少等定量数据，既缺乏数据基础也缺乏计量方法。在定性分析后虽然制定了操作风险管理策略，但是无法正确把握其风险防范的程度，因此导致了中国商业银行中“零风险、零问题”等不切实际的目标。而国外商业银行较为注重定量分析，从损失数据搜集、操作风险分析、计量到完整

表 6－1　　中国商业银行操作风险统计

	分类	件数	占比（%）
人员	内部欺诈	73	15.5
	失职违规	165	35.0
	违反用工法律	1	0.2
	工作环境安全性	2	0.4
	劳动力不足	1	0.2
	小计	242	51.3
内部程序	内部流程不健全	52	11.0
	流程执行失败	24	5.1
	监控和报告	3	0.6
	文合/同缺陷件	4	0.8
	担保品管理失败	33	7.0
	产品缺陷	3	0.6
	违约与泄密	0	0
	与客户纠纷	11	2.3
	小计	130	27.4
系统	IT 系统	3	0.6
	一般准备	1	0.2
	小计	4	0.8
外部事件	外部欺诈	87	18.4
	外部侵害	2	0.4
	自然灾害	5	1.1
	政治风险	0	0
	交通事故	2	0.4
	非交易对手方	0	0
	外部销售商和供应商	0	0
	小计	96	20.3
合计		472	100

资料来源：顾京圃：《中国商业银行操作风险管理》，中国金融出版社 2006 年版。

的数学模型建立，花费了较大的资源投入。仅损失数据搜集就需要至少累计 10 年以上才可形成建模的基础损失数据分布。定性分析固然重要，但是定量部分才能以更加精确的方式呈现出操作风险管理的实际水平，从而提升操作风险管理的质量和效率。

二　中国操作风险监管体系发展历程

2010 年，巴塞尔委员会结合银行操作风险在次贷危机中的表现，对《操作风险管理和监管的稳健原则》进行了修订；2011 年 6 月，又发布了《操作风险高级计量法监管指引》，鼓励银行采取高级计量法对操作风险进行计量以及建立治理框架。中国银监会对《巴塞尔协议》涉及操作风险的管理方法进行了研究，提出了《加大防范操作风险工作力度的通知》（以下简称“13 条”）。自 2005 年银监会的“13 条”出台后，操作风险在银行风险管理中的地位逐渐提升。中国各大银行纷纷对此做出回应，在银行的经营和风险管理过程中，逐步把操作风险纳入银行全面风险管理的框架中。2007 年 5 月银监会发布了《商业银行操作风险管理指引》，该指引从操作风险管理的定义、职责，到操作风险管理方法、重大事件上报、内部控制应用、信息系统建设、应急和业务连续性方案、外包政策、购买保险和资本要求等方面提出了要求，倡导“三道防线”的操作风险管理理念，即经营单位和专业条线是防范操作风险的第一道防线，操作风险管理部门是第二道防线，稽核部门是第三道防线，为商业银行开展操作风险管理指明了方向。以资本计量为主导在《巴塞尔协议Ⅱ》的基础上，2008 年 10 月银监会颁布了《商业银行操作风险监管资本计量指引》，明确了商业银行应选择标准法、替代标准法、高级计量法计量操作风险监管资本，并提出了计量的具体标准，引导商业银行采用更为先进的方法，更加注重从资本计量角度开展操作风险管理，为量化管理打下了基础。2013 年 1 月 1 日实施的《商业银行资本管理办法（试行）》对操作风险的理念和精髓进行了详细和完整的阐述。银监会等监管部门制定的这些规章制度对中国商业银行操作风险问题较为突出的实际情况起到了威慑作用（见表 6－2）。从 2005 年到 2012 年中国银监会及其派出机构现场检查银行业金融机构（含分支机构）情况看，对商业银行的处罚涉及银行业金融机构违法违规经营、违反内部制度规定操作、挪用贷款、违规发放贷款、违反存款竞争秩序、公款私存、擅自变更经营场所、银行高级管理人员收受贿赂、遗失金融许可证等种种情形。

表6-2　中国银监会及其派出机构现场检查银行业金融机构情况

年份	违规资金（万亿元）	违规银行业金融机构及分支机构（家数）	取消高级管理人员任职资格（人）
2005	0.76	1205	325
2006	—	1104	243
2007	0.86	1360	177
2008	—	873	78
2009	1.15	4212	86
2010	1.54	2312	49
2011	1.26	1977	66
2012	1.16	1533	55

注："—"表示数据空缺。

资料来源：中国银行业监督管理委员会历年年报。

三　商业银行产生操作风险的深层次原因

根据国内外商业银行操作风险事件的特征，风险行为的发生往往源于员工心理契约的蜕化，而心理契约的变迁是一个阶段性的过程，所以说操作风险事件的发生并不是源于相关员工的一念之间，而是经历了相当一段时期的酝酿过程，这个过程可以看作是操作风险的潜伏期。

第一，缺乏有效的治理结构体系。商业银行对交易员行为合规性负有监督责任的人员与部门，包括前台交易部的各级主管和中后台法律合规部、风险管理部、运营管理部、计划财务部等。可以防止串谋的多头监督使得信息分散，出现监管真空地带。在科维尔事件中，相关部门针对科维尔的各种交易发出了75次报警，但从法国兴业银行组织架构看，前中后台各部门对警告信息进行了分散化处理，但部门之间没有进行有效的沟通，造成风险判断失误。一般来说，存在利益冲突的岗位应当分离以实现相互制衡的目标，但巴林银行岗位设置存在致命缺陷，由于允许里森一身兼二职，即交易部经理和清算部经理两项职务，大大提高了里森违规交易的机会。

由于中国商业银行大部分将内部审计部门看作是操作风险管理的职能部门，在部门设置上与总行一般部室平行，直接隶属于经营层，而不是接受监事会的直接领导，这导致该部门缺乏权威性，从而造成对分支机构的稽核监督容易，而对总行层面的稽核监督难以开展。

第二，内部控制制度形式主义严重。在法国兴业银行案例中，简单的月度定期审计活动使科维尔有足够的时间来规避内部审计，而缺少飞行式的突击审计活动降低了发现违规行为的概率，同时未能严格执行强制休假制度也给科维尔很大空间继续掩盖违规活动。当里森的交易活动出现异常现金流动和亏损苗头时，巴林银行总部派出的审计组仅进行了“走过场”式的审计，结果是未能在第一时间及时发现和解决问题。2007 年，中国邯郸农行特大金库盗窃案突出暴露了现金管理制度停留在墙上与纸上的问题。

第三，内部稽核与排查强度不够。科维尔的两任直接主管均缺乏足够的衍生产品交易的相关知识和经验，不能胜任对交易风险的监管，人员配备失误导致科维尔受到的第一层监督几近缺失。在日本大和银行操作风险的损失案例中，高级管理层对于操作风险产生机制缺乏认识等原因，导致资金交易的前台、中台没有分离，在 11 年的资金交易中，有 3 万笔交易没有经过授权，由此导致的损失达到 11 亿美元。

以中行为例，在高山案之前，该行针对支行的稽核监督明显缺失。如果不是上市公司东北高速到银行对账，恐怕该案还不会被发现。由于近几年会计和营运制度改革，个人业务检查辅导有些弱化，懂全面业务的稽核监督人员匮乏，达不到占总员工数 5% 的国际一般水平。上述原因导致内部稽核发现的表面性问题较多，缺乏对深层次问题和风险隐患较大问题的识别、计量能力。

四　操作风险度量理论的演变

结合当前社区金融操作风险的管理现状和风险特征，中国研究人员先后提出了一些应用于中国商业银行操作风险的计量方法，并利用有限的损失数据，对银行操作风险进行了初步的量化分析。张静等（2003）建议现阶段使用标准法提取资本金，同时立即着手建立损失数据库，积累损失资料，为精确度量操作风险建立基础。田玲（2003）建议中国商业银行现阶段着重考虑内部衡量法的操作要求，在现有条件下不断熟悉、完善该操作方法的具体过程，不断积累操作风险衡量的经验，为将来采用精度更强、灵敏度更高的度量模型做准备。王旭东（2004）则认为，中国金融机构目前缺乏科学量化管理操作风险的经验，损失数据的积累也不足，因此内部度量法对中国金融机构来说并不适应，而应以标准法作为外部监管和计算资本充足率的标准，并加强对操作风险损失数据的收集整理，建立各业务部门的风险损失数据库。乔立新等（2003）设计了一种计量中国网络银行操作风险的模型，即基于 VAR 估算 CAOR 值的标准法模型和内部评级法模型。樊欣等（2004）利用公开媒体报道的资料，从损失事件类型、业务部门、四大专业银行、区域分布等维度，对中国操作风险损失事件的频度和幅度进行了定量分析，并对中国银行业目前面临的操作风险状况给出了一个初步的定量概括与归纳；同时利用证券因素模型和收入模型，选取国内上市的商业银行作为研究对象，认为收入模型、证券因素模型在某种程度上可以反映操作风险的大小，且收入模型的度量结果优于证券因素模型的度量结果。然而，无论是收入模型还是证券因素模型，解释变量的选择对于模型的有效性有重大影响，且数据的多寡也是影响模型结果可靠性的一个重要因素。2006 年 12 月，中国银监会发布了《商业银行操作风险资本计量操作指引》（征求意见稿），标志着中国商业银行操作风险资本计量的开端。赵欣（2007）结合中国实际对替代标准法和标准法进行了比较，并运用中国银行的实例，探讨了替代标准法在中国商业银行的应用。银监会（2008）发布的《中国银监会关于印发第一批新资本协议实施监管指引的通知》针对中国商业银行提出了详细的操作风险资本计量方法。张磊（2008）按照巴塞尔委员会对银行操作风险的定义，对中国银行业近年来的操作风险损失案例进行收集整理，并通过蒙特卡洛仿真实验对操作风险损失大小进行估计，最终得出在一定置信水平下，商业银行应当为操作风险计提的准备金数额。范洪波（2009）详细评析了高级计量法体系中具有代表性的内部衡量法、计分卡法、极值原理法和损失分布法的基本原理及各自优缺点，且以德意志银行为例阐释了如何利用损失分布法进行操作风险经济资本计量。

五　建议

（1）当务之急是将操作风险监管重点从基层转向高管层。关于对操作风险的认识，出现了将“操作风险”等同于“操作性风险”的误区。这可以从通过梳理银监会成立以来案件防控工作的政策文件和领导讲话中得到验证。其实操作风险事件分为高频低危事件和低频高危事件两大类：高频低危事件更多表现为“操作性风险”，主要包括零售银行业务、商业银行业务和支付与清算等产品的柜面业务操作等重点防范区域，操作风险易发的主要部位包括现金管理、单证管理、印鉴管理、授权管理、账户管理等环节。在近十年的高压管控下，无论是城商行还是农村金融机构都已经制定了完备的规章制度，并且也得到了较好执行。而低频高危事件指发生频率低、一旦发生就会造成重大损失的事件。近些年，国有大型商业银行一些高管相继落马就是最好的说明。事实上，中国地方150家左右的城商行和上千家农信社的部分高管也可能存在类似问题，因此该类事件是银行的主要防控目标。

（2）加强操作风险量化分析。按照《巴塞尔协议Ⅲ》的要求，操作风险高级计量法的实施至少需要5年的数据，对于首次实施的可以减至3年。因此社区金融机构应该尽早建立损失数据搜集机制。对于数据处理，需要考虑不同环境下的数据应用，例如内部损失数据既可用来估计损失频率分布，也可作为情景分析的输入数据；同时有效估计操作风险尾部损失的情景分析数据填补了内外部损失数据的空白。模型构建时要处理好相关与独立等各种假设，正确选择计量、测试、验证方法。

（3）为确保操作风险管理活动被很好地理解和执行，社区金融应当建立起完善的操作风险管理组织结构。同时结合商业银行的实际情况，选取适宜的银行操作风险度量方法。首先建立一套相对简略的、但是比较完整的操作风险的管理体系，这个体系应当基本覆盖操作风险的识别、评估、缓释、监控、报告等环节，在此基础上建立覆盖整个机构的操作风险管理战略和政策，从相对简略的领域出发，在实际运作中逐步完善，扩大其覆盖的操作风险的领域。其次是基础数据的搜集和积累。操作风险管理需要信息系统强有力的支持，根据《巴塞尔协议》，用于计算监管资本的内部操作风险计量法，必须建立在对内部损失数据至少 5 年的观察基础上。应当在统一标准的前提下采集尽可能多的数据，建立风险损失数据库。运用先进的量化操作风险方法是巴塞尔委员会的倡导趋势，应当先做好基础工作，为先进方法的使用打下良好的基础。最后选取恰当的操作风险衡量方法。新协议提供了三种不同的计量方法，这三种方法有各自的特点和适用范围。商业银行可对这三种方法进行全面的评估，定量评定操作风险，提取相应的资本准备，坚持科学发展和理性经营。

第五节　本章小结

本章首先总结了富国银行小微业务风险控制的经验，其次对《巴塞尔协议Ⅲ》以及中国的《资本办法》的主要内容以及对社区金融业务的支持进行了概括，在此基础上对中国社区金融全过程风险管理流程进行了重新设计，最后分析了中国社区金融机构操作风险及其内部控制问题。

第七章　中国商业银行社区银行模式的实践与探索

根据前文所述，银行的社区化模式与大银行模式主要存在四个差异：一是社区金融机构的组织结构更简单且宜采取扁平化的模式，这有利于减小信息传递损耗以及提高贷款审批效率。而大银行在硬信息为主的前提下，组织结构采用了垂直化模式，同时大量开发并使用了先进的信息系统，保证了信息传递在多个环节中的质量，因此集中授信审批成为常用的信贷制度。二是社区战略下的盈利模式是以社区成员的个性化金融服务需求为导向，实行“一对一、门到门”式服务。在与社区成员的沟通与交流中，提供满足其需求的产品，而从来不推出无需求的服务与产品。而在大银行模式中，标准化、批量化的金融产品是主推的金融产品，因为这可以大大降低单位产品的成本。三是在风险控制上，社区金融机构一般注重从多个渠道、多个维度以及长期追踪客户经营状况，且在出现问题时可以快速采取控制措施。由于社区金融机构对社区成员的金融服务高度稳定，使其有别于大银行根据不同的经济周期选择不同行业的客户对象，所以社区成员的经营相对稳定，即使某些客户资产质量出现恶化，社区金融机构也能够及时伸出援助之手，给予资金支持，避免风险传染到其他社区成员。四是社区金融机构兼具“银行”与“社区”两个彼此矛盾的目标。作为银行，其目标是盈利最大化；但是作为社区，又要以社区发展作为目标。它们通常以购买地方政府债券、管理慈善基金或救助基金、给予经济困难的社区成员资金支持承担社会责任。

自从 1978 年经济体制改革以来，中国银行业先后经历了五大商业银行从人民银行的分拆与商业化运行、股份制银行的建立、信用社的改制、以村镇银行与民营银行为代表的新型银行的涌现。时至今日，这些存款性金融机构总体发展良好，为中国经济发展提供了有力的资金支持，但是我们也看到这些商业银行正处于向大银行模式或向社区模式转型的十字路口。下面我们探讨中国商业银行建立社区模式的可行性以及总结农村信用社、城市商业银行、村镇银行等银行在建立具有一定特色社区模式的相关经验。

第一节　中国社区银行模式的可行性分析

依据前文社区银行的定义，符合资产规模小于100亿元人民币，服务对象集中于特定区域、具有独立法人特征的中国社区金融机构主要是上千家农村信用社。农村信用社基本组织原则是合作，股东主要由与信用社发生业务的客户、社员组成。经营目标主要是满足社员的资金需求，为股东创造最大利润。但是由于信用社的股份来源非常狭窄且具有一定的自闭性，这就限制了外来资金补充资本金的渠道，从而在激烈的市场竞争中处于不利地位。根据有关统计，中国农村信用社的平均资产规模不到10亿元，基础设施投入不足，经营能力较低，主要业务仍然为存贷款业务，风险管理水平较差，人员素质不高。因此作为合作类的金融机构需要国家有关政策支持，例如包括税收政策与准备金在内的金融监管政策。正是由于信用社自身“造血”能力不足，一些信用社在进入新世纪后开始改革，转制成为产权规范、符合现代银行制度的农村商业银行。尽管如此，但其为农村社区服务的本质并未改变。20世纪90年代中期，中国城市信用社开始开展“服务地方、服务中小、服务市民”的地方性商业银行改制，基本遵循了合作制、股份合作制、股份制的改革路线。经过10多年的改革，它们已经全部改制为以股份有限公司为特征的城市商业银行（以下简称城商行），共计140家左右。与信用社相比，在保留为城市、为产业、为社区提供金融服务的同时，其股份进出完全放开，任何社会资本都可以参与进来。经过10多年的发展，很多城商行的资产规模远远大于100亿元的规模，北京银行甚至超过万亿元。除了信用社外，改革后中国陆续成立了13家全国性股份制商业银行。虽然这些股份制银行的规模小于五大国有商业银行，但是资产都远远超过万亿元，并且经营范围为全国，且都建立了现代产权制度与完善的治理结构。其问题是“嫌贫爱富”，在落后的地区吸收存款，然后将其投向发达地区，事实上扮演了资金“抽水机”作用。除了这三类银行外，新世纪以来民营资本逐渐开始进入金融业，并参与村镇银行以及民营银行的组建。这些金融机构从本质上讲都属于社区金融机构的范畴，但是也都存在一些问题。下面我们对它们的治理结构、盈利模式与风险控制模式进行详细论述。

发达国家的金融社区化运动以清晰的经营定位与比较优势取得了成功，并有效推动了地方经济发展。那么中国国有商业银行可否借鉴成功经验，开展社区金融业务呢？现实情况说明这种做法不可行。首先，五大国有商业银行天然使命决定了其服务中央企业与地方大型国有企业的经营目标；其次这些银行资产规模巨大、经营范围遍及全国，在产权结构不十分清晰条件下，很难建立起服务中小客户的金融服务体系。相比较而言，农村信用社、城市商业银行、股份制银行、村镇银行与民营银行等金融机构战略目标更适合定位于社区。下面我们从发展空间、宏观经济效应、外部机遇与社区金融机构模式四个方面探讨其可行性。

一　发展空间

改革开放初期的中国，社区概念表现为以单位（包括企业、事业、机关等组织形式）为核心、以村庄为中心的组织。具体来说，国有企业就是一个小社会，其成员工作、生活等各项活动基本上离不开这个圈子。农村与城市形成的二元化排斥了人员的相互流动。农村中的居民基本是以行政村作为社会活动的地理空间。农村社区金融活动表现为社员之间的互助行为，并且通过信用社、农业银行等金融机构成为城市建设资金的供应者。城市社区也由于企业的完备社会功能而较少依赖银行贷款。简言之，改革开放初期的中国社区金融机构发展空间有限。但是随着改革的深入，市场经济主导地位的确立，社区的内涵也发生了很大的变化。首先，国有企业改制剥离了附加自身的社会职能，企业形成的社区逐渐减少，取而代之的是由生活功能与居民收入决定的新型居民聚集区。这些社区中的居民不再来源于同一个工作单位，而是有某种共同的价值取向，因此定义这种社区为生活社区。除了它以外，还有以供应链与商圈为基础的经济社区，该社区主体成员主要由企业或者经营商户组成。它们的经营状况、信用都维系在“链”里与“圈”中。近年来，互联网日新月异的发展形成了庞大的网民，他们根据爱好、习惯等标准形成了各种不同的虚拟社区。在大数据的支持下与相关网站合作下，可以分析这些社区网民的消费特性与社交活动特征，并进行相应信贷支持。

二　宏观经济效应

1. 降低中国银行系统性风险

目前中国以大银行模式为代表的银行组织体系存在一个巨大的隐患：信贷资金过于集中在大企业、大项目中，一旦经济处于下行周期，容易爆发系统性风险；而大力发展社区银行模式可以建立起多样化的银行组织体系，分流大银行的信贷资金，同时满足不同层面的资金需求，形成相对独立的社区资金市场，分散系统性风险。

2. 优化产业结构与促进区域经济平衡发展

多年来中国的经济增长主要依靠第二产业，在中国顺利跨越贫困陷阱时，又面临着中国如何跨越中等收入陷阱的问题。[①] 如果延续工业规模式的发展思路，就可能使中国人均国民收入停留在5000—10000美元，始终无法突破10000美元的门槛，借鉴日韩等国发展经验，以服务业为主的第三产业将是拉动经济增长的主要引擎。实际上

① “中等收入陷阱”最初是由世界银行于2006年发布的《东亚经济发展报告》中率先提出，指各经济体用摆脱贫困陷阱（人均GDP大约超过1000美元）的战略来继续提高其经济发展水平所遇到的挑战，曾经的经济增长动力无法持续，一国的经济增长很容易在此阶段陷入徘徊或停滞。根据世界银行2010年8月的标准，世界各经济体按照年人均国民收入（GNI）可以分成三个级别，其中GNI小于等于995美元划入低级；GNI大于等于12196美元划入高级；GNI在这两者之间的经济体属于中级，也就是我们所说的中等收入，其中中等收入又以3945美元为标准分为下中等收入（小于等于3945美元，共有56个经济体）和上中等收入（大于3945美元，共有48个经济体）。

社区服务就是第三产业的主要载体，尤其是劳动密集型的社区服务业既提供了经济增长的内在动力，又充分挖掘了劳动力需求。在经济由中等收入向高收入阶段跨越时，农村与城市的二元化结构是横亘在发展之路上的巨大障碍。根据《山东省农村新型社区与新农村发展规划（2014—2030 年）》（以下简称《规划》），到 2030 年，山东省行政村数量从 2013 年年底的 6.5 万个减少到 3 万个，农村户籍人口与常住人口分别从 5482 万人、4502 万人减少到 3750 万人、2970 万人，同时建设约 7000 个农村新型社区，其中建成城镇聚合性新型社区 3000 个（每个至少 5000 人）、村庄聚集型 4000 个（每个至少 3000 人）。通过新型城镇化实现农民向社区、小城镇与中心村集中，产业向园区集中。因此通过社区金融支持社区服务的发展，对于大城市功能型产业调整、新型城镇化建立、区域经济协调发展具有重要的现实意义。

3. 推动社区自主管理

随着市场经济活动的深入，社区服务已经从政府包揽一切到逐渐退出，取而代之的是社区居民为管理主体的社会化。社区金融机构作为资金引导的主要力量，是有助于实现政府、市场、社员之间良性互动的黏合剂。同时社区居民或企业通过行使社区金融机构的股东权力加强资金对社区服务项目、基础设施的建设力度，实现社员参与社区建设的自治性作用。

三　外部机遇

鉴于五大行服务大中型客户的战略调整，县域金融服务出现了网点撤离与合并等导致的金融空洞现象，而这正好给其他金融机构提供了进入契机。

1. 满足中小微企业融资需求

中小微企业对经济发展做出的贡献与获得的信贷资源严重不成比例。随着“抓大放小”与“民进国退”战略实施，大部分地方国有企业纷纷改制，再加上许多私人成立的中小微企业，其结果是当前绝大多数中小微企业都是民营性质，都处于生存发展期，都急需资金做大做强。但无论是资本市场还是银行信贷，其高门槛导致了融资渠道不通畅。资金“瓶颈”就像悬在头顶上的达摩克利斯之剑，直接威胁生死。中小金融机构在产权明晰、经营机制转换的历史机遇下，将经营对象定位于这些发展潜力巨大的民营企业。从而既发挥了自身熟悉地方企业的信息比较优势，又为地方经济发展提供金融资源支持，形成地方与地方金融机构互相促进发展的良性路径。

2. 满足社区居民的基本金融服务需求

20 年来中国城市化发展速度突飞猛进，城市化率平均每年增长一个百分点，截至 2013 年年末，城市化率已达到 53.7%。学者已经证实城市化与金融发展高度相关。普惠金融在城市快速发展的同时，在农村地区进展缓慢，尤其是农村基础金融服务“最后一公里”——行政村还未完全打通。因此，结合《中国银监会办公厅关于推进基础金融服务“村村通”的指导意见》与《金融服务进村入社区工程》以及中国新型城镇化战略，避开城市竞争红海区域，开辟农村金融服务蓝海区域。

3. 满足个性化金融服务需求

中国经济高速发展的同时导致了中国贫富阶层的分化。富裕阶层对个性化金融产品的需求与大银行提供的标准化、规模化金融产品不匹配。而这给位于零售业务的中小银行带来发展机遇，虽然零售业务单笔金额小，但是涉及千家万户。对于扎根社区、熟稔居民的银行可以相对较低的比较成本为消费能力较强的客户量身设计金融服务产品。

四　社区金融机构模式

1. 产权模式选择

社区金融机构的组织模式可以选择股份制、合作制以及股份合作制。不同的法人治理结构模式将对经营理念、市场定位与业务发展产生不同的影响。股份制下，银行资金不仅仅来源于社区的企业与居民，而且也有社区外的战略投资者的身影，在利润目标引导下，银行资金追求大企业，从而忽略社区内众多的中小微企业资金需求。合作制下，银行资金来源于社区内并完全用于社区内，但是合作制下组建的银行在支持社区经济发展的同时，将造成资金集中于关联企业，形成关联交易与不公平竞争。而股份合作制下，有效结合了股份制与合作制的优点，在利润最大化的同时，照顾了社区内中小微企业与社员，在减小关联交易的同时增加了竞争。

2. 区位选择模式

在资源有限的前提下，国有商业银行从县域网点撤出产生的金融服务空洞，仅依靠信用社尚不能满足当地信贷市场的资金需求。因此社区金融机构可以在这些区域设立分支机构，充分利用原营业场所与人力资源，为当地中小微企业与社区居民提供个性化金融服务。选择区域时需要注意为社区金融机构留出生存空间，划定有效的社区边界，避免社区金融机构之间的无序竞争。

3. 风险控制模式

建立完善的内控体系与法人治理结构，保证银行社区模式的正常运转，减少内部风险发生率。而国家以及地方政府为了防止社区金融机构将社区资金转移到社区外，可以采取社区资金投放与社区金融机构优惠政策挂钩的方式，例如降低存款准备金率，增加流动性支持；减免税费；提供政府基金担保等。

第二节　中国农村信用社的社区模式

中国农村信用社的社区化改革真正始于 2003 年 8 月，第一批有八个试点单位，它们无一例外地都选择了联社模式，2004 年共计 29 个省进行了改革。改革仍然遵循了实体企业“放权让利”的思路，即中央对农村社的统一管理权下放给省级政府，目的是希望各地根据本地区的经济发展特点制定适宜的改革措施。从实践来看，除了北京、上海等直辖市选择农商银行外，其余各省基本选择了省联社模式。这种模式有以下两个基本问题：

第一，治理模式不完善。首先许多省联社主任与理事长仍然“一肩挑”，“三会”主要成员仍然由政府任命。关于公司治理法律规章制度方面，虽然各省联社根据《公司法》《商业银行内部控制指引》出台了章程、内控制度体系等制度文件，但是许多还停留在纸面上。

由于省联社下面信用社成员多（国家规定“一乡一社”），信用社社员股权比例小且股权结构分散，导致省联社对成员高管人员的行政任命演变为内部人控制。

第二，经营管理能力有待提高。大部分信用社以乡镇为单位统一核算，其余以县市联社为单位统一核算。省市联社主要行使行业管理职能，不干涉具体业务经营。由于涉农贷款项目风险高、担保资产少，省联社上收审批权，导致与社员联系最密切的基层信用社信贷审批环节增多，决策机制缓慢，经营成本增加。省联社为了减少信贷风险，将资金投向非农领域或通过同业渠道进行转存，获取套利利差，偏离主业。另外，预算成本约束软化，导致工资、会议费、招待费等管理费用大幅增加。

2006 年 2 月底在“全国农村信用社工作会议”上，银监会前主席刘明康明确了农信社改革方向为符合现代金融企业制度要求、有特色的社区性农村银行机构。2010 年，中国银监会印发了《关于高风险农村信用社并购重组的指导意见》。银监会 2013 年年报显示，全国共有农村商业银行 468 家，农村合作银行 122 家，农村信用社 1803 家。近 1400 家农村信用社已达到或基本达到农村商业银行组建条件，农村信用社的资格股占比已降到 30% 以下。2013 年，农村合作金融机构坚持“成熟一家，组建一家”的原则，推进农村信用社改制组建农村商业银行，加快推进现代银行制度建设，建立标杆银行制度，扩大流程银行试点并将工作重心转向内部机制建设，审慎开展综合经营试点和金融创新，积极实施新资本管理办法。① 结合中国商业银行组织体系的目前状况，将农村信用社整体改制为社区银行的构想如下：

一是各省（自治区、直辖市）的省级信用联社改制为本省的社区行政管理中心。其职责主要是代表政府管理社区银行；加强与社区公共部门、社区其他组织进行互惠合作；监管社区银行对本社区的金融支持力度，保证社区金融资源用于社区建设中，不偏离“社区服务”经营目标，同时对欠发达社区的银行给予一定收费、税收等政策支

① 来源于银监会各年年报。

持；与社区银行业协会或其他自律组织进行沟通，加强社区银行之间的合作。

二是以地级市或县级联社为单位组建社区银行，将原来联社下的信用社改制为分支机构，实现法人主体单一化、管理分层化的经营体制。具体组织形式可以采取股份制、股份合作制等形式。

三是社区银行的组织治理结构上注重简单有效原则。有效性体现在董事会、监事会、社区成员代表大会有非社区银行员工的比例，并且明确在比例未达到的情况下，社区成员代表大会不予召开。

四是盈利模式坚持社区服务的宗旨。通过向社区大量发放小额贷款以及提供社区各项金融服务来获取中间收入作为盈利的源泉，杜绝以垒大户、追求贷款规模效益的经营模式。

五是风险防范坚持内外并重。社区银行风险控制体系应以“三道防线”为主，即信贷业务部门为第一道防线；风险管理部为第二道防线；内部审计为第三道防线。虽然社区银行服务范围的相对封闭性使得其受外部风险扩散与传染作用较小，但是一旦受到了外界风险的影响，其自身较弱的风险控制力决定了流动性的支持必不可少。考虑到社区银行的社区服务的社会属性，地方政府也应在社区银行出现流动性危机时，给予相应的救助。

第三节　中国城市商业银行与股份制银行的社区模式

1995 年，中国第一家城市商业银行——深圳城市商业银行成立。经过 20 年的发展，截至 2013 年年末，共有 150 家城商行，合计资产总额 15.18 万亿元，占银行业金融机构比例为 10.3%。中国城商行发展参差不齐，自 2007 年北京银行、南京银行与宁波银行率先在资本市场上市后，这些上市城商行的资本实力与资产规模迅速增多，综合性业务发展战略明确，但是还未上市的绝大多数中小银行仍然以本地为业务重点发展区域，并以特色化与差异化作为经营优势。在金融脱媒与资本市场扩容下，大企业开始从银行信贷间接融资方式转向股票、债券、理财工具等直接融资方式。同时利率自由化减少了银行的垄断利润。这使得对中小微企业从冷落到热情，中小微企业成为全国性股份制银行与五大行的重点营销客户，城商行如何从竞争中脱颖而出呢？

一　组织结构

脱胎于城信社的城商行天然具有与地方经济共生的关系。目前资产规模较大的城商行正在进行组织结构模式的重塑，它主要采用美国的“金字塔”形结构，在原来总分支结构模式的基础上，大幅压缩中间层级，实行直线职能制。还有一些银行更进一步尝试进行事业部改革，甚至业务条线与区域相结合的矩阵式。在直线职能制下，银行的职能进行梳理，并按照职能分成若干个部门，这些部门直接对总行负责，原来庞大的中层管理人员大幅减少。由于该组织结构模式下总行可以及时掌握业务发展情况并快速授权，基层员工对总行授信政策理解更准确、对客户信息挖掘更深入，因此它特别适合高度集权的中小银行。

直线型组织结构模式实际契合了城商行经营定位本地区的战略。根据分工理论，随着农业生产效率的提高，农村剩余劳动力开始离开农村，在城市一部分人成为产业工人，另一部分人从事服务业。因此城市作为地理空间的集合体，集聚了大量的人员、产业，形成了纵横交错的社会关系网以及各种活动产生的复杂信息流。这些信息流具有变化快、量大以及真假混杂的特征，这要求城商行面对这些信息时，既要有效甄别，又能快速传递与响应。收集信息、甄别信息需要一支稳定的基层信贷经理队伍。信息收集是长期性的工作，需要人员稳定且持之以恒，因为其收集的信息不仅仅是财务报表、资产规模等可准确定量的信息，同时还有项目申请人及相关人员的社会信用、家庭关系、社区认可度等定性信息，正是这些软信息决定了信贷经理需要与社区保持长期跟踪与联系，因此信贷经理来源于本地、来源于社区就成为当仁不让的必要条件之一。在信息搜集基础上，信贷经理需要对信息去伪存真，初步判断项目可行性。对于属于其授权范围内的审批限额，可以直接作出信贷决策，但是对于超权限的项目，需要上报给总行审批，同时总行进行反馈。这一来一往，甚至多重来回的交往，意味着信息在这些通道来回传递。如果通道太长、不顺畅，则会产生信息损耗、失真、响应慢等问题。从一般项目的调查发起到最终审批的各环节来看，组织结构模式决定了信息的完整与否，进而决定审批效果。因此管理链条短、对基层信贷经理充分授权的“金字塔”式组织结构是城商行的重要选择之一。

虽然信息技术有助于降低地理距离对借贷成本的影响（David J. Porteous，1995），但是信贷作为一种非标准化金融产品，仍然需要克服距离带来的信息不对称风险。篮球场有一个投篮规律——离篮筐越近命中率越高。银行与客户物理距离越近，其与客户心理距离就越近，信息搜集就越准确，城商行具有不同于大行的两个特殊优势——人缘与地缘。城商行源于地方、长于地方，通常由几十家城市信用社合并而成，城信社建立在社区或周边的商圈，较低的员工离职率保证了他们对周边情况非常熟悉。除了固有优势外，大行从县域及基层地区撤并网点所产生的金融服务真空为城商行扩大经营区域提供了契机。新服务网点的结构可以按照直线职能制设置，信贷经理与风险经理的选聘本地化，并赋予其灵活的审批政策与审批权限。

基层信贷经理得到的授权过多，将产生信贷经理权责不匹配的道德风险，即在承担一定风险前提下，追求过多的自身收益。如何解决这种风险？根据前文分析，委托—代理问题的关键是二者的效用函数保持一致，如果给予信贷经理一定比例股权激励，就可使得两者的目标差距缩小。同时我们已经论证对员工的激励可以刺激客户更多主动显示信息。目前中国城商行治理结构面临着混合所有制、薪酬改革与支行改制的契机。

二　战略定位

银行战略定位决定了银行的发展方向。社区模式决定了银行走本地化、品牌化道路。本地化简单来讲就是立足本地，但是其深层含义是将本地优势淋漓尽致地发挥出来，成为本地的第一大银行。例如美国芝加哥地区有一家无人不知的银行——Bank One，它广开营业网点机构，吸引了当地大多数居民开账户，存款业务在当地占据垄断地位。但是在西部、北部与南部地区却几乎无人知晓该银行，因为它的战略定位就是在该地区。虽然社区银行 U of Chicago 只有两个支行，但是经营历史却有一百多年，如今芝加哥大学许多教授都在这里存款，资产量很大。美洲银行（Bank of America）曾经到芝加哥地区建立了几个支行网点，但是在勉强经营了三年后，最后还是被本地银行挤出市场。品牌化代表一种经营理念，既可定位高端客户，也可定位低端客户。恒生银行以低贷款利息的方式让渡给客户，以此吸引客户。它的支行营业面积只有 20—30 平方米，人员三人左右，一般租赁超市的一个角落，不提供类似报纸、杂志与座椅等物品。其实这是该银行向外界树立一个低运营成本品牌，吸引具有很多价格趋向的客户，即希望这家银行存款利息高，同时贷款利息低。信贷经理跑断腿，不如客户口口相传。品牌决定了银行不用行商，只需坐商。因为品牌优势经过总行推广以及客户体验与口口相传的模式，可以让客户最终了解与认识银行。

三　专营机构

鉴于中国城商行的资产规模较大，比较之下，其支行资产规模较为符合社区银行的要求，因此需要根据工业生产活动、生产服务活动、小区等生活活动建立专门面向产业、商圈、小区的特色支行以及社区支行与直销银行。这些专营机构既有持牌式与非持牌式，也有在行式与离行式。

1. 小微特色支行模式

小微特色支行不同于传统的支行经营模式，它是对本地方或区域市场进行深入挖掘与细分，进行分类管理，实现“专业的人做专业的事”专业化经营目标。在政策的激励下，目前已有民生银行、邮储银行对各自的分支行进行了机制改革，建立起小微特色支行。

民生银行专业支行是行业金融专业化的集中体现。为拓展小微金融服务，2011 年民生银行推出以专业市场命名的特色支行。目前，民生银行总行认证的小微金融专业支行已经达到 104 家，它们重点围绕所在区域的特色经济服务小微企业客户。充分发挥小微特色支行的地缘与人缘优势，提供基本的存贷汇金融服务，尤其是围绕支行所属行政区域的商圈、园区、产业、行业特征进行开发。例如，民生银行郑州分行结合河南特色区域优势专注于农副产品的深加工以及交通物流中心建设；而呼和浩特分行以内蒙古草原优势为着力点，重点布局乳业与牛羊肉深加工产业链金融服务。

（1）商圈支行模式。银行业务经营思维模式有传统与现代两种。传统模式体现为各自为政，其含义是指银行业务经营专注客户节点型的专用资本；相比之下，现代模式指银行充分考虑网络化的社会资本，其中商圈就是这一类业务的代表。商圈的出现与社区居民如影随形。随着城市发展、居民收入提高与政府引导，各种服务社区的特色商圈纷纷建立，这些商圈一手拉中小微企业，一手拉居民，是整个链条中的关键一环。社区银行应以个体工商户、小微企业与物流企业的融资需求作为重点营销对象，精耕细作，成为专业银行。

在中国经济年均增长9%的高速增长时期，银行处于信贷扩张期，对轻资产的中小微企业采取互保联保模式；但是经济增长下行与产业结构调整已经初现趋势下，该模式将出现一家资金链断裂，牵连其他担保关联企业流动性，“担保圈”变成了“拖累圈”。针对银行对实体企业支持的融资模式走向十字路口的困局，长三角、珠三角以及京津冀等地区相继完善与改进了传统联保贷的互保、联保信贷模式，推出了互助合作社模式，这种模式以处于物理商圈、虚拟商圈或上下游贸易链的中小微企业客户作为重点授信对象。银行授信风险防范则是基于社区内成员支付的风险互助金。

2009年，中国民生银行针对小微企业贷款需求推出了专属贷款产品——商贷通。中国社会科学院信息化研究中心姜奇平（2012）分析认为，“该产品采取了一圈两链的客户开发与风险控制模式，‘圈’就是针对各区域产业集群特点，为大型商圈、市场及工业园区提供商圈项目授信的模式；‘两链’就是从供应链、销售链出发，为大型知名企业的供应商、经销商提供贷款授信的模式”。另外，中信银行也开发了针对小微企业的产品——成长贷，提供“一链两圈三集群”模式，其中：“一链”，指供应链上下游；“两圈”，指商贸集聚圈与制造集聚圈；“三集群”，指市场、商会、园区集群。①

总结股份制银行与城商行“圈链”信贷实践，目前可归纳为四种模式，即“协会+商户的无形商圈”模式、“核心企业+上下游客户产业链”模式、“市场管理方+商户有型商圈”模式以及“农贷批量互助”模式。

从风险互助金的来源方面，通常有三种渠道，一是由合作方（即地方政府、行业协会、核心企业、市场管理方等）全额拨付专项资金；二是由合作方与小微客户按照一定比例分担，共同出资组建风险互助金；三是小微客户按比例缴纳资金组建风险互助金。同时为了防止个别地区出现企业资金链断裂风险蔓延的极端事件，地方政府应建立金融应急资金。

对于股份制银行与城商行而言，拓展“圈链”信贷模式是银行竞争地方小微客户的法宝。小微企业在该模式下信贷融资成本为8%—10%，涉农业务的利率将再降低1—2个百分点，这大大低于15%—20%的民间借贷成本。

（2）产业支行模式。一般来说，地方经济发展主要依托自己的特色产业、支柱产业。比如说，一些地方矿产资源丰富，就可发展石材支行、玉石支行；一些地方高科技企业较为集中，可以发展科技支行与硅谷支行等。一方面，根据产业链理论，一个产业由几家处于核心的龙头大企业以及众多的上下游中小微企业组成，进而形成了一个产业集群。在这个集群内，中小微企业与核心大企业形成了很强的正相关性。运用马科维茨投资组合理论证实单个企业的非系统性风险可以在产业集群内得到分散，从而将中小微企业的个体风险转化为产业集群风险。另一方面，从中小微企业个体生命周期来看，主要包括成长期、发展期、成熟期与衰退期四个阶段。成长期内的中小微企业技术优势强，产品竞争力强、市场潜力大，但是管理不规范、抵质押品少；发展期技术稳定，产品得到市场认可，有一定市场占有率，经济

① 范晓东：《银行小微贷进军互联网的模式探讨》，东方财富网，http://finance.eastmoney.com/news/1622，20121112258779527.html。

效益显现，抵质押品增多；成熟期产品市场占有率较高，利润稳定，管理规范，担保品充足；衰退期利润减少，现金流减少，担保品价值减少。城商行在审批贷款重点关注企业所处的生命周期阶段特征时，需将企业的经营状况与还款能力有效结合。

成立专营的产业支行，可将有限的支行资源最优化配置，同时对该产业或行业的发展有清晰、透彻的理解与认识，缓解银行与企业之间的信息不对称。

（3）科技支行模式。1983 年成立的美国硅谷银行从 500 万美元资产增长到如今的 50 亿美元，并且已经成为硅谷创业活动重要的融资机构，帮助与扶持了不少中小科技企业的壮大与发展。2000 年，深圳正式成立了中国第一家科技银行——建设银行深圳分行科苑支行。2011 年 10 月，科技部等五部委联合下发通知，确定了中关村国家自主创新示范区、天津市、上海市、江苏省、大连市、青岛市、深圳市等 16 个地区作为第一批促进科技与金融结合试点地区，这拉开了商业银行设立科技支行的序幕。截至 2014 年年末，已成立 100 多家科技支行。这些科技支行采取不同于传统商业银行的管理措施，放弃利润、存款等传统经营考核指标，转而以科技型中小微企业的开户、授信、贷款户数与金额作为重点任务，尤其是引导、加强与新兴产业基金、创投公司的合作内容和范围。科技支行面向中小科技企业推出一系列金融创新产品，例如知识产权质押贷款、银保联动贷款、投贷联动贷款、期权贷款等。谢林林（2013）指出："中国科技支行虽然是商业银行支行，但大都得到政府特殊的政策扶持，具有政策性银行的色彩。科技支行为科技型中小微企业提供贷款，往往由政府开办的担保机构提供优惠的担保，政府给予风险补偿与激励。如东湖高新区为汉口银行光谷支行提供 2000 万元贷款风险补偿基金，若发生贷款损失，光谷支行、政府、担保公司将按照 1∶2∶7 的比例承担。"① 中国科技支行与美国硅谷支行经营模式比较见表 7－1。

① 谢林林：《我国科技银行经营模式分析》，《改革与战略》2013 年第 6 期。

表 7-1　　中国科技支行与美国硅谷支行经营模式比较

比较项目	中国科技支行	美国硅谷支行
运营环境	金融管制	金融自由化
运作模式	政府主导	市场主导
客户选择	依靠自身团队选择高科技企业	政府科技部门推荐名单中遴选
资金来源	从资本市场募集，不吸收存款	吸收存款为主
贷款定价	一般高于银行普通贷款利率	政府贴息下，低于市场平均利率
风险管理	依赖风险投资机构与银行专业风险管理团队，加强前期风险控制	与地方政府、保险公司、担保公司共同分担风险机制，风险管理重心后移
奖惩机制	授信尽职与奖惩制度的实施细则未建立	完善的贷款评价体系与激励措施
员工素质	具有工程领域、生命科学、资本运作等背景，工作经验丰富，强大的专业团队	缺少熟悉科技行业领域与银行业务的复合型人才

2. 社区支行模式

2012 年 9 月发布的《金融业发展与改革“十二五”规划》明确鼓励城商行专注社区金融服务，下沉服务网点。在此政策激励下，包括长沙银行、宁波银行、徽商银行、大连银行在内的一些城商行大力开办社区银行，其形式主要是便民支行与金融便利店。2013 年 12 月，银监会发布《关于中小银行设立社区支行、小微支行的通知》，在对各家银行通过开展“自助 + 咨询”社区银行业务模式来规避网点审批限制、实现物理渠道快速发展进行紧急刹车的同时，明确支持符合条件的中小商业银行在风险可控、成本可测的前提下设立社区支行、小微支行，走特色化、差异化发展道路；对中小商业银行社区支行、小微支行的牌照范围、业务模式、风险管理、退出机制等内容给予了进一步明确，要求社区支行、小微支行的设立应履行相关行政审批，实行持牌经营，不能办理对公业务、人工现金业务以及业务外包。这些措施促使社区银行有序合规发展。2014 年 6 月，中国银监会正式下发了第一批社区支行牌照，按照牌照发放量来看，民生银行获得 700 多张牌照，在所有银行中数量最多；浦发银行也获得 300 多张牌照。按照社区支行的布局速度看，民生银行是社区银行数量最多的，目前已经在全国开设近千家社区银行，并且在未来三年内要突破一万家，并且将小区金融与小微金融并列为两大战略转型方向。兴业银行与平安银行处于第二梯队，目前在全国的社区银行数量为100家左右。浦发、招行、广发、中信、光大银行等也在紧密布局中，在部分城市开设了社区银行进行试点。

总体而言，社区支行主要有以下几种发展模式：

（1）龙江银行的微型网点模式。龙江银行齐齐哈尔分行是国内开展最早最为成熟的分行。它们依托人员密集的社区居委会，深入社区了解居民情况，进行客户遴选与建档，并有针对性地编制金融服务手册宣传产品，拉近与居民的距离。除此之外，它们延长社区银行营业时间，有些甚至提供24小时人工服务，有效满足了社区居民金融服务需求。这种模式特点是突出布局的社区性。

（2）民生银行的抢占市场、注重服务内容模式。民生银行将社区支行定位为投资咨询与社区居民服务，在取消现金柜台的同时，安排人员满足客户的线下咨询需求，同时引入金融产品特点宣传与介绍，提供金融服务实际操作演示，引导客户进行电子化自助操作。因此民生银行模式就是以社区为载体，金融服务为根本。

（3）平安银行的渠道、交叉营销模式。平安银行注重社区支行的渠道销售与展示作用，借助该平台，可将平安集团的银行、保险、基金、信托等产品提供给客户，满足其线下的用户方便、快捷地购买体验。

与普通支行相比较，社区支行具有三个比较优势。一是扩大物理渠道，拉近与客户距离。“兵马未动、粮草先行”，要想在金融竞争中取得优势，就需要提前布局，锁定潜在客户。当前，国内社区支行布局仍处于初级阶段，各家银行设立社区支行时更多考虑了居民的收入。据初步统计，北京小区每平方米价格在3万元以上，户数在300户以上的小区共有6700个，在上海至少也有6000个。按照之前对社区的定义，大量的物理社区与虚拟社区有待开发。二是服务便捷。如果说大型银行以建立能够提供银行、证券、保险、信托、基金等业务的“金融超市”为目标，那么社区支行目标是打造“金融便利店”。例如延长营业时间，金融产品以银行自助与小额信贷、理财、信用卡为主，与小区超市、物业公司、邮局等实体合作开展跨界经营。三是信息搜集广。社区支行作为社区的成员，通过地缘优势与专业服务可以获取客户信用、家庭、社会背景等软信息，这为总行中后台开发设计信用类、结算类、理财类与服务类产品提供了大量数据支持。

虽然社区支行发展迅猛，但是也出现了偏离“社区型”与特色不明显的问题。社区支行与普通网点最大的区别就是融入社区居民的生活圈与工作圈，因此其服务策略应为主动出击、上门服务，而不是在柜台后面坐等客户。社区支行在提供服务时，要充分考虑社区的差异性。不同的社区决定了生活、消费、投资存在各种差异，因此金融服务内容、渠道、营销手段不应该统一为“标准化”，而更应该体现出个性化服务。社区支行管理方法与考核机制需要改变。与前述小微特色支行相比，社区支行业务重点在零售业务。如果说对公业务可以依靠信贷经理的个人“英雄主义”完成任务指标，那么零售业务则需要“集体主义”力量。零售是一个流水线，其产品包括贷款类、支付类、保值类、代理类四大类上百个产品。每个员工在其中都扮演了不同的角色，若让所有人都承担储蓄任务，那么零售流水线将陷入停滞。从总行资源分配的角度来讲，国外先进银行强调流程银行概念，其实就是中后台如何为前台服务。由于中后台并不直接面对客户，所以没有改革的压力与动力，自然流程改革只是停留在纸面。除了“内忧”外，社区支行还面临着互联网金融、社区物业、同业竞争的“外患”。2013 年是中国金融互联网服务的元年，这一年以余额宝为代表的“宝宝”类金融产品凭借高收益、进出快捷、门槛较低（一元即可）对银行传统的储蓄存款产生了巨大冲击，在此背景下，各家银行加快了手机银行、移动支付与网上银行等渠道的建设步伐。例如 2013 年年末，招商银行零售电子渠道综合柜面替代率已经达到 92.5%。这给物理渠道的社区支行造成了很大压力。传统的物业公司依靠物业费只能维持生存，其作为社区管家，掌握社区居民的宝贵信息，一些大型物业公司开始利用这些信息进行转型升级，从单一物业服务转向社区综合服务。例如花样年公司在对社区居民消费数据分析基础上，推出了工薪贷、业主贷与生意贷等金融产品。

3. 直销支行模式

直销银行最早诞生于20世纪90年代末，目前国际上最为成功的直销银行ING DIRECT由荷兰国际集团在北美与欧洲国家推出。2005年，北京银行与荷兰国际集团（ING）签署战略合作协议后，引入直销银行模式作为重点技术援助项目。2014年3月14日，央行发布《关于规范银行业金融机构开立个人人民币电子账户的通知》（讨论稿），扫除了直销银行远程开户的障碍，直销银行真正迎来了发展契机。2014年2月28日，国内首家直销银行——民生银行直销银行正式上线。目前，已有民生银行、兴业银行、珠海华润银行、包商银行、南京银行、上海银行、江苏银行7家银行正式推出直销银行。截至2014年5月15日，民生银行直销银行开户数35万户，直销银行总资产达140亿元。可以预测直销银行将有效突破传统实体网点经营模式，主要通过互联网渠道拓展客户，弥补城市商业银行渠道与网点的不足，因此中小银行在直销银行平台上的建设热情更加明显。直销银行具有客户群清晰、产品简单、渠道便捷等特点。客户拓展上，直销银行精准定位“忙、潮、精”客户群；产品设计上突出简单、实惠。2014年8月12日，北京银行率先设立法人直销银行，这将极大地突破北京银行作为城市商业银行的地域性限制，实现零售客户的快速增长。

第四节　新型社区金融机构模式

自2008年以来，中国银监会为了促进农村金融市场的发展，先后印发了《农村中小金融机构行政许可事项实施办法》（2008年）、《关于小额贷款公司试点的指导意见》（2008年）、《小额贷款公司改制设立村镇银行暂行规定》（2009年）、《新型农村金融机构2009—2011年工作安排》（2009年）、《关于加快发展新型农村金融机构有关事宜的通知》(2010 年)。十八届三中全会明确“允许具备条件的民营资本依法发起设立中小型银行”。新型社区金融机构一定要体现在“新”上，首先一点是从产权结构上打破国有资本对金融的垄断，吸引民间资本参与金融改革。

一 民营银行

1. 推动民间金融组织向专业化的社区金融机构转变

2005 年，国务院颁布“非公经济 36 条”，准许民间资本在规范准入与严控金融风险的条件下，参与城市商业银行或地方合作性金融机构，而山西平遥日升隆与晋源泰两家小额贷款有限公司的成立，更是标志了民间资本参与银行业步入具体实施阶段。2010 年，国务院再次颁发的“新非公经济 36 条”，则明确了民间资本可以入股方式参与商业银行的增资扩股以及信用社的改制工作。同时鼓励民间资本参与设立村镇银行、小额贷款公司或农村资金互助社等新型农村金融机构，并对社区银行中法人银行的最低出资比例进行了放宽。2012 年银监会颁布了《关于鼓励与引导民间资本进入银行业的实施意见》，规定不得单独针对民间资本进入银行业设置限制条件，同时支持民间资本参与村镇银行发起设立或增资扩股，这为民间资本参股或发起设立社区类金融机构铺平了法律道路。

选择一批经营规范、资产质量好的农村资金互助社、小额贷款公司作为试点，吸引民间资本参与，按照股份制原则，进行中小银行改组。一方面将该地区的民间非正规金融资本吸引到正规的中小银行中，减少民间借贷产生的非规范运作带来的借贷风险与降低民间借贷成本；另一方面这些金融机构根植于本地，非常了解本地企业的经营发展水平、信用状况与项目发展前景，既降低了交易成本，又缓解了信息不对称。为了防止资金被抽走的风险，应该严格限制其服务半径为地级市管辖范围内。

2. 新建民营银行

无论是农信社，还是城商行，政府一股独大、历史包袱重对其市场化经营与参与市场竞争构成了掣肘，因此需要新组建面向社区的独立法人银行。在“非公经济 36 条”到“新非公经济 36 条”的支持下，民间资本以组建新的社区银行的形式进入国家正规金融体系中，是民间资本的现实选择，并且民间资本组建的股份合作制社区银行产权明晰、公司治理机制以及激励约束机制相对完善，从而保证了社区银行经营行为的合规性、灵活性与竞争力。2013 年，银监会指出，发起设立民营银行，目标是为实体经济发展提供高效率与差异化的金融服务。

二　村镇银行

自 2006 年年底调整放宽农村地区银行业准入政策以来，银监会鼓励和引导各类资本参与组建村镇银行等新型农村金融机构。村镇银行已发展成为服务“三农”和支持小微企业的金融生力军。一是机构覆盖面稳步提升。根据银监会的统计，截至 2013 年年底，全国 31 个省份设立村镇银行，覆盖 57.6% 的县（市）；覆盖国定贫困县 182 个，占国定贫困县总数的 31%。二是服务能力显著增强。坚持“立足县域、支农支小”的服务理念，农户和小微企业贷款余额合计 3280 亿元，占各项贷款余额的 90%，累计向 129 万农户发放贷款 3808 亿元，累计向 35 万户小微企业发放贷款 6427 亿元。三是民间投资渠道畅通。坚持股权多元化和股东本土化原则，积极鼓励各类资本参与投资村镇银行，引导调整民间资本持股比例。已有 4000 余家企业股东和 8000 余名自然人股东投资村镇银行，村镇银行已成为民间资本投资银行业的重要渠道。①

如果将社区型金融机构按照资产规模来分，那么村镇银行属于中小型社区金融机构。当前村镇银行的发展存在诸多问题，柳松（2009）等学者认为村镇银行面临资本金少、存款规模较小、市场定位不清、管理混乱、技术创新能力不足、地方政府强干预、从业人员素质较低与经营风险控制薄弱等问题。虽然存在这些问题，但是我们将其与大型社区金融机构相比，村镇银行自身更具有软信息挖掘的比较优势，这种软信息具体包括本地市场竞争态势、企业经营情况与本地非正式制度的约束力三类信息。根据前文所述，主要建立在软信息

---

① 2013 年《中国银监会年报》。

基础上的信贷称为关系型借贷。赵革（2008）[①] 根据对失信行为的惩罚机制不同，将关系型借贷分为公法关系型借贷与私法关系型借贷。美国等发达国家市场经济制度建立早且完备，对于失信行为的惩罚更多的是依据正式的法律制度。而中国市场经济的正式确立是以1992年邓小平同志南方谈话为起点，至今不过20多年，市场经济的正式信用机制还远远不够成熟。另外，中国农村数千年来秉承儒家文化的“仁义礼智信”，这种非正式制度对于缓解信贷行为后的信息不对称发挥了关键作用。因此中国农村环境的现实决定了村镇银行在处理与客户的信贷关系时需要依靠社区的人文关系等非正式制度安排，这就是中国农村特色的私法关系型借贷。

村镇银行的私法关系型借贷的主要核心竞争力表现为是否容易模仿、客户是否认同、是否出现范围经济。首先在软信息搜集与处理上，村镇银行的竞争优势体现在面对贷款次数频繁、金额较小、抵押品少的客户时，成本相对而言显著低于大银行，而大银行的比较优势体现在规模经济上。因此大银行无法复制这种私法关系型借贷模式。其次这种模式得到了广大中小客户的认可。通常信贷经理利用交叉检验法，通过多个信息来源与多维视角检验客户项目软信息的有效性，保证软信息的可信度。尽管客户缺乏足值的抵押品，但是村镇银行根据客户的还款能力为他们量身定制信贷产品，因此以客户软信息作为发放贷款的基础满足了客户的需求。最后村镇银行的发展需要依靠范围经济。如何将村镇银行拥有的软信息充分体现在各种产品与服务上，降低单位产品的生产成本是村镇银行多元化经营战略的关键。目前，一些村镇银行提出为社区20%的客户提供全方位服务的发展战略就是希望能够实现范围经济的运用。

因此针对村镇银行发展较为缓慢的现状，改进措施是充分发挥关系型借贷的比较优势，利用这种优势嵌入到重情轻理的农村社区中，同时关系型借贷也在农村社区中获得了生存土壤。这就要求改变村镇银行传统的经营管理模式，将其与大银行的交易型贷款模式分开，积

① 赵革：《中国社区银行的制度分析》，博士学位论文，天津财经大学，2008年。

极发展关系型借贷。同时注意对基层员工加强业务知识学习与沟通技巧培训以及建立多层次、严格的风险控制体系，监控信贷流程。

第五节　社区类金融机构发展的建议

一　建立不同于大型银行的准入、运营与退出监管机制

由于地区中小微企业、社区居民与农户是社区金融机构主要授信主体，因此社区金融机构的准入标准应该比大型银行低一些。在日常业务活动监测中，需要严格限制贷款集中度、股东贷款比例以及关联贷款数量，以降低系统性风险。对于吸收存款规模不大、经营仅限于本地的社区机构可以适当放松监管权，防止监管过度制约其发展。例如可将监管权从中央下放到省级甚至地市级。对于确因管理不善、经营失败的社区金融机构应该实施退出机制，尽量减少政府接管等行政性干预措施，为银行业竞争创造公平环境。

二　积极应对存款保险制度推出后对中小银行的挑战

考虑到银行破产连锁效应，仿照美国建立银行存款保险制度势在必行。轻资产的中小微企业、社区居民、农户等通常是社区金融机构的主要服务对象，其本身经营风险大，现有资产不足以覆盖风险。在存款利率市场化大门即将开启之际，存款激烈的竞争必将引发银行破产风险。为了防止单个银行风险扩散到局部甚至全局，建立存款保险制度，充分保护存款人利益。

2015 年 5 月 1 日，《存款保险条例》的实施标志着中国存款保险制度在酝酿多年后终于迈出了实质性一步。从发达国家的存款保险制度以及中国即将实施的存款保险制度来看，社区金融机构受到的影响较大银行而言，更为显著。第一，社区金融机构的稳定存款来源将受到直接冲击。因为存款保险限额偿付决定了存款人需要在抵御风险能力不同的大银行与社区银行进行权衡。显然，经营风险较高的社区金融机构经营导致破产清算的可能性较大，同时次贷危机中，美国等发达国家执行了对“系统重要性银行”的“大而不倒”策略告诉我们

社区金融机构遇到经营危机时更多将以市场方式处置，政府对社区金融机构的支持力度在减弱，这将给存款人带来较大损失。第二，为了保证稳定的存款来源，社区金融机构需要提高存款利率增加对存款人的吸引力，但这无疑增加了其经营成本。根据前文所述，中国社区金融机构与大银行相比，收入结构单一，主要依靠利息净收入，其占营业收入比例普遍在80%以上，因此成本上升对其盈利水平影响较大。第三，负债成本的上升以及需要交纳较高的存款保费，社区金融机构盈利水平的降低迫使其提高贷款利率或将业务重点转向风险较大的表外业务，这带来的后果是增加了其经营风险偏好水平，提高了道德风险。简言之，存款保险制度将在存款的波动、成本的上升与风险偏好的提高等方面对社区金融机构产生一定压力，为了应对这些挑战，社区金融机构坚持立足社区，重视社区软信息搜集、加大关系型投资比重将是获取一定生存空间的有力措施。

三　加大政策支持力度

因为社区金融机构承担了促进社区融资、服务社区等社会性功能，所以需要政府对这些社会性功能进行评估，相应在政策优惠方面有所差别。

1. 财税政策

为了鼓励与支持社区金融机构良性发展，国家应该出台财税政策减轻其税收负担，例如降低营业税税率，加大所得税返还比例；对完成“两个不低于”（农贷款与小微企业贷款增量与增速水平不低于去年同期）给予奖励或风险补偿。

2. 金融政策

中央银行通过再贴现、再贷款政策缓解社区金融机构资金不足局面。在金融服务空白的行政村、乡镇设置网点予以优先审核、限时办结，并放松这些网点场所设置、人员数量的要求。目前，中国县及县以下农村地区银行业金融机构营业网点约11万个，平均7个村庄才拥有一个营业网点，整体覆盖率较低，农村金融服务长期停留在供需失衡状态。因此允许城市商业银行、农村商业银行、农村信用社等社区类金融机构跨区经营来增设网点，或通过兼并重组等方式加大农村社区金融再覆盖率。考虑到小微企业在促进经济发展与解决就业方面的重要作用，中央银行应提高小微企业贷款风险容忍度并实施差额存款准备金率政策。

四　构建社区金融机构的核心竞争力

1. 市场定位明确

社区金融机构要想与大型银行争得市场空间，需要发挥关系型贷款的比较优势，在大银行无力涉足的城市、农村社区等金融空白区域进行网点设置与提供服务。其资产业务重点方向包括中小微企业与个人零售业务（见图 7－1）。中小微企业不具备交易型贷款所必需的财务报表等硬信息，而社区金融机构却掌握了中小微企业的各类软信息，从而降低了交易成本，解决了其信贷缺口。在个人零售业务上，由于地缘优势与人脉优势，有效降低了借款者违约概率，再加上社区银行灵活的管理方式以及快捷的审批流程，为争取零售客户奠定了扎实基础。

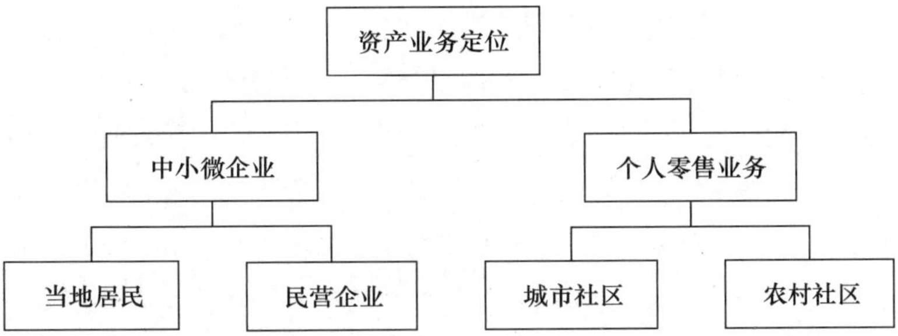

图 7－1　社区金融机构业务定位

2. 打造人力资本层面竞争力

首先需要牢牢树立“人才为本”的意识，充分重视外部同业人才的引进与使用，将素质好、经验丰富的管理者与员工纳入到人才队伍建设中来。其次要在行内建立起具有激励约束的机制，了解员工特点，鼓励员工发挥自己最大的潜能，科学使用人才，提高工作效率。最后要建立起能上能下的竞聘上岗制度与绩效考核制度，重点打造客户经理与综合柜员队伍，合理配置人力资源，适应新的个人业务经营模式对银行员工综合素质的高要求。

第六节　社区金融机构与中小微企业融资

（1）社区金融机构适应中小微企业融资“短、小、频、急”的特点。所谓“短”是指中小微企业资金使用期限短，一般以不超过一年的短期生产经营流动贷款为主；资金需求量“小”，以原材料采购或商品进货为主；但是要求资金周转速度快，借贷“频”繁，并且资金需求“急”，时效性强，资金到账要快。这四个特点决定了大银行逐级上报、逐级审批的贷款审批流程并不适宜。社区金融机构以其审批环节少、客户经理触角距离客户近而占有优势。同时物理场所的区位优势与低廉的人工成本为零售业务与单独定制业务提供了保证。

（2）软信息优势降低中小微企业交易成本，解决担保不足难题。大银行由于距离社区客户物理距离较远，只能通过财务、税务、工商等正式报表以及中央银行征信系统决定项目可行与否。中小微企业成立时间通常较短，短则一年，长则3—5年，其经营管理还处于初期，管理不是十分规范。通常报表编制内容少且并不真实，因此大银行对此需要投入较大的物力人力，按照每元人均成本衡量，较大项目而言，成本昂贵。而社区金融机构对社区居民、企业、项目都非常熟悉，在企业无法提供财务报表等反映企业硬信息时，凭借多年来对社区情况的了解与掌握，也可做出基本判断。当然对于数量众多、可以形成批量审批的中小项目，大银行能够凭借规模经济优势降低单位成本。如果中小微企业硬信息不足，可以担保品作为第二还款来源进行授信，但是中小微企业大多资产规模较小，且存货资产多，厂房、土地等固定资产较少。而拥有人格化与信用类等软信息确定了项目的前景，自然无须充足的担保资产，解决担保不足问题。

（3）社区金融机构风险控制体系适宜监控中小微企业经营风险。一般来说，中小微企业贷后风险管理成本较高。在报表不足或失真的情况下，现场检查或座谈交流就显得尤为重要。社区金融机构与中小微企业都融合在社区里，因此对其经营活动都熟谙于心，这些成本基本都可忽略。另外中小微企业道德风险需要重点监测。由于经营活动不确定性大，一些企业主可能为了高收益而铤而走险，抱着赌一把的心态进行高风险经营。这种风险活动的结果将影响到他在社区的名誉与信用价值，从而某种程度上有所收敛。

第七节　社区金融资管业务且行且慢

2015 年 5 月 11 日，央行决定再次下调存贷款基准利率 25BP，同时扩大存款利率上限至基准利率的 1.5 倍。虽然贷款利率已经完全放开，但是银行的贷款利率还是基于央行发布的贷款基准利率；考虑到存款的重要性，银行在制定存款利率时，都尽可能将存款利率上限作为吸收存款的价格。例如在 3 月 1 日央行将存款利率上限从 1.2 倍扩大到 1.3 倍时，四大行在储蓄存款不断流失的现实下，默许各省分行将存款利率上浮到顶的做法。央行在经济下行时逐渐放开利率管制，既减少了银行之间竞相提高存款利率进行揽储的无序竞争，又为银行拓展表外业务提供了契机。

银行表外业务主要包括结算、代理、顾问、资产管理（以下简称资管）等业务，近年来在净息差逐渐缩小的压力下以及居民财富日益增加的背景下，四大行与全国性股份制银行提高了以手续费、佣金为主的资管业务规模。以 2005 年银监会发布的《商业银行个人理财业务管理暂行办法》为标志，中国的资管业务正式步入良性发展轨道，经过十年的发展，银行理财业务规模从 0.5 万亿元扩充到 15 万亿元，理财产品既包括了刚性兑付的预期收益型，也包括了真正意义上的“买者自负”的净值型理财产品，甚至挂钩股票指数、黄金、商品等结构性理财产品也赢得了投资者的认可。大型银行资管业务的崛起在于其充分利用网点众多、客户数量庞大、银行信用等于国家信用的优势，在坚持传统信贷业务的同时，通过人才挖掘、业务创新，实现银行生产线上的多产品并向开发的有效利用，达到范围经济效果，最终实现表内利息业务与表外中间业务收入平衡发展的良好模式。从国外先进银行来看，非利息收入在全部收入中的占比通常在40%—50%左右。目前以城商行为代表的中小银行的中间业务收入占比约为10%，面对融资成本居高不下、贷款利息不断下行的压力，一些城商行将增收瞄向了资产管理业务，并且在短短的几年里，规模迅速做大，手续费收入显著增加，资管业务对城商行而言，似乎是其转型发展的不二选择。在城商行纷纷涉足资管业务之际，我们有必要对资管业务的本质、商业模式进行深入分析，在此基础上阐述了城商行资管业务发展出现的问题及其未来发展的方向。

一　资管业务的本质

从资产负债表来看，银行传统资产主要是信贷资产，传统负债主要是存款，利润主要是存贷息差。在金融管制环境下，银行的资产负债业务受到严格保护，非银行性金融机构无法进入该市场，银行事实上得到了制度垄断红利。垄断意味着效率低下，资金的资源配置未达到帕累托最优状态。这在银行领域表现为贷款资金价格高企，存款利率无法突破价格的天花板，存款者的收益在通货膨胀的侵蚀下越来越少。如何在满足监管的同时又满足居民资产的保值增值需求呢？资管业务就是解开这个症结的关键金融创新工具。

从资产负债角度讲，资管业务包括负债端的理财产品与资产端的资产投资。理财产品本质是银行的负债，因此理财产品与存款形成了竞争关系，在存款利率管制环境下，为了满足投资者高收益的要求，通过发行理财产品，提供不受存款利率管制的有竞争性利率，吸引投资者，是银行主动开发产品、满足市场需求的内在反应。目前储蓄存款余额已突破50万亿元，这为理财产品的扩大提供了发展空间，同时也为资管业务提供了资金支持。资管业务概念的提出是基于银行主动进行投资运作角度提出的。从资金来源与资金运作整个过程来看，资管业务就是银行在不占用或较少占用经济资本的前提下，充分发挥人才优势，设计与推出各种创新产品，遴选资产，降低投资风险，为客户实现收益最大化，其本质属于直接融资业务（尚福林，2006）。

银监会2013年8号文，明确了银行理财业务实行单独管理、建账与核算，并且要求每只理财产品建立“三表”（资产负债表、损益表、现金流量表）。就理财产品资产负债表负债端分析，理财产品创新设计是关键。目前理财产品种类丰富（见表7-2）。

表7-2　中国银行理财产品种类

理财产品分类依据	理财产品种类	
是否保证产品本金兑付	保本型	非保本型
发售对象	个人类	机构类
收益表现形式	预期收益型	净值型
存续期内是否开放	封闭式	开放式
是否公开发行	公开发行	定制发行
资金投资地域范围	境内	境外
是否享有相同的产品权益	非分级产品	分级产品
是否投资金融衍生工具	非结构性	结构性
是否期限错配	非项目融资类理财产品	项目融资类理财产品
是否投资理财直接融资工具	非理财管理计划	理财管理计划

二　资管业务的商业模式

（一）组织模式——三部曲

资管业务的组织模式通常有三种：总行部门制、事业部制、子公司制。总行部门制是大多数银行采取的组织形式。该模式将资管业务放于金融市场部或资金部等总行一级部门内的二级部门，例如理财管理处、资产管理部等。随着理财资产规模的扩大，理财资金与银行自有资金的严格分离，资产甄别难度的加大等一系列因素要求作为二级部门的理财部室独立出来，成为一级部室。在资管部门的衍生与裂变过程中，资管业务分散在旧部门与新部门等不同部门中，造成业务、人员与系统重复，成本消耗较大，资管品牌零散、不统一。按照银监会2014年35号文，监管部门要求各家银行的资管部门实行事业部制改革。与总行普通的一级部门相比，事业部的人权、事权、财权相对独立，表现在部门内的员工考核、选聘相对独立，例如向总行推荐任用部门内的二级部门管理人员或技术系列的高级经理；事权表现为独立业务开展权力与相应的业绩目标考核压力，通常年初总行对事业部下达各项任务指标，年末根据指标完成情况对事业部进行奖惩，事业部再根据部门员工表现发放数额不等的奖金或者绩效进行激励；相对独立的资金使用权表现在事业部在年初总行拨付的资金预算内支配使用权，根据业务需求，合理配置资金，发挥有限资金的最大效应，显然事业部实际上是相对独立的利润中心。从流程上看，事业部的组织模式为总经理负责制，下设产品部、投资部、研究部以及办公室等二级部门；一些银行还嵌入了风险总监、风险管理等岗位，在总行授权范围内进行授信审批。相对于垂直化的管理体制，扁平化的管理体制管理链条短、效率高。虽然事业部被赋予了较大的权力与职责，但是存在付出与报酬不匹配的深层次矛盾。通常来说，银行人均管理资产规模 10 亿—20 亿元，人均创造的中间业务收入 2000 万元左右，而每年工资加奖金人均成本 20 万元左右，人力成本只占 1%，银行的这种人力资本的回报与基金、券商、信托的资管业务人员差距甚远，这也是近年来银行资管人员离职率居高不下的主要原因。如果单纯给事业部制下的资管部门员工提高薪酬，将引起总行其他部门的不满，毕竟都是总行员工，薪酬差距一倍已经颇有微词，一旦差距增加到两倍以上，将爆发部门之间的冲突，结果是其他部门增加薪酬抑或是资管部门降薪，显然部门之间的薪酬矛盾无法调和。如何弥补体制上的根本缺陷呢？这还需要从体制上想办法。2015 年 3 月 28 日，光大银行发布公告称，董事会已同意全资设立理财业务子公司。这奏响了资管部门组织模式改革的最后一曲。理财业务子公司完全赋予了理财业务独立的人权、事权、财权。就流程而言，从前台的产品设计、投资、运营管理到中台的风险控制直到后台的研究与综合管理，整个体系分工更加明确，相互兼职现象杜绝，前中后台人员相互监督，大大减少操作风险。从薪酬机制上讲，为资管业务从业人员建立起激励相容机制。因为公司制下的人员薪酬将根据个人能力、公司盈利等情况发放，这将引导员工与公司进入良性循环上升轨迹中。从利益平衡角度分析，资管业务从银行分离出来，更好地厘清资产管理与销售管理权责，合理划分中间业务收入。在事业部制下，资管部根据产品发售对象，与个人部、对公销售部、同业销售部建立业务联系，一般来说，资管部门与这些理财产品销售部门是总行平行一级部门，它们之间有关销售规模、收入分配、考核出现矛盾时，通常由行领导与财务部出面平衡。但是在公司制下，销售部门是否尽职取决于资管公司产品创新与收益情况，当销售部门代理其他银行发行的理财产品或基金、券商、保险、信托等非银行性金融机构发行的资产管理产品能够赚取到更多的手续费收入，本行控股的资管公司发行的理财产品销售将会减少。因此在一个充分竞争的平台上，资管公司将凭借自身的资管能力生存。当然我们看到银行系下基金公司近些年业务如火如荼地开展，就不难想象银行系的资管公司借助控股股东银行的信用优势以及渠道网点遍布广的特点，将获得大发展。

就目前城商行资管部的组织框架来看，主要包括两大二级部门：投资运营部与办公室；管理人员包括总经理、副总经理、总经理助理，即一正两副；投资运营部是资管部核心业务处理部门，在理财产品规模几百亿元下，两个人员负责资产投资（AB 角），两个人员负责运营（经办与复核）与普通产品开发设计。一些管理较为成熟的城商行采取了事业部制，其通常再设立二级风险管理部，并由总行派驻风险总监负责管理。

（二）业务模式

资管业务模式经过了从简单到复杂、从不规范到逐渐规范的过程，具体划分为三个阶段：第一阶段是 2005—2012 年，由于理财产品只是吸收存款的一种营销工具，因此保本理财产品发行额占比较高，银行将募集来的理财资金放于表内进行统一运作，这些资本消耗性业务也决定了这种模式不可持续；对于非保本理财产品投资，则先后经历了 2007 年的打新股，2008—2012 年通过银信、银证信合作进行变相贷款，将表内信贷业务转移到表外，规避贷款监管，这一时期业务模式属于典型的资金池模式，即通过滚续发行短期理财产品保持整个理财资金池余额数量，从而为投资资产提供稳定资金，其最大弊端是各个理财产品成本收益无法真正核算，一旦某些资产出现风险，将威胁到整个理财体系的安全。第二阶段是 2013—2014 年，8 号文对理财资金池业务模式进行了限制，要求每只理财产品单独管理、建账与核算，因此资管业务模式转向规范的组合管理模式，即按照每只理财产品说明书，将募集的理财资金进行货币工具、债券资产、项目等投资组合配置，根据产品特性基本比例为20%、50%、30%，并满足流动性比例、久期、波动率、风险限额等风险参数。这样就可以从形式上避免理财产品之间利益调节的问题。这一时期理财投资方向主要是债券等固定收益类。其问题是每只理财产品形式上单独管理，但是在成本法核算方式下，银行只要长期持有债券资产就保证了同系列理财产品的稳定收益，这种模式在短期理财牌照资源稀缺尚可维持，一旦牌照放开、竞争加剧，产品成本上升，盈利将不可持续。第三阶段是以2014年12月银监会出台的《商业银行理财业务监督管理办法（征求意见稿）》（以下简称《征求意见稿》）为标志，资管业务模式转向开放式、分红式、净值型，这类似基金业务模式，其特点是组合投资、风险分散、信息透明、动态估值，增加银行主动资产管理能力，降低产品发行成本，化解理财业务的潜在风险，扩大理财业务的中间业务收入。这一阶段，资产投资种类将从非标准化债券转向标准化债券，持有方式从持有到期转向可供出售或交易类资产，核算方式从成本法核算转向市值法核算。从形式上的资产管理转向真正意义上的主动资产管理。

资管业务模式是将募集来的理财资金通过投资运作，在产品到期时按照最高预期收益率支付客户理财收益后，挤兑后的投资收益作为银行中间业务收入记账，鉴于大多数城商行尚不具备托管行职能，因此还需支付不到10BP的托管费。自从2012年银行间市场停止城商行新开乙类户以来，大多数城商行失去了直接在银行间市场开户买卖资产的资格，2014年年末乙类户大门重启，为城商行进入银行间市场提供了良机。城商行理财产品通过乙类户买卖资产，实际是通过购买券商发行的资产管理计划，间接投资于银行间市场资产。因此理财产品还需要向券商支付10BP左右的通道费。

这种盈利模式本质还是基于资金资产的期限错配。目前银行发行不同长度期限的理财产品，但是一般从一个月到一年之间，大于一年的产品很少，因此理财产品加权期限在4个月左右；而理财资金投资资产的范围主要是在银行间市场、交易所市场公开发行与交易的资产，具体包括利率债、信用债、回购等资产。由于利率债流动性高、收益低的特点，所以一般为了满足资产流动性监管要求以及遇到市场行情作为质押品进行杠杆操作，增加收益。而以超短融、短融、中票、私募债、资产支持票据为代表的信用债的特点拥有一定流动性且收益较高，银行一般要求资产发行方主体评级通常在AA级以上，且有国有背景，除此之外，为了提高整体理财产品收益率，投资经理按照监管部门尽可能多地投资非标准化资产。根据8号文规定，理财资金投资非标准化资产额度为理财产品余额的35%与上年末银行资产规模的4%孰低者。因此理财资产加权平均期限都在2年以上。以上结果表明资管业务期限错配的盈利模式实质是对银行表内传统存贷业务的盈利模式的复制。

（三）风控模式

资管业务的风险控制主要有两种模式：一是资管部门与风险部门分离模式；二是风险部门派驻人员到资管部门模式。在第一种模式下，资管部门单纯是前台业务部门，投资经理撰写拟投资资产调查报告，在部门负责人审批后上报风险管理部门，经风险经理风险审查后，报授信审批委员会审批。在第二种模式下，资管部门内设二级风险管理部，总行风险管理部门向资管部门派驻风险总监，负责领导二级风险部门的日常风险管理工作。总行每年年初对资管部门业务与风险限额授权，在业务授权权限内，二级风险部门进行独立授信审批。这两种模式其实还是沿用了传统信贷业务授信审批模式，只不过风险部门嵌套模式缩短投资审批链条，提高运作决策效率。这一点对资管业务而言至关重要，因为与信贷业务相比，资管业务中的资产遴选所需的专业性更强，时效性更快，竞争也比较充分，故需要快捷有效的审批历程。尤其对不断推陈出新的新型资产业务、二级债券市场投资的债券更是如此。

三　城商行资管业务“慢行”

（一）如何用人

城商行大部分脱胎于20世纪90年代城市信用社，与全国性银行相比，员工整体素质不高，业务创新能力有待加强。但是近年来，城商行以高薪、高职级为条件采取社会招聘与校园招聘方式引入了大量业务能力较强、专业知识扎实的外部人才，然而实际效果却不尽如人意。资管业务作为近年来城商行新开展的业务，其人员不足是根本问题。从同业挖掘成为当仁不让的首选。从社会招聘的人员基本都是本岗位的业务骨干或管理经验丰富的中层管理人员。城商行如果能将这些人的多年宝贵经验与在他行所学习的先进方法引入进来，对于短时期内强化管理能力、流程优化、业务水平提升都不无裨益，这也是城商行资管业务赶超先进银行需要充分利用的后发优势，其成本就是较高的薪酬待遇与施展才能的良好环境。但是城商行从信用社沿袭下来的“酱缸文化”，造成新来的职业经理人所带来的新管理理念、业务创新模式无法融入到城商行资管部中，结果是筑巢引凤工程只是停留在口号中、宣传中，鲜有任何实质性的改变。其次校园招聘也成为城商行资管部提升员工素质的一个重要的战略手段。“本科做柜台、硕士选一选、博士不稀罕”俨然成为城商行校园招聘的原则，以某城商行为例，在2015年招聘时收到的求职申请就达到上万份。面对大量求职毕业生，该行以出身、学历作为必备条件，“211”、“985”大学是进入首轮招聘的必要条件。显然这样优中选优的毕业生进入到银行一定成为“好用人”，然而城商行资管业务负责人无论从学历、知识结构，还是资管业务水平距离先进银行的标准尚有一定距离，甚至一些城商行高管人员也存在高学历毕业生管理使用的误区。例如将博士生等同于硕士生使用，进而得出“博士生不如硕士生好用”的谬论，缺乏可以落地的毕业生培养方案等，如果将毕业生只是作为提升城商行形象的工具，而未能够真正开发其潜质，那么城商行管理层最终将承担起毕业生每年约20%的流失率的后果，这种状况尤其多发生在将资管部门设在北京或上海等金融较为发达的地区，因为同业之间的交流非常频繁，毕业生流动的机会更多，当其没有施展自己的才能时，就会想办法离开。因此当“好用人”已经选聘上来时，“用好人”就是管理层应该着重思考的问题。

（二）业务“虚胖”

当中国经济增速开始向7%看齐时，城商行加权平均净资产收益率也从平均20%多的高速增长下降到2015年的15%左右，但是城商行理财业务逆势而上、快速发展，同时也出现了规模发展过快、盈利相对较低的问题。下面我们以上市城商行——北京银行、南京银行与宁波银行为例，将其规模、收入与中国理财业务发展的标杆——工商银行进行比较，就可发现不足（见表7－3、表7－4）。理财产品包括保本型与非保本型理财产品，保本型理财产品占比较小，通常在20%左右，并且随着存贷比的逐渐废除以及保本型理财产品高成本压力，其占比正在逐渐降低，非保本型理财产品将主导理财产品市场，因此我们选择非保本理财产品余额占资产余额比例作为理财规模指标，从表7－3可以看到工行占比为7.06%（国际大型商业银行资管规模占比约为50%），其他三家上市城商行占比都高于工行，尤其是南京银行占比达到23.60%，但是从表7－4看到2014年南京银行理财手续费及佣金净收入只有3.92亿元，占全部手续费及佣金净收入、营业收入比分别为19%、2.45%，都远低于工行27%、5.40%的比例水平。整体来看这三家上市城商行理财手续费收入占营业收入比例都不到工行5.40%的一半，结合以上分析我们不难得出：城商行理财业务规模在向先进银行看齐，但是这种表面上的增长掩盖不了持续内涵增长的乏力，业务“虚胖”式业务发展模式决定城商行资管业务发展难以持续。通常大型银行面向个人、公司客户、同业客户发售的理财产品占该行所发售的全部理财产品比例分别为60%、30%、10%，而城商行该比例分别为40%、20%、40%。为了在短时期内扩大理财产品规模，一些城商行面向个人发售的理财产品受到分支机构网点限制，增长缓慢；而面向对公与同业客户在内的机构发售的理财产品通常金额较大，可以短期内增加做大规模。但是机构购买这类理财产品的特性是保本型，这类保本型理财产品投资资产计入表内，既要拨备计提（目前通常计提比例为0.5%），又要计算风险资产及其所占用风险资本数量。同时在监管部门监管趋紧的态势下，城商行不再对非保本理财产品出具承诺函，这将迫使未来城商行的业务对象转向个人客户。

这一点已经在部门城商行 2015 年理财业务发展规划中有所体现。

表 7－3　2014 年年末部分上市银行非保本理财产品规模比较 单位：亿元

名称	非保本理财产品余额	资产余额	非保本理财产品余额/资产余额（%）
工商银行	14548.36	206099.53	7.06
北京银行	1156.00	15244.37	7.58
南京银行	1352.55	5731.50	23.60
宁波银行	903.30	5541.12	16.30

表 7－4　2014 年部分上市银行理财产品盈利比较 单位：亿元

名称	理财手续费及佣金净收入	全部手续费及佣金净收入	理财手续费及佣金净收入/全部手续费及佣金净收入（%）	营业收入	理财手续费及佣金净收入/营业收入（%）
工商银行	356.05	1324.97	27	6588.92	5.40
北京银行	7.63	47.80	16	368.78	2.07
南京银行	3.92	20.78	19	159.91	2.45
宁波银行	4.43	24.85	18	368.78	2.07

注：宁波银行 2014 年年报只公布代理费收入 8.85 亿元，未单独公布理财手续费收入，参考银行平均水平，我们用代理费的 50%（4.43 亿元）表示理财手续费收入。

另外，理财产品规模扩张需要大量资产作支撑。随着资金市场流动性转向宽松，在同样风险等级下的资产收益率整体出现下调，前几年银行资管部门储备了收益率在 7% 以上的优质资产，但是随着这些资产陆续到期以及新产品对资产的配置要求，资产投资压力越来越大。尤其是近 7 个月来，为了刺激实体经济增长，降低社会融资成本，央行已经三次降息，两次下调存款准备金率，货币政策逐渐转向宽松。一方面，流动性增强给债券市场注入了活力，债权二级市场交易价格增长的同时，债券到期收益率不断下行；另一方面，理财资金募集成本在理财产品激烈竞争下，成本居高不下，一直维持在 5% 左右，其结果是银行获取的中间业务收入不断减少，从之前的 120BP 一直降低到目前的80BP左右。为了保持银行中间业务收入，资管业务需要寻找收益高风险低的优质资产。这类创新资产主要包括固定收益类资产与类固定收益类资产。固定收益类资产主要有资产证券化类产品与银行发行的二级资本工具。自从2014年证监会简政放权，推行企业资产证券化发行实行注册制后，AAA级券商的资产证券化的优先级预期收益率超过债券二级市场收益率200BP；与此同时，2014年年底与2015年年初银监会与央行先后简化了银行信贷资产证券化的发行条件，该类优先级收益率超过二级市场上同期限评级的短融产品50BP以上。结合2014年以来，银行发行二级资本工具与优先股的收益率，其收益从7%一直降低到5.5%左右。

2014年中国股市经过7年的停滞后开始步入上升通道，沪市指数从2000点上升到如今的4300点左右。围绕股权类的类固定收益类产品开始成为资管业务投资重点。在股份制银行引导下，城商行资金通过结构化信托、伞形信托投资优先级可获取7%左右的收益率；针对IPO市场，理财资金通过基金专户、券商资管计划打新股也可获取超过7%以上的收益；面对股市上涨态势，券商的融资融券业务如火如荼开展，融资利率与融券费率约为9%，而其对应的两融收益权的收益率达到6%—7%。曾经是“烫手山芋”的地方政府债券在5月12日财政部等三部委发布的《关于2015年采用定向承销方式发行地方政府债券有关事宜的通知》，这意味着该类债券可以在银行间交易流动，同时发行价格可以上浮到同期限国债收益率的30%，可以作为质押再贷款从央行获得流动性。

当然考虑到银行整体利益，银行自有资金部门（例如金融市场部）可以为资管部门提供一定资产支持，尤其分管这两个部门的行领导是同一人时且这两个部门在相同的办公地点办公室更易操作。如果在资管部门成立初期，这种“无私”提供资产办法还可行，那么随着监管部门的监管要求增加以及部门单独考核利润的压力增加，资管部门迫切需要提高自身遴选资产、尽职调查、宏微观研究的能力。

（三）系统建设

城商行在初期进行理财产品发售、资管业务管理时，通常采取手工记账方式，随着产品数量增加，理财资产规模呈几何级指数增加，专业管理系统需求就应运而生了。大型银行资本雄厚，为了防止数据泄露、系统可靠运行，通常采取依靠自身力量开发设计。例如工行早在2007年就着手开发第一代中国银行业资管系统，经过每年上亿元资金投入改造，现在已经成为功能最强大、运行最可靠的系统之一。与工行相比，城商行资金有限，其资管业务系统开发通常采取外包形式，即通过招标选取系统服务商，整个资管业务系统包括资产管理系统与理财销售系统，两个系统开发正式上线所需要资金100万—200万元，每年更新维护费在几十万元，这确实大大降低了系统开发成本。但问题是中国目前几十家资管业务系统开发商成立时间短、经验有限，同时在系统开发过程中，各家监管账户科目差别较大，经办、复核、审批等业务流程模式各不相同，银行核心系统与本地资管业务系统传输数据要求不同，都导致资管业务系统移植性较差，故其提供的系统运营并不可靠，差错率较大。另外，为了降低系统投资成本，一些城商行只是购置了基本模块，而对于一些基金、权益类、交易类资产投资功能尚未满足，授信审批与风险控制只是形式上具备功能，离真正的应用还有一定距离。目前城商行对于资管业务系统更新改造还存在认识上的误区，系统建设投资还远远不够，这将制约其下一步业务扩展。

（四）风险控制

城商行资管业务发展很快，但是其中隐藏了很多风险问题。资管业务属于资本市场业务，与传统的信贷业务存在较大差异。城商行仍然是用管理信贷业务风险的方式来控制资管业务风险。首先是授信审批模式，仍然是根据项目或者资产的规模进行相应的审批权控制，这种模式无法满足资管业务量大、投资时效性强的要求。比如说总行对资管业务事业部打新股业务授权审批权限5亿元，但是在出现市场行情时，突破事业部投资权限将意味着上总行审贷会，其漫长的审批过程导致错过市场时机。其次，风险监测手段落后。由于资管能力较为薄弱，理财资产大部分是持有到期，交易类资产很少，因此资管业务主要更为重视信用风险与市场风险，对市场风险关注较少，监测内容仅仅是按日监测头寸限额、基点价值与交易价格偏离度等零星几个指标，监测结果通常都是“适度”“不足”等简单形式，根本未能建立起持仓限额、敞口限额、止损限额一整套监测指标体系。对于流动性风险管理，一些城商行采取了理财资产负债期限错配比例与流动性比例等监测指标，但是对于流动性较强的净值型理财产品资产仅仅设置了高流动性资产占比一个指标，如果遇到理财产品巨额赎回与资产无法及时变现时，将遇到流动性不足，因此有必要建立一套行内资金支持流动性危机的应急响应措施。操作风险是城商行急速发展中需要特别警惕的风险，资金业务来往频繁、各种资管合同需要用印章申请，尤其是资管业务部门与总行不在同一座城市时，合同、凭证等来往频繁且需要邮寄，这将导致合同等各种文件出现丢失等风险，因此资管部门要规范流程、明确每人职责，避免流程上出现低级错误。而在操作交易上，一定坚持双人双岗原则，坚持交易、复核、审批三级体系。最后在事业部中嵌入二级风险管理部门，存在致命缺陷，即业务投资前台与风险中台相互隔离理财成为一种摆设，因为两者都在事业部领导下开展工作，在以业务规模与利润考核的指挥棒下，部门负责人管理思维将是一切以业务为中心，二级风险部门的工作主要辅助业务部门开展业务，很多情况下是先做业务或口头交流，然后再补风险审批各种手续，从而失去了风险控制的真正本义，解决之道是从人财物上真正独立出来。在资管业务中，作为委托者的投资者与作为受托者的银行之间是信托关系，这决定了“受人之托，代人理财”是不同于银行传统的间接融资业务，也不同于一般的委托—代理业务。但是中国银行业现实的情况却是将资管业务认定为代理业务，其潜在的风险是银行发行的理财产品无法与银行自身的资产负债业务隔离，一旦银行理财投资产生的收益未达到预期最高收益率，银行将被迫用自身其他收入进行调剂，按照预期收益率兑付客户。同时这也违背了直接融资中资金供求双方的风险收益对等原则。

四　城商行资管业务转型方向

根据收益的表现形式，可以将理财产品分为净值型理财产品与预期收益率型理财产品。目前，银行理财产品的主流是预期收益率型产品，但是净值型理财产品已经越来越受到银行的重视，同时市场的接受程度也在逐渐提高。根据中央结算公司公布的数据显示，截至2014年年末，我国净值型产品（包括开放式净值与封闭式净值）募集金额占全部理财产品募集金额约5.74%，开放式净值型产品占比3.7%；2015年以来各家银行开始加大推出力度，部分银行净值型产品占比已经超过10%。

早期的理财产品大多公开发行，标明产品预期最高收益，且在封闭期内不可赎回。这实际上延续了银行存款业务的思路，只是存款的期限与价格受到相关规定约束，无法满足存款者对期限、价格灵活多变的需求。因此为了满足客户的需求，大型银行设计了弹性较大的理财产品，既突破了存款价格的“天花板”，又规避了定期存款的“栅栏门”；而银行既提高了存款客户的黏性，又获取了可观的收入，可谓一箭双雕。

客户需求的多样化要求银行不断创新理财产品，其主要特征是向类基金方向发展。例如，开放频率高、净值表现好。定期申购赎回的开放式净值型理财产品不但得到了客户的认可，更得到了监管部门的认可与支持。

（一）政策支持

2013年10月，银监会允许11家银行开始债权直接融资工具、银行资产管理计划两项试点工作。这两项试点相辅相成。债权直接融资工具处于资产端，解决基础资产如何从非标准化变成以债权直接融资工具为载体的标准化产品；银行理财管理计划则处于资金端，使银行理财风险隔离，不再有刚性兑付性质，变成真正的代客业务，其管理方式类似基金化管理：定期公布净值或收益区间，投资者直接面对风险收益/损失。目前银证信通道业务的资金与项目都来自银行，为了规避监管，才选择通道。允许银行绕开通道与实体项目直接对接，既要求银行更审慎、完善地遴选债权投资项目，为自己发行理财产品的投资风险负责任也是减少通道业务，让银行向专业的资管方向转型。真正的资管应该是银行通过投资、交易等为客户提供增值的服务。

经过一年多净值型产品的运营，2014年征求意见稿向17家银行征求意见，明确将开放式净值型理财产品作为银行理财产品转型的方向，逐渐破除“隐性担保”、打破刚性兑付，鼓励银行理财采取直接投资方式，避免多重嵌套，缩短资金链条。

（二）基本原理及运作流程

（1）基本原理。净值型理财产品是指按照份额发行并定期或不定期披露单位份额净值的理财产品。净值型理财产品的特点：一是公允估值，每日计算理财产品单位净值，并定期对外公布；二是定期分红，体现银行资产管理的能力；三是动态管理，银行每日盯市，对资产价格异常波动，采取资产组合调整措施；四是流动性管理要求高，银行自主设定产品的开放周期与频率，稳定产品规模，避免因净值大幅波动引发大规模的申购与赎回。

（2）运作流程。一是分析客户需求，确定产品方案；二是销售新创设的净值型理财产品；三是遴选资产，进行投资管理；四是每日终对产品估值，定期分红并按照监管要求及时披露估值、分红、“非标”资产等信息。

通过单纯发行预期收益率型理财产品所付出的成本越来越高，同时为了防止声誉风险，又承担了“刚性兑付”的压力。因此银行客户流动性需求的增加以及银行理财成本与风险的提高等因素正在共同推动传统理财业务向净值型理财业务合理转型。

（三）风险管理

（1）流动性风险管理。首先从资金募集、资产配置等源头上进行控制，合理控制流动性风险敞口并做好投资资产的久期管理，制定相应的流动性管理预案；其次加强申购与赎回的监测，做好流动性安排；最后发生巨额赎回时，应按照监管要求采取延期办理、媒体公告说明处理方法，同时报总行领导及财务部予以垫款等融资支持。

对于存在期限错配的资产，严格按照限额管理要求，对理财业务的期限错配比率、流动性比率和杠杆融资比率等指标进行了流动性限额管理，配备专人计算这些指标并进行监测，提高产品流动性风险的管理能力。

（2）信用风险管理。在资产信用风险方面，首先，严格按照净值型理财产品投资流程进行筛选；其次，在标的资产的选择上，坚持“严格筛选，尽量选择优先级产品”的原则，投资时分投前、投中和投后三个阶段对资产进行全流程追踪和管理，强化信用风险缓释机制的建立，全面防范资产信用风险。

（3）市场风险管理。在资产管理系统中设置投资组合久期、基点现值、止损限额等风险指标，并设置了一定的止损线和警戒线。指定专职的工作人员负责逐日盯市，及时关注交易对象的风险变化情况和证券市场变动情况，如遇不利市场变动，及时采取有效策略，降低投资损失。

（4）操作风险管理。根据前台、中台、后台相互分离原则，在产品设立、投资交易等流程中采取经办、复核、审批三级审批程序。建立了总行有关部门、托管人与托管银行进行定期对账机制。

（5）声誉风险管理。理财销售人员在销售理财产品时，以预期收益率替代净值概念，这可能会造成一些投资者对收益率未能实现的误解，进而通过媒体、网络的传播影响银行的信誉。对此，采取如下风险防控措施：一是对客户经理进行系统培训，强化对净值型理财产品的基本特点与风险特征的了解与认识，克服其恐惧感造成的产品销售停滞不前与为了完成任务而夸大其词、任意许诺；二是通过客户经理、网银、LED 显示屏、手机银行等渠道充分揭示风险。

第八节　京津冀协同发展中的金融支持——以银行资管业务为例

2015 年 7 月《京津冀协同发展规划纲要》已经印发并开始实施，京津冀城商行与农村金融机构发展作为京津冀一体化战略发展规划的一个重要部分，将对区域内的实体经济发展与产业转型提供有力的金融资源支持。在此背景下，银监会在 9 月开始部署城商行“领头羊”工作，将城商行发展提高到地方经济发展相适应的战略地位。京津冀地区共有 13 家城商行以及数量庞大的农村金融机构，按照资产规模分类，差异较大，经营管理水平参差不齐，为了深入研究京津冀地方银行核心竞争力，借鉴先进地方银行发展经验，提高落后地方银行的经营管理水平与产品创新能力，我们以银行资管业务为例，深入分析京津冀地方银行的业务合作的条件与可能路径。

一　京津冀地方银行资管业务现状

京津冀地区地方银行主要包括城商行、农商行、农村合作银行与信用社。具体来说，北京市地方银行主要由北京银行与北京农商行组成；天津市地方银行主要由天津银行、天津农商行与天津滨海农商行组成；河北省地方银行主要由河北银行等 11 家城商行以及河北省农村信用社（包括农村商业银行、农村合作银行与农村信用联社）组成。截至 2014 年年末（见表 7－5 与表 7－6），北京市地方银行最为发达资产规模达到 22351 亿元，人均资产 1.2 亿元，天津市地方银行改制较早，其中农村银行都已经改制为商业银行，总资产规模为 10255 亿元，人均资产 0.65 亿元，河北省 11 家地级市都已拥有一家城商行，但是河北省信用社改制缓慢，仅有个别地区信用社改制为农商行，还有 170 家左右尚未改制的信用联社法人机构，人均资产只有 0.29 亿元。就资管业务而言，京津冀地方银行非保本理财产品余额为 2130 亿元，非保本理财产品余额占资产余额比重为 4.21%；而资管业务开展最早、规模最大的工行这两项指标值分别为 14548 亿元、7.06%。虽然工行在全国销售理财产品增加其理财产品规模，但是从非保本理财产品余额占资产余额比重的指标来看，其理财业务能力非常突出。从京津冀区域内部来看，北京市地方银行非保本理财产品余额占资产余额比重显著高于京津冀平均水平，达到 5.5%，即使这样，仍然远逊于工行 7.06% 的水平；天津市与河北省地方银行的理财业务水平较低，其非保本理财产品余额占资产余额比重分别为 3.9%、3.33%，尤其是河北省地方银行理财业务发展较为缓慢。近些年河北省的城商行在得到理财业务许可牌照下，开始设计与发行自己的理财产品，规模增加较快，但是截至目前仍然有三家城商行未能发行自己的理财产品；尽管一些改制的农商行开始理财产品的发行，但是 2014 年大多数农村金融机构理财业务仍然空白。

表 7－5　　京津冀地方银行资管业务比较

银行名称	非保本理财产品余额（亿元）	资产余额（亿元）	非保本理财产品余额/资产余额（%）
工商银行	14548	206100	7.06%
京津冀地区地方银行	2130	50644	4.21%
北京市地方银行	1230	22351	5.50%
天津市地方银行	400	10255	3.90%
河北省地方银行	600	18039	3.33%

注：估计 2014 年年末天津滨海农商行理财 72 亿元；河北省估计约为 600 亿元（其中河北银行为 272 亿元，其他银行合计约为 328 亿元）。

资料来源：根据中国银监会网站与各银行年报整理而得。

表 7－6　　京津冀地方商业银行基本情况

行政区域	银行	营业网点个数（个）	从业人员（人）	资产总额（亿元）	法人机构（个）
北京市	城市商业银行	306	10062	17114	1
	农村金融机构	711	8561	5237	1
天津市	城市商业银行	316	7340	7085	1
	农村金融机构	595	8426	3170	2
河北省	城市商业银行	780	16444	7438	11
	农村金融机构	4848	47598	10601	181

注：农村金融机构包括农村商业银行、农村合作银行、农村信用社。

资料来源：中国银监会网站。

从具体城商行资管业务部门来分析，我们以河北省理财业务开展较早、规模较大、组织结构较健全的某家城商行为例，最初该行部门隶属于总行一级部门——金融市场部，是典型的二级部门，但是 2014 年 7 月银监会下发的《关于完善银行理财业务组织管理体系有关事项的通知》（银监发〔2014〕35 号）第一条明确了商业银行“设立专门的理财业务经营部门，负责集中统一经营管理全行理财业务”，因此该行在 2014 年 9 月底完成资产管理事业部的组建，其组织结构包括三个二级部门，分别是产品及投资管理部、综合支持部、风险管理部。产品及投资管理部负责理财产品的创新、设计以及理财资产、资金管理并对理财产品营销提供技术支持；人员共6人，其中投资经理3人，运营支持经理2人，产品设计1人。综合支持部负责宏观经济政策、投资策略研究，为事业部业务提供研究支持；人员共1人。风险管理部的职责是在全行的风险政策框架下，根据授权负责制定和实施各项业务的风险政策以及负责理财业务的信用风险、操作风险、市场风险及流动性风险的管理，包括根据授权负责代客业务的同业授信管理；人员共3人（风险总监1人，风险经理2人）。该事业部管理人员共2人（一正一副），事业部人员总计11人，其中9人拥有硕士及以上学历。从该行资管部门组织结构，我们认为人员结构与资产管理规模较为匹配。其他城商行，例如天津银行、廊坊银行、衡水银行等资管部门的组织结构、人员数量基本与此类似。与上述地方银行相比，我国资管业务规模最大、系统建设最先进、产品开发设计领先以及风险控制严格的工银的资管人员至少200人，学历层次基本以研究生为主，这保证了产品开发设计的创新性；理财资管系统完全依靠工行强大的信息技术部门的支持，完全独立开发，保证了系统升级改造以适应业务发展的需求。

近年来城商行采取“搭台子、给位子、压担子”方式，理财规模迅速做大，但是也存在产品创新程度不高、优质资产减少、风险控制薄弱以及理财产品销售增长缓慢等发展“瓶颈”问题。尤其是地方银行理财产品仍然以预期收益率型为主，非保本理财产品虽然采取了“买者自愿、风险自担”理财原则，但是地方银行为了维系客户，尽管资产管理出现收益下降甚至亏损的情况，通常采取用高收益资产置换的方式变相输送收益的方式来保证客户的本金与收益按照理财产品销售说明书的最高预期收益率予以“刚性兑付”。截至2014年年末，我国开放式净值型理财产品资金余额约为0.56亿元，占全部理财市场比例为4%，封闭式净值型理财产品所占比例不到1%，因此市场的预期收益率型理财产品高达95%。银行高度依赖这种理财产品反映了银行还是着眼于在利率管制下通过变相提高客户存款收益吸引客户、增加市场份额。

二 地方银行资管业务合作的基础

地方银行合作机制建立的基础主要是范围经济、规模经济以及比较优势理论。京津冀地方银行中的北京银行资管业务水平处于领先地位，但是由于其在天津与河北网点机构有限，无法将其设计的创新程度较高的理财产品销售到这两个区域的投资者；而河北地区的投资者在当地银行理财产品有限的情况下也无法提高投资收益水平。而通过银银合作机制，小型银行充分利用网点众多、客户数量庞大的优势以及自身理财产品不足的现实，实现银行销售渠道上的多产品并向的有效利用，达到范围经济效果；较大的地方银行则通过代理销售渠道实现理财产品的规模化经营，降低单位理财产品固定成本，实现规模经济。从根本上讲，资管业务的开展是银行混业经营趋势下的一个缩影。地方银行资管业务终究无法与大银行或者基金、券商相抗衡，因为按照相对优势理论，地方银行的比较优势是地方中小客户与信贷业务。因此地方银行通过合作组建新型资产管理公司来完全发挥其专业资管优势，同时地方银行为本行优质客户提供资管公司开发设计的理财产品来募集理财资金并进行专业化投资运作，充分发挥地方银行的比较优势。

三 京津冀银行资管业务合作的三部曲

地方银行资管业务的初期合作主要表现在理财产品的代理销售，中期主要以业务人员交流、系统共享、流动性互助为主要内容的平台交流；从远期来看，各家银行可以共同出资成立银行资产管理公司，实现资管业务专业化运作以便与证券、基金等专业资管公司相抗衡。

（一）初期优势互补

2011 年银监会发布的《商业银行理财产品销售管理办法》第二十八条明确规定“商业银行应当在客户首次购买理财产品前在本行网点进行风险承受能力评估”，根据评估结果进行对应风险等级理财产品的购买。这条规定将城商行理财产品的销售范围局限于其有限的网点内，造成具有理财业务资格的城商行无法将其发行的理财产品销售到其他区域，尤其是还未取得理财牌照的城商行所处的区域，这些城商行理财产品空白区域只能由四大行或部分全国性股份制银行垄断经营，结果是投资者只能取得相对竞争充分的较低理财收益。监管部门对客户首次购买银行理财要求面签的实质是防范风险，主要体现在客户身份、客户资金进出有保证、客户风险承受能力准确评估三个方面，而地方银行之间代销理财产品完全可以满足这项规定要求。因为银行所具有的存贷汇等基本功能可以准确核验客户身份，同时为客户开立基本账户，保证客户资金进出安全，而对于客户风险承受能力评估来说，这需要拥有理财牌照的银行对没有理财牌照的银行进行相关业务培训，在拟开展理财业务代销人员通过相应考核后，按照要求进行正式销售，因此这一方面只要加强培训、考核与管理，也是可以对客户风险承受能力进行合理评估的。就京津冀地方银行而言，目前大多数城商行拥有理财牌照并已经设计、发行多款理财产品，但是其他地方银行由于监管评级未达到相关要求而没有获得理财业务资格。需要说明的是我国商业银行开展个人理财业务需要与银监会及其派出机构事先沟通，银监会在认可其理财业务的资源配置充分、风险管理措施到位、银行经营管理稳健后予以批准，也就是说我国银行理财业务的开展仍然实行审批报告制。在一些地方银行获取开展理财业务资格之前，通过银行之间理财代销模式，既可以扩大理财产品业务范围，也可以为这些银行取得理财牌照打下坚实基础。

自从京津冀一体化战略上升到国家层面以后，京津冀农村金融机构合作步伐加快，在 2014 年 8 月北京农商行、天津农商行与河北省信用联社签署战略合作协议基础上，2015 年 8 月，北京农商行率先通过河北省农信机构（包括农商行、农村合作银行、农信社）发售该行“金凤凰理财”系列产品，既共同丰富产品体系，又拓宽服务范围，满足京津冀客户多层次金融服务需求。在京津冀一体化战略下，北京银行 2014 年已经开始在河北省石家庄建立分行，并且向其他区域铺设机构，这种方式固然可以增加其理财产品销售，但是短期内实现网点全覆盖还不太现实，这直接制约了其理财品牌在河北市场的拓展。但是像北京银行等资管业务开展相对较为成熟的银行可以借助理财产品发行较少的银行进行销售，提高理财产品销售规模，实现规模经济，降低单位理财资金成本，而代理销售的银行则可以充分利用营业网点等多种客户渠道进行销售，实现范围经济，提高单位银行员工贡献度，增加中间业务收入。可以想象，当各家银行网点已经铺设完毕并且能够独立开发自己的理财产品时，代理销售理财模式将趋于终结，取而代之的是各家地方银行之间无序竞争，这种无差异低层次营销客户资金手段显然无法与工商银行相抗衡。

（二）中期搭建业务合作平台

地方银行无论是组建资管事业部还是组建理财业务子公司，其本身总行的资产规模决定了资管业务拓展空间有限。尤其是当遇到类似2013年6月我国金融市场发生的“钱荒”以及2015年3月以来的“资产荒”，提出对地方银行资管业务的流动性管理能力以及资产选择与风险控制的考验。地方银行理财销售的“红海”竞争以及来自以工行为代表的大银行对理财市场的垄断，地方银行必须放弃自我积累、自我发展的固有思维模式。通过成立类似京津冀区域金融联盟的组织，提高应对市场风险的能力，改善成员银行资管业务服务水平。例如流动性是开展资管业务的地方银行主要风险，通过联盟平台，改进流动性管理，协助平衡成员资金头寸；联盟成员拿出一定数量资金，成立共同风险基金，在银行自身防御基础上增加行外防线；为突发情况下的个别成员资金需求提供紧急流动性支持。在业务合作上，各家银行借助该平台，可以降低信息不对称成本，通过广泛的资金交易、资产推介以及同业理财合作，扩大业务规模，提升资产质量，并且借助这个平台，广泛开展人员、技术的交流与合作。

河北省城市商业银行合作组织圆桌会议是这种金融联盟的初级形式，其已经成立了十年，但是合作形式更多表现为象征性战略形式，具体资管业务合作只是一两种，其未来合作的方向应该将北京与天津市的先进银行吸收进来，充分吸收其资管业务发展经验，提升自身资管水平。而2015年9月24日天津银行发起成立的环渤海银银合作平台，已经开始注重流动性资金互助、金融功能互助、投资业务互助等方面深化协作。这些合作平台为建立京津冀金融联盟平台提供了经验。尽管通过联盟平台，可以实现资源共享，但是这种机制相对比较松散，容易出现“利己不利人”的情况以及流动性风险集体爆发的无奈。在2013年6月的“钱荒”中，一些中小银行由于加大了资金杠杆，在资金紧张时，各家银行只能向平时业务往来较密切的银行“找钱”，这种解决流动性风险的途径在平时资金市场平稳运营时可以使用，但是当资金市场出现集体“缺钱”时，流动性互助机制就会出现失灵。

（三）远期合资共同成立具有独立法人资格的资产管理公司

从中短期来看，地方银行组建自己的事业部开展资管业务，可以实现业务多元化经营，降低对传统信贷业务的依赖，其实地方银行可以开展资管业务的制度优势主要是我国银行实行分业经营、分业监管。但是在我国利率市场化已经趋于完成、银行跨区域经营逐渐放开、汇率市场化供求机制基本确立、人民币国际化影响加大等背景下，中国金融市场化步伐加快，银行之间的竞争以及银行与非银行金融机构之间的竞争将十分激烈。在这种情况下，地方银行的制度优势将逐渐消失，其资管业务既受到来自全国性大银行的挤压，又将受到基金、证券、信托等传统资管业务优势机构的挑战，其资管业务生存将举步维艰。

“穷则变，变则通，通则久”。地方银行要想摆脱资管业务的困局出路在于金融创新。按照熊彼特的创新定义，创新就是“通过生产要素的重新组合，创建一种新的生产函数。”京津冀地方银行虽数量众多，但管理、人才、资金、风控等都相对薄弱。“麻雀虽小，五脏俱全”式的全能业务模式最终消耗了银行的有限资源优势。正如前文所言，京津冀地方银行大部分组建了10个人左右的资管部门，每个部门囿于本行的小信息科技系统，致使都需要委托像恒生电子这类开发商进行系统建设与维护。每家地方银行都进行同质化的部门组建，产品设计、资管业务技术水平、系统服务基本雷同，其最终结果是“1+1=2”，即每家银行的资源重复使用。如何形成“1+1>2”的结果？可以考虑将京津冀地方银行资管部门资源重新组合，如系统开发上可以自己开发或者委托开发，依附于系统的运营部门人员可以节省80%以上。投资部门组合后，投资经理可以根据投资资产类别进行分类，例如信用债、利率债、非标债权资产、权益类资产、理财直融工具、信贷资产流转项目等资产真正进行资产的专家管理，发挥专业化优势，实现对资产遴选更加细致，项目调查更加详细。产品部门人员从原来的简单重复设计开始开发满足不同理财客户需求的产品，例如净值型理财产品、开放式理财产品，甚至挂钩股票指数、黄金、商品等结构性理财产品（见表7－7）。为投资支持的研究部门人员优化组合后，研究报告的广度与深度将大大增加，同时可以仿照券商进行针对性更强的研究。风险部门人员也不再是形式上的风险把控，更加强调专业化与实质层面的业务审核并提出意见。而后勤人员在优化后可以提高服务广度，从原来人均服务8人可以增加到人均服务30人。通过人员、资金等要素的重新组合，可以拥有和工行、基金、证券相抗衡的实力，这也使银行理财从银行体系剥离出来，打破银行理财刚性兑付。

表7－7　银行理财产品种类

理财产品分类依据	理财产品种类	
是否保证产品本金兑付	保本型	非保本型
发售对象	个人类	机构类
收益表现形式	预期收益型	净埴型
存续期内是否开放	封闭式	开放式
是否公开发行	公开发行	定制发行
资金投资地域范围	境内	境外
是否享有相同的产品权益	非分级产品	分级产品
是否投资金融衍生工具	非结构性	结构性
是否期限错配	非项目融资类理财产品	项目融资类理财产品
是否投资理财直接融资工具	非理财管理计划	理财管理计划

组建法人类的子公司还有一个最大的优势是改善了沟通机制。地方银行为了便利资管业务展开，通常都选择将资管部门单独设置在北京，而远离总行其他部门，其弊端是资管业务部门管理人员以及其他人员需要经常往返于总行与北京之间，对于一些资管业务时效性要求非常强的银行将带来诸多不便；而管理人员频繁参加总行的各种形式

会议更是降低了整个部门的管理效率；同时总行其他部门人员工资与北京的资管部门存在的较大的差异也影响到资管部门与其他部门的协作。而通过以资本为纽带的子公司，将避免以上种种问题，能够使资管业务更加专注、效率更高。

通过合作成立资管公司，京津冀地方银行资管业务在与大银行及其他非银行资管机构竞争中建立起可以相抗衡的资金、人才、管理等优势的同时，还可以凭借多年积累起来的客户资源优势充分拓展营销渠道，因为银行系的资管公司完全通过其拥有众多网点的股东得以销售给广大客户。因此这种合作性资管公司既可以发挥自身资产管理的优势，又有遍布京津冀地区的庞大网络销售渠道。而基于股权的资管公司，杜绝了各家银行基于平台合作容易发生的“出工不出力”现象；同时各家银行的竞争结果是销售规模，促使其更加注重客户关系与销售渠道建设。

在 2015 年 9 月召开的全国城商行会议上，银监会副主席曹宇对城商行的并购以及设立财富管理子公司给予了肯定。城商行的并购推动虽然很受鼓舞，但是决定权主要在省级政府；至于京津冀地方银行之间的收购更是涉及三省市政府利益均衡，短期内尚难实现，而是否建立基于各家地方银行基础上的资管公司完全基于各家银行自身利益的角度来决定。基于以上分析，我们认为在京津冀一体化的国家战略、在监管层的大力支持以及各家地方银行自身利益的考虑下，成立以股权为基础的资管公司是京津冀地方银行资管业务发展的现实路径。

第九节　城商行校园招聘热的冷思考

一　城商行校园招聘热的现状

我国城商行发展的黄金时期始于 2009 年，为了抵御次贷危机对经济的冲击，我国政府实施了 4 万亿元投资的扩张性财政政策以及 9.6 万亿元的信贷宽松政策。在此背景下，城商行信贷业务闸门打开，其 6 年的发展如波涛汹涌。以河北省城商行为例，其共有 10 家城商行（不计廊坊银行），总资产规模从 2010 年年末的 2480 亿元迅速增长到 2014 年年末的 6724 亿元，是 2010 年的 2.71 倍。简单总结城商行的经营发展特征如下：主要利用本地银行业竞争不充分的垄断优势，大力发展零售业务，增设物理网点机构、招募较多的人员与提高员工薪酬，扩大资产规模，增加净利差，进而提高利润率。

一般来说，城商行招聘员工主要有两种方式：校园招聘与社会招聘。社会招聘对象主要是具有同业工作经验三年以上的业务骨干，俗称“同业挖人”，城商行人力资源部期望这些人员的加入短时间内可以迅速填补某一块业务空白或拓展某一业务领域发展空间，显然“挖人”的渠道是国有大型银行以及全国性股份制银行。与社会招聘“短平快”相比，校园招聘则是城商行招募新员工的主渠道与主力军，具有针对性强、低成本、效率高、人员平均素质高、可塑性强等特点。自 2009 年起，信贷业务开始应接不暇，城商行马不停蹄地进入高校，面向金融类毕业生宣讲，吸引优秀毕业生加入银行。城商行快速发展对金融专业毕业生的渴望，提高了金融专业毕业生的期望薪酬，同时激发了更多未来优秀学生报考金融专业，因此这些年来金融专业产生了报考热、扩招热、招聘热的现象，直接表现为城商行、高校、毕业生三赢，即高校完成培养高素质学生的目标，学生在大学四年的投入终于获得回报，城商行获得了物美价廉的劳动商品。

连续六年大幅度的校园招聘弥补了城商行人力资本的匮乏，城商行人力资源水平显著提高。面对金融类毕业学生在就业市场的需求旺盛刺激下，高校纷纷增设金融专业或扩大金融专业招生规模，这直接导致金融专业毕业生需求远超过银行的需求。因此城商行开启了市场化的招聘程序与市场化的用工方式。面对供求比超过 100∶1 的情况，城商行为了选出优秀人才，其招聘过程既有初次筛选，又有其后的笔试、面试，最后总行行长亲自主持的面试。这种招聘程序符合现代银行的人力资源管理特点。同时城商行为了降低运营成本，其用工方式也开始采用人事代理制，即人才派遣模式，是指为银行服务的员工与人力资源公司签订劳动合同，再由人力资源公司派遣到城商行工作。对于电话银行中心客户业务代表、在离市区较远的县城新设网点以及综合柜员、大堂经理等岗位采用中介公司。

二　城商行校园招聘热的冷思考

城商行通过校园招聘似乎解决了人力资源问题，保证了自身可持续发展，但是我们看到2015年以来城商行校园招聘的人员流失率在大幅增加，同时因无法寻找到高质量的毕业生而遭遇人才“瓶颈”。

（一）人力资本的质量与配置决定银行竞争力

近年来京津冀银行业利润的增加离不开银行员工的付出。通过引进金融同业人员、每年大量增加高校毕业应届生，京津冀城商行储备了大量优秀人才，员工整体素质得到增强。截至2014年年末，京津冀城商行具有大专及以上学历的员工占比都已经超过80%，其员工平均年龄在30—40岁。因此年富力强、知识丰富、学习能力较强的新型银行员工队伍势必为银行运营带来活力与创造更大的价值（见表7－8）。

表7－8　　2014年年末京津冀城商行人员学历构成与年龄　　单位:%

	博士（人数）	研究生及以上	本科	大专	大专以下	平均年龄（岁）
北京银行		20	58	17	5	
天津银行				(93)	7	36.75
河北银行	13	13	57	26	4	
张家口银行			(89)	7	4	
邯郸银行	3	10	52	37	1	
沧州银行		8	73	18	1	
唐山银行	4	10	40	37	13	35.40
承德银行			(85)			
邢台银行		4	55			
保定银行				(84)	16	34.00
衡水银行				(83)	17	34.36
秦皇岛银行				(82)	18	

注：括号中的数字表示相应以上学历人员比例。

资料来源：各家银行官网年报。

员工薪酬主要由固定薪酬、绩效薪酬、福利性收入等主要部分组成，其中基本薪酬与岗位薪酬构成了固定薪酬，主要用于保证员工的基本生活以及根据员工自身岗位性质考核自身工作完成情况发放。绩效薪酬及根据经营指标完成情况发放的奖金旨在体现充足的各类风险与各项成本抵扣和银行可持续发展的激励约束要求，提高广大员工的工作积极性。福利性收入包括：养老保险、失业保险、工伤保险、医疗保险、生育保险、住房公积金及企业年金。表 7－9 显示 2014 年银行业人均创利差距较大，北京银行最高达到 150 万元/人，而邢台银行最低仅为 33 万元，两者差距约 120 万元；在承德银行与邢台银行都是 420 亿元的资产规模下，承德银行的人均利润是邢台银行 2.4 倍，其原因之一是承德银行员工本科率超过 85%，而邢台银行仅为 59%，体现出高素质的员工创造的价值越大，张家口银行、北京银行的数据也说明人力资本的价值。在已公布的人员学历构成中，有三家银行公布了博士人员数量，尽管河北银行博士、硕士、本科人员比例远大于邯郸银行、唐山银行，但是人均利润减少近 24%，究其原因还是河北银行对高质量的人力资源使用存在配置不合理。在银行业员工创造较大利润的同时，员工人均收入与其贡献并不匹配，表现为创利高、收入少；如果再考虑到银行员工的早出晚归以及周末的“自愿加班”，那么银行员工的付出远远大于其收获（见表 7－9）。

表 7－9　　2014 年年末京津冀城商行人均利润与收入　　单位：万元

	人均创利	人均收入
北京银行	150	13.20
天津银行	82	—
河北银行	46	10.86
张家口银行	58	—
邯郸银行	57	19.51
沧州银行	44	—
唐山银行	59	13.18
承德银行	79	—

续表

	人均创利	人均收入
邢台银行	33	—
保定银行	45	12.05
衡水银行	42	—
秦皇岛银行	57	—

资料来源：各家银行官网年报。

（二）警惕经济周期影响

银行业属于典型顺周期行业，当实体经济向好时，银行业利润增速远超工商企业；当实体经济进入新常态，利润增速也将骤降。随着扩张性的财政货币政策效应逐渐减退，城商行“跑马圈地”的意愿降低。主要原因是信贷业务需求减少以及较高的工资薪酬增加了城商行的运营成本。在地方经济增长回落时期内，银行开始减少校园招聘人数，即使招聘，也主要面向研究生层次，专科层次基本停招，本科层次也有相当一部分采用人事代理制。由于人事代理制变相降低了本科毕业生的工资薪酬水平，以及派遣制员工转正的概率很小，一些刚毕业的学生在工作几年后选择离职。而对于研究生而言，在固定薪酬保持不变的情况下，绩效薪酬随着银行业务萎缩以及信贷风险的爆发，逐渐缩水的同时，工作强度与压力仍在增加。与非银行性金融相比，银行稳定、薪酬高的优势不再存在，于是年轻、接受能力强的毕业生开始跳槽到证券、基金以及互联网金融等行业。这些都给城商行未来发展带来潜在风险。另外，城商行校园招聘逐渐冷却加剧了高校金融专业学生的就业难度。当毕业生的就业“钱景”黯淡时，银行与高校之间的矛盾将凸显。

（三）城商行用人机制出现偏差

城商行校园招聘人员以学校、学历层次作为分类标准，例如“985”、“211”作为学校划分的标准（虽然现在银行招聘条件禁止出现“985”、“211”等歧视规定，但是银行人力方面还是按照这个原则筛选）；学历则是以专科、本科、硕士、博士作为区分标准。银行属于典型的智力资本密集型行业，其非利息费用主要包括员工费用、业务经营费用、固定资产使用费以及其他管理费用。对于银行而言，以工资、薪金与福利为代表的员工费用是最主要的管理费用，这说明银行与工商企业资本资产不同，更加依赖员工智力资本。

城商行用人机制存在的根源还是国企用人机制的延续。城商行无论改制前后基本上是地方政府财政局作为大股东，虽然建立了现代银行管理体系，但是董监高主要人员的选拔还是采用政府任命方式，而且银行党委会事实上已经成为行内中层人员任命的主要机构，城商行虽然成立了人力资源部统一招聘、配置全行人力资源，但是通常和组织部合署办公，即两块牌子、一套人马，反映在校园招聘过程中就是招聘时呈现出现代银行经营管理模式，在确定最终招聘人员时存在“打招呼”，部分人员内部提前确定等违背市场公开公正选拔人才方式。

党委领导下的人力资源部门在银行各平行等级部门中具有强势地位，造就了人力资源部门与其他部门不对等，业务部门只具有计划新增人员的申请权，而人力资源部门对高校毕业生具有绝对选人进人权利，并在短暂培训之后分配给各部门，要求予以接收，而这些部门对新入职的毕业生基本没有定岗定编权利，只是被动接收。业务岗位与岗位上的毕业生出现错配，为日后业务部门开展工作以及新员工职业发展埋下了隐患。据统计，河北银行在 2010 年至 2013 年，进入总行工作的硕士毕业生在参加工作后离职率在 30% 以上；博士研究生离职率在 70% 以上。

（四）缺乏高校与银行共同培养人才的平台

金融创新日新月异，尤其是互联网金融要求跨学科的知识结构，相比之下，高校金融教学创新步伐严重落后，其结果是金融毕业生理论知识丰富，金融市场实践知识匮乏，只好在工作中边干边学。毕业生从学校到银行为何出现这种落差呢？从根本上讲，我国还未建立起高校与银行共同培养人才的体系。一方面高校从事金融专业教学的教师基本没有踏出校门，换句话说，在他们读完本硕博后，开始站上讲台授课，没有在银行真正工作过，不熟悉银行业务流程以及金融市场运行的真实状况。因此他们在课堂上只能更多讲授理论模型等，而有意忽略实际操作知识的讲授。学生在金融理论模型学习过程中，感到枯燥、无趣，逐渐失去了金融学习的动力，即使校内有实践环节，但是距离校外实践效果差距甚远，因此学生学习动机转变为应付考试与毕业。银行有热情、有合作动力参与校内金融专业教学中，例如一些有经验的高管、高级研究员在高校教师私人关系的邀请下参与报告讲座以及实训教学，但是缺乏银校交流平台，没有形成系统化的合作模式。即使一些重点高校在研究生培养过程中建立了“双导师”制度（每名研究生有两名导师：校内专业导师与金融机构管理人员担任的校外导师），校外导师所给予学生教学指导更多是象征意义，更多是就业时提供帮助。

三　如何搭建银校良性互动的平台

金融是经济的中心，而金融人才是金融业的核心。当前地方经济发展对金融人才需求极为迫切，尤其是需要道德素质高、掌握金融活动基本原理、熟悉资本运作流程的人才。这种金融人才发展的紧迫感对我国高校金融人才培养工作提出了更高要求与标准。而校园招聘是银行人力资源的最大“进口”，是银行竞争的比较优势与未来发展的基石。

促进银校良性循环发展的关键是找到高校与银行的利益切入点，合作动力源于双方利益，建立互惠互利机制，其基本逻辑是如何培养人、选拔人、用好人，具体可以从金融人才培养模式、校园招聘程序、职业发展路径等方面入手。

（一）培养人——创新金融人才培养模式

在传统金融人才培养模式下学生学习兴趣低、动手能力差、教师金融知识体系陈旧、实践环节薄弱等问题基础上，应建立以创新金融人才培养理念、教学互动模式、实习实训模式为主要内容的高校金融人才培养新模式。创新金融人才培养理念包括将金融机构对人才的需求与高校的教育进行无缝对接。通过搭建银校交流平台，可以有效实施“请进来”“走出去”，设置实务操作类课程，请银行业务经验丰富的银行高管来授课，专业教师有更多机会与银行合作开展课题研究，其效果是学生学习兴趣增加、专业教师的教学与研究紧跟金融创新的步伐、银行得到了高校的智力支持与未来潜在的高素质员工以及节约大量招聘成本。深层次的银校合作可以采取联合办班的方式。例如，2012 年柳州银行与武汉大学共建博士研究生工作站及研究生实习基地，这表明柳州银行开启“内外结合”“引智入行”的人才培养模式。2014 年重庆银行与重庆工商大学组建的“金融人才实验班”，选择大三或研二的学生，学习银行一系列定制课程并且参加银行的岗位实习，熟悉银行业的运作流程。重庆银行则通过这种创新的人才培养方式，前瞻性地储备一些有潜质的人才。

（二）选拔人——完善校园招聘程序

根据对城商行人力部门的调查，银行选拔优秀毕业生的标准是具有团队合作意识、责任意识、善于沟通、主动学习能力，尤其偏好担任过学生干部工作的毕业生。如何提高校园招聘的效度与信度，降低银行与新员工的不匹配性呢？（1）招聘形式多样化。城商行可以在传统的结构化面试、非结构化面试、半结构化面试基础上，借鉴大型银行与股份制银行普遍采用的无领导小组讨论面试，即采用情景模拟的方式对考生进行集体面试（俗称“群面”），通过 5—7 人的小组成员相互讨论、争辩、沟通的过程，考察毕业生真实的性格面貌和能力水平。另外，宁波银行为了提高招聘覆盖面与提升招聘效率，在高校间组建金融俱乐部，缩短银行与学生之间的距离，提前锁定候选人，通过学生体验，提高银行的形象与品牌。（2）以业务需求为主。人力部门在制订招聘计划时，需要与业务部门耐心沟通，要基于业务部门的实际需求招聘员工。目前，很多城商行人力资源部门为了突出工作业绩，纷纷提高应聘的门槛与硬件条件，硕士生已经成为基本条件，同时加大招收博士的力度，甚至纷纷建立博士后工作站，以表明银行的实力。但是一旦这些人才进入银行部门工作时，发现学无所用，甚至受到冷落，其离职就必然发生。因此城商行制定人力资源规划时，切忌好高骛远，应该以实际业务需求为主。（3）人力资源部门注重内部改革。城商行人力资源部门内部也应该进行改革，建立前台、中台与后台三个小组，前台设定客户经理负责与业务部门用人需求的沟通，指导与配合，中台负责招聘、培训与职业发展规划，后台负责工资制定、前中台支持等事务性工作。除了拔高选拔外，城商行招聘时为了照顾当地政府官员、股东、重要客户的亲戚朋友子女，有意识地降低招聘标准与条件，从短期看这有利于银行自身的利益（例如存贷款、项目、客户数量大幅增长），但是从长远角度看，弊大于利。毕竟银行校园招聘服务银行发展战略。

（三）用好人——优化职业发展路径

每一名新入职的毕业生都会对自己职业生涯的第一份工作充满期望，憧憬未来美好的职业发展。城商行的人力资源部门通常会做出新员工职业发展规划，并在入职培训中展示与激励，其关键是要保证发展规划的落实与执行。但是入职培训一旦结束，人力资源部门跟踪记录毕业生成长基本落空，其原因是人力资源部门人手少以及对新员工的成长根本不重视。因此优化新员工职业发展路径首先从人力资源部门的重视做起，同时督导业务部门对新员工的培养与使用，最终实现吸引人才、培养人才与留住人才的目标。以花旗银行为员工建立的职业发展模型——“十字路口”为例，花旗银行新员工在职业发展过程中先后经过管理生、职能经理、业务经理以及区域经理、部门经理、企业经理，针对这些“十字路口”，人力资源部门连同业务部门设计相应的培训与锻炼机会，观察与评估员工是否完成“十字路口”的绩效指标要求。单独依靠高校培养高素质的金融人才勉为其难，城商行作为人才市场主体投入更多资源培养金融人才。例如汇丰（中国）推出的“银行家管理培训生计划”，是吸收、培养和储备优秀年轻人才的主要人才制度，已经覆盖了人力资源部门密切协助各业务部门规划人才发展战略与政策，为优秀人才前瞻性地制定个人职业发展路径规划。数据表明该职业发展路径下金融人才流失率远低于市场平均水平。城商行必须重视核心员工的培养，协助其建立职业生涯发展管理规划，将人才发展融入到银行长期发展中，形成利益共同体。例如对于博士的使用可以建立单独的“人才档案”，进行专门跟踪，提供挂职支行行长助理的机会，增加基层业务管理经验；或者提供技术职务服务，提供总行各部门轮训机会，增加对全行业务的整体运营感性认识。

第十节　本章小结

本章从发展空间、宏观经济效应、外部机遇探讨了中国商业银行社区银行模式可行性，分机构论述了中国农村信用社、城市商业银行与股份制银行、新型社区金融机构的社区模式特征，重点讨论了小微特色支行、社区支行与科技支行的模式，同时对社区类金融机构发展提出了建议。最后阐述了社区金融机构适宜支持中小微企业融资。

第八章　总结与展望

本书在总结了社区金融在发达国家发展的成功经验之后，分别对利率自由化、业务经营自由化与金融脱媒对商业银行社区模式战略发展的影响进行了详细分析与论证，尤其是以组织模式、盈利模式与风险控制模式等为主要内涵与动力机制发生了很大变化。主要分析框架是基于社区经济发展特点、社区金融机构的主要功能，重点讨论金融自由化中的利率自由化、业务经营自由化与国内区域经营自由化对商业银行竞争环境、技术环境与监管环境产生的巨大影响，进而改变了银行以公司贷款为主的传统经营模式，提出银行社区模式是金融自由化与金融市场环境变革后的重要选择之一，其中这种模式的主要特征是建立了新的组织模式、盈利模式与风险控制模式。正是这种以广大中小经济体为服务中心，以服务实体经济为目标，才使得银行社区模式得以维持与健康发展。在此逻辑分析下，我们结合国外成熟社区金融机构发展模式与中国国内一些银行对社区金融机构或支行的一些实践改革，尝试探索中国在金融自由化过程中社区模式的正确发展路径。

虽然金融自由化背景下的商业银行模式问题的相关研究已经取得了一定成果，但是对此问题的研究还需进一步深入，关于未来进一步研究内容可以从以下几个方面展开分析：第一，金融自由化的理论基础尚需完善。金融自由化是欠发达国家金融体制改革成败的关键，在经济与金融一体化的世界环境中，各国面临更加复杂的外部环境，从客观上将需要更加完善的金融自由化理论来支持金融市场化改革。第二，金融自由化下商业银行社区模式的研究手段需要进一步提高。目前有关社区模式问题的研究，仍然集中在个别商业银行的微观业务分析与以此为基础的数据测试，这些测试建立在银行宏观经济环境与组织模式未发生大变化的假定基础上，因此研究成果的现实意义受到制约。随着互联网的兴起以及金融市场日新月异的变化以及许多新兴学科的兴起，加强金融脱媒对社区金融机构与大中型银行的冲击效应分析、互联网金融对社区金融机构的挑战、存款保险制度对于社区金融机构的意义等跨学科研究应该成为未来研究工作的方向。

参考文献

[1] 爱德华·S. 肖：《经济发展中的金融深化》，邵伏军等译，上海三联书店1988年版。

[2] 巴曙松、王凡：《美国货币监理署的监管框架及其发展趋势》，《国际贸易》2006年第3期。

[3] 陈庚铎：《提升商业银行风险管理水平的策略研究》，《国际金融》2013年第7期。

[4] 陈晞、叶宇：《2007—2009年中小银行跨区域经营效率与影响因素分析》，《金融理论与实践》2011年第7期。

[5] 陈学彬：《中国商业银行薪酬激励机制分析》，《金融研究》2005年第7期。

[6] 陈宇阳：《重构企业风险管理：美国社区银行经验解析》，《银行家》2008年第3期。

[7] 大卫·G. 梅斯等：《改进银行监管》，方文等译，中国人民大学出版社2006年版。

[8] 戴夏晶：《社区金融机构并购：来自美国的经验启示》，《财经界》2009年第4期。

[9] 邓向荣、苗萌萌：《美国社区金融机构的风险控制体系特点及经验借鉴》，《国际金融研究》2012年第10期。

[10] 范香梅、邱兆祥、张晓云：《我国中小银行地域多元化风险与收益的实证分析》，《管理世界》2010年第10期。

[11] 范香梅、邱兆祥、张晓云：《我国商业银行跨区域发展的经济效应研究》，《财贸经济》2011年第1期。

[12] 冯昀、郭洪涛：《金融自由化的福利效应》，《会计之友》2010

年第6期下旬刊。

[13] 傅丽:《美国中小商业银行发展之经验借鉴》,《广东工业大学学报》(社会科学版)2003年第3期。

[14] 葛君:《我国农村合作银行的市场定位研究——以美国社区金融机构为借鉴》,《铜陵学院学报》2009年第3期。

[15] 何德旭、饶明、王智杰:《论社区金融机构与金融包容性发展》,《中共中央党校学报》2011年第10期。

[16] 何平、李静婷:《论美国联邦存款保险公司的功能和作用——以2008年金融危机前后的政策转换为中心》,《教学与研究》2014年第1期。

[17] 何淑兰:《利率市场化条件下的商业银行存款价格竞争的破解:差别化战略——基于博弈的视角》,《海南金融》2012年第10期。

[18] 何振华:《中国商业银行风险管理研究文献综述》,《时代金融》2014年第2期。

[19] 胡春梅:《美国消费者金融保护局的设立与权责》,《金融法苑》2012年第1期。

[20] 蒋海、朱滔、李东辉:《监管、多重代理与商业银行治理的最优激励契约设计》,《经济研究》2010年第4期。

[21] 江苏省银行业协会课题组:《利率市场化对中小银行的影响——基于对江苏的调查》,《中国流通经济》2014年第3期。

[22] 蒋先军:《社区金融机构应是中国地方性城市商业银行的发展方向》,《金融经济》2009年第18期。

[23] 蒋玉敏:《村镇银行风险管理现状、问题与对策》,《货币银行》2011年第5期。

[24] 解晓非:《完善城市商业银行法人治理结构是防治关联贷款的有效途径》,《中国金融》2004年第18期。

[25] 雷蒙德·W. 戈德斯密斯:《金融结构与金融发展》,周硕等译,上海三联书店、上海人民出版社1994年版。

[26] 冷天明:《社区银行发展路径与风险管理研究》,《金融与经济》

2014 年第 2 期。

[27] 李孔岳、罗必良：《政府控制国有企业的方式与效率分析》，《南方经济》2004 年第 2 期。

[28] 李维安:《公司治理学》，高等教育出版社 2005 年版。

[29] 刘惠好、杨扬、金蕾:《跨区域经营对城市商业银行 X 效率的影响研究》,《经济经纬》2014 年第 2 期。

[30] 刘亮:《商业银行操作风险高级计量：国际经验和启示》，《金融理论与实践》2015 年第 5 期。

[31] 刘小平：《对社区金融的探讨》，《经济体制改革》2000 年第 4 期。

[32] 刘晓刚:《现代商业银行全面风险管理模式浅析》，硕士学位论文，山东大学，2008 年。

[33] 柳松、刘春桃.《村镇银行发展的现实约束与破解对策》，《南方金融》2009 年第 10 期。

[34] 刘毅、王颖：《城市商业银行跨区域经营对其绩效的影响》，《金融论坛》2012 年第 9 期。

[35] 卢独景:《跨区域发展对城市商业银行贷款损失的影响》，《金融论坛》2012 年第 6 期。

[36] 罗开位、连建辉:《商业银行治理：一个新的解释框架》，《金融研究》2004 年第 1 期。

[37] 罗纳德·麦金农：《经济发展中的货币与资本》，上海三联书店、上海人民出版社 1997 年版。

[38] 欧阳青东、彭洁、陈雨花：《中美商业银行跨区域经营及管制制度变迁比较研究》,《国际金融》2012 年第 8 期。

[39] 青木昌彦、瑟达尔·丁克：《关系型融资制度及其在竞争中的可行性》,《经济社会体制比较》1998 年第 1 期。

[40] 阙澄宇、王一江:《银行高层激励：美国 20 家银行调查》,《经济研究》2005 年第 3 期。

[41] 盛锦飞:《社区金融机构——缓解农村金融困境的可行途径》，《重庆社会科学》2006 年第 12 期。

[42] 宋芳秀：《中国银行业市场结构与市场行为对利率改革成效的影响研究》，《管理世界》2007 年第 3 期。

[43] 孙启伟、刘天威：《跨区域发展战略对商业银行市场绩效影响的实证研究》，《金融发展研究》2009 年第 6 期。

[44] 孙章伟：《美国社区金融机构的最新发展与危机中的财务表现》，《新金融》2009 年第 8 期。

[45] 王爱俭：《发展中国社区金融机构的模式选择》，《金融研究》2005 年第 11 期。

[46] 王淼：《美国社区银行面临的考验及对我国的启示》，《中国农村金融》2011 年第 14 期。

[47] 王廷科：《利率市场化效应与中国商业银行的应对策略研究》，《财贸经济》2003 年第 9 期。

[48] 王东静、张祥健：《利率市场化、企业融资与金融机构信贷行为研究》，《世界经济》2007 年第 2 期。

[49] 王擎、吴玮、黄娟：《城市商业银行跨区域经营：信贷扩张、风险水平及银行绩效》，《金融研究》2012 年第 1 期。

[50] 王晓静：《美国社区银行的发展及其对我国村镇银行的启示》，《改革与战略》2012 年第 12 期。

[51] 王修华、彭建刚：《社区金融机构发展的经济学分析与路径选择》，《金融论坛》2007 年第 3 期。

[52] 王志敏：《中国商业银行与国际大型银行盈利能力比较分析》，《中国金融》2010 年第 21 期。

[53] 谢林林：《我国科技银行经营模式分析》，《改革与战略》2013 年第 6 期。

[54] 许柯楠：《中国商业银行高管薪酬水平分析》，《现代商业》2010 年第 9 期。

[55] 许友传：《信息披露、市场约束与银行风险承担行为》，《财经研究》2009 年第 2 期。

[56] 严谷军：《关系型贷款与美国社区金融机构自生能力：一个文献综述》，《浙江社会科学》2006 年第 4 期。

[57] 晏露蓉、林晓甫：《中国社区金融机构的市场需求与发展的可能性分析》，《金融研究》2003 年第 10 期。

[58] 杨畅：《我国城市商业银行跨区域发展与经营效率提升研究——基于理论分析及美国的经验启示》，《浙江金融》2011 年第 8 期。

[59] 杨大光、朱贵云、武治国：《我国上市银行高管薪酬与经营绩效相关性研究》，《金融论坛》2008 年第 8 期。

[60] 杨瑞龙、杨其静：《专用性、专有性与企业制度》，《经济研究》2001 年第 3 期。

[61] 杨天宇、钟宇平：《中国银行业的集中度、竞争度与银行风险》，《金融研究》2013 年第 1 期。

[62] 叶宇、陈晞：《2007—2009 年中小银行跨区域经营效率与影响因素分析》，《金融理论与实践》2011 年第 7 期。

[63] 余丽霞、窦竫：《论中国商业银行个人住房贷款的风险防范》，《货币银行》2011 年第 1 期。

[64] 约翰·G. 格利、爱德华·S. 肖：《金融理论中的货币》，邵伏军等译，上海格致出版社、上海三联书店、上海人民出版社 2015 年版。

[65] 张吉光：《城市商业银行未来发展方向问题研究》，《内蒙古金融研究》2010 年第 8 期。

[66] 张杰：《注资与国有银行改革：一个金融政治经济学的视角》，《经济研究》2004 年第 6 期。

[67] 张漫春、邢科：《我国商业银行风险管理的两次数据革命》，《武汉金融》2005 年第 2 期。

[68] 中国银行业协会：《解读商业银行资本管理办法》，中国金融出版社 2012 年版。

[69] 张敏、刘颇、张雯：《关联贷款与商业银行的薪酬契约——基于中国商业银行的经验证据》，《金融研究》2012 年第 5 期。

[70] 张学陶、李豪杰：《中国上市银行公司治理对风险承担的影响研究》，《求索》2009 年第 10 期。

［71］赵革：《中国社区银行的制度分析》，博士学位论文，天津财经大学，2008 年。

［72］郑录军、曹廷求：《我国商业银行效率及其影响因素的实证分析》，《金融研究》2005 年第 1 期。

［73］钟伟：《美国社区金融机构可否移植到中国?》，《经济月刊》2003 年第 8 期。

［74］Bebczuk R. and Galindo A., "Financial Crisis and Sectoral Diversification of Argentine Banks, 1999 – 2004", *Applied Financial Economics*, Vol. 18, No. 3, February 2008, pp. 199 – 211.

［75］Berger A. N. and Udell G. F., "Relationship Lending and Lines of Credit in Small Firm Finance", *Journal of Business*, Vol. 68, No. 3, July 1995, pp. 351 – 381.

［76］Berger A. N. and DeYoung, R., "The Effects of Geographic Expansion on Bank Efficiency", *Journal of Financial Services Research*, Vol. 19, No. 2, April 2001, pp. 163 – 184.

［77］Berger A. N., Goldberg L. G. and White, L. J., "The Effects of Dynamic hanges in Bank Competitionon the Supply of Small Business Credit", *European Finance Review*, Vol. 5, No. 1, August 2001, pp. 115 – 139.

［78］Berger A. N., Klapper L. F., Udell G. F., "The Ability of Banks to Lend to Informationally Opaque Small Businesses", *Journal of Banking and Finance*, Vol. 25, No. 12, December 2001, pp. 2127 – 2167.

［79］Boot A. and Thakor A., "Can Relationship Banking Survive Competition?" *Journal of Finance*, Vol. 55, No. 2, April 2000, pp. 2127 – 2167.

［80］Bos J. W. B. and Kolari J. W., "Large Bank Efficiency in Europe and the United States: are there Economic Motivations for Geographic Expansion in Financial Services?" *Journal of Business*, Vol. 78, No. 4, July 2005, pp. 1555 – 1592.

[81] Douglas W. Diamond, "Financial Intermediation and Delegated Monitoring", *Review of Economic Studies*, Vol. 51, No. 3, July 1984, pp. 393 – 414.

[82] http: //www. aaoef. org/papers_ 2003. htm.

[83] http: //www. federalre – serve. gov/newsevents/speech/bernanke2009 0320a. htm.

[84] Huang R. and Ratnovski L., "The Dark Side of Bank Wholesale Funding", *Journal of Financial Intermediation*, Vol. 20, No. 2, April 1984, pp. 248 – 263.

[85] Hubbard G. and Palia D., "Executive Pay and Performance: Evidence from the U. S. Banking Industry", *Journal of Financial Economics*, Vol. 39, No. 1, September 1994, pp. 39 – 51.

[86] "Independent Community Banks of America", http: //www. icba. org.

[87] Illuecam, Pastor J. M. and Ausinae T., "The Effects of Geographic Expansion on the Productivity of Spanish Savings Banks", *Journal of Productivity Analysis*, Vol. 32, No. 2, October 2009, pp. 119 – 143.

[88] Jayaratne J. and Strahan P. E., "The Finance – Growth Nexus: Evidence from Bank Branch Deregulation", *Quarterly Journal of Economics*, Vol. 111, No. 3, August 1996, pp. 639 – 670.

[89] Laeven L. and Lvine R., "Is there a Diversification Discount in Financial Conglomerates?" *Journal of Financial Economics*, Vol. 85, No. 2, August 2007, pp. 331 – 367.

[90] Morton I. Kamien and Nancy L. Schwartz, *Dynamic Optimization*, Amsterdam: North Holland, 2001, pp. 2170 – 2183.

[91] Petersen, M. and Rajan R., "The Benefits of Lending Relationships: Evidence from Small Business Data", *Journal of Finance*, Vol. 49, No. 1, May 1994, pp. 3 – 37.

[92] Petersen M. and Rajan, R., "The Effect of Credit Market Competi-

tion on Lending Relationships", *Quarter Journal of Economics*, Vol. 110, No. 2, May 1995, pp. 407 – 443.

[93] Rafael La Porta, Florencio Lopez – de – Silanes and Andrei Shleifer, "Government Ownership of Banks", *Journal of Finanee*, Vol. 57, No. 1, February 2002, pp. 265 – 301.

[94] Rajan R. G. , "Insiders and Outsiders: The choice between informed and arm's – length Debt", *Journal of Finance*, Vol. 47, No. 4, September 1992, pp. 1367 – 1400.

[95] Rebel A. Cole, Lawrence G. Goldberg and Lawrence J. White, "The Micro Structureof Small Business Lending by Large and Small Banks", *Journal of Financial and Quantitative Nalysis*, Vol. 39, No. 2, July 2004, pp. 227 – 251.

[96] Robert DeYoung, William C. , Hunter Gregory and F. Udell, "The Past, Present, and Probable Future for Community Banks", *Journal of Financial Services Research*, Vol. 25, No. 2, April 2004, pp. 85 – 133.

[97] Rossi S. P. S. , Schwaiger M. S. and Winkler G. , "How Loan Portfolio Diversification Affects Risk, Efficiency and Capitalization: A Managerial Behavior Model for Austrian Banks", *Journal of Banking & Finance*, Vol. 33, No. 12, September 2009, pp. 2218 – 2226.

[98] Saiying (Esther) Deng and Elyas Elyasiani, "Geographic Diversification, Bank Holding Company Value and Risk", *Journal of Money, Credit and Banking*, Vol. 40, No. 6, September 2008, pp. 1217 – 1238.

[99] Sullivan R. J. and Spong K. R, "Managers Wealth Concentration, Ownership Structure, and Risk in Commercial Banks", *Journal of the Franklin Institute*, Vol. 16, No. 2, April 2007, pp. 229 – 248.

[100] Scott J. A. , "Small Business and Value of Community Financial Institutions", *Journal of Financial Servics Research*, Vol. 25, No. 2, April 2004, pp. 207 – 230.

[101] Scott J. A. and Dunkelberg W. C. , "Bank mergers and Small Firm Financing", *Journal of Money Credit and Banking*, Vol. 35, No. 6, April 2003, pp. 999 – 1017.

[102] Stein J. C. , "Information production and capital allocation: Decentralized versus hierarchical firms", *Journal of Finance*, Vol. 57, No. 5, April 2002, pp. 1891 – 1921.

[103] T. G. Arun and J. D. Turner, "Corporate Governance of Banks in Developing Economies: Conceptand Issues", *Corporate Governanee: An International Review*, Vol. 12, No. 3, February 2004, pp. 371 – 377.

后　记

虽然在高校从事金融学研究与教学多年，但是总感觉咫尺天涯，始终不得精髓。于是产生了在银行业工作两年的念头，近距离观察银行经营管理活动，将理论与实践有机连接。因此本书不仅仅是理论研究，更是工作心得以及实践中的理论总结与深化。尽管它显得粗糙、稚嫩，体系还不十分完整，但是正如襁褓中的婴儿，终究要长大。

本书写作举步维艰，奔波于北京与石家庄之间，在每日烦琐的银行业务完成后，利用晚上以及周末时间，潜心研究。其中滋味，正如冷水入肚，冷暖自知。就这样坚持了三年，终于成稿。

本书的顺利出版得到了河北省高等学校社科研究 2017 年度基金项目（SD171051）资助，同时得到了河北经贸大学科研基金人文重点项目（2016KYZ09）资助、河北经贸大学学术著作出版基金资助、河北经贸大学金融学院学术文库出版基金资助。

尽管本书还存在很多不足，但却是自己勇敢迈向学术殿堂的第一步，这必将在我未来的学术生涯中留下难以磨灭的记忆，激励我一直坚持下去。

最后，感谢王松奇老师与周月秋老师对我生活、工作及研究的无私帮助；感谢河北经贸大学金融学院以及科研处各位老师的支持；感谢中国社会科学出版社编辑老师的付出。

郭江山

2017 年 2 月 1 日